Wilfried Datler, Urte Finger-Trescher,
Johannes Gstach, Kornelia Steinhardt (Hrsg.):

Annäherungen an das Fremde

Ethnographisches Forschen und Arbeiten im psychoanalytisch-pädagogischen Kontext

Jahrbuch für Psychoanalytische Pädagogik

Wilfried Datler,
Urte Finger-Trescher,
Johannes Gstach
und Kornelia Steinhardt (Hrsg.)

Annäherungen an das Fremde

Ethnographisches Forschen und Arbeiten im psychoanalytisch-pädagogischen Kontext

Jahrbuch für Psychoanalytische Pädagogik 16

Begründet von Hans-Georg Trescher und Christian Büttner

Herausgegeben von
Wilfried Datler, Urte Finger-Trescher,
Johannes Gstach und Kornelia Steinhardt
im Auftrag des Frankfurter Arbeitskreises
für Psychoanalytische Pädagogik

Im Jahrbuch für Psychoanalytische Pädagogik
werden ausschließlich Beiträge veröffentlicht,
die ein Peer-Review-Verfahren durchlaufen haben.

Psychosozial-Verlag

Gedruckt mit Unterstützung des Bundesministeriums
für Wissenschaft und Forschung in Wien

Bibliografische Information der Deutschen Nationalbibliothek
Die Deutsche Nationalbibliothek verzeichnet diese Publikation in der Deutschen Nationalbibliografie; detaillierte bibliografische Daten sind im Internet über <http://dnb.d-nb.de> abrufbar.

Originalausgabe

E-Mail: info@psychosozial-verlag.de
www.psychosozial-verlag.de

Umschlagabbildung: Henri Rousseau: »Exotische Landschaft«, 1910
Umschlaggestaltung nach Entwürfen des Ateliers Warminski, Büdingen.
Printed in Germany
ISBN 978-3-89806-562-7

Inhalt

Literaturumschau

Rezensionen

Einführung in den Themenschwerpunkt und editorische Vorbemerkungen

Der Psychoanalytiker als nicht-wissender Ethnologe

Als August Aichhorns Buch über »Die Verwahrloste Jugend« zum dritten Mal aufgelegt wurde, erhielt es einen Anhang, in den auch der »Abriss einer Biographie August Aichhorns« Eingang fand. Kurt Eissler, der diesen Text zunächst für den Sammelband »Searchlights on Delinquency« verfasst hatte, widmet mehrere Passagen dem Versuch, auch die Persönlichkeit Aichhorns zu charakterisieren, indem er unter anderem festhielt:

> Aichhorn zeigte immer wieder die Einstellung, »›unwissend‹ in dem Gegenstand zu sein, dem er sein Lebenswerk gewidmet hatte«, und folgte in diesem Sinn der Idee, »dass er immer von Neuem beginne, dass er ewig ein Student, ein Schüler ... sei« (Eissler 1977, 203).

Und Eissler fährt fort:

> »Aichhorns Vorlesungen glichen den Vorträgen eines Mannes, der in gleicher Weise über das Leben sprach wie über ein Land, das er besucht hatte und von dem er nun berichten wollte« (Eissler 1977, 203).

Beide Bemerkungen Kurt Eisslers verweisen nicht nur auf die Art und Weise, in der Aichhorn als Lehrer auftrat, sondern markieren zugleich zwei zentrale Merkmale psychoanalytischen Arbeitens, die mit der Thematik des vorliegenden Bandes eng verbunden sind. Wie dies zu verstehen ist, möchten wir kurz erläutern.

(1.) Psychoanalytische Praxis befasst sich seit ihren Anfängen insbesondere dann mit bestimmten Manifestationen des Psychischen,

- wenn diese Manifestationen in irgendeiner Hinsicht irritieren,
- wenn die Überzeugung geteilt wird, dass wesentliche Aspekte der tieferen Bedeutung dieser Manifestationen dem Bereich des bewusst Wahrnehmbaren entzogen sind,
- und wenn zugleich der Wunsch aufkommt, die tiefere Bedeutung dieser Manifestationen zu erschließen.

Das bedeutet zugleich, dass die Überzeugung oder zumindest der Eindruck, nicht (ausreichend) zu verstehen, am Beginn jeder psychoanalytischen Praxis steht, die auf die Generierung von Einsicht abzielt, während der Eindruck, um die Bedeutung von

Manifestem zu wissen, das In-Gang-Kommen von psychoanalytischem Nachdenken geradezu unterbindet.

In diesem Zusammenhang ist zu bedenken, dass dieses Nicht-Verstehen nicht nur auf das Manifeste des Anderen zu beziehen ist: Zeitgenössische psychoanalytische Theorien weisen durchgängig darauf hin, dass jeder Versuch, verstehende Zugänge zum Unbewussten Anderer zu finden, mit Aktivierung eigener unbewusster Anteile einhergeht, die sich in Verhaltensweisen, Gefühlen, Phantasien oder Impulsen äußern, deren Bedeutung es ebenfalls erst zu erschließen gilt: Je weniger dies gelingt, desto mehr steigt die Gefahr, dass eigene Widerstände differenziertes Verstehen erschweren; und je eher es möglich wird, sogenannte »Gegenübertragungsreaktionen« zu verstehen, desto mehr wächst die Chance, dass das Verstehen dieser »Gegenübertragungsreaktionen« in den Dienst des differenzierten Verstehens des Anderen gestellt werden kann. Allerdings genügt dieses Ringen um Verstehen nur dann psychoanalytischen Ansprüchen, wenn es mit dem Eingeständnis von Nicht-Wissen anhebt, denn nur dann können Akte des Verstehens auf das unverwechselbar Neue der gegebenen Situation und somit auf die Einmaligkeit des Anderen in dieser Situation bezogen werden.

Im skizzierten Sinn hat sich psychoanalytisches Verstehen also jenen Bereichen des Psychischen zuzuwenden, die uns nicht (oder im Einzelfall: noch nicht) vertraut und deshalb am Anderen, aber auch an uns selbst »fremd« sind. Die Identifizierung und Anerkennung dieser Dimensionen des Psychischen als »fremd« sind somit konstitutiv dafür, dass auf dem Weg des psychoanalytischen Verstehens Neues gefunden respektive hervorgebracht wird – sei es, dass das »Neue« in Gestalt von »neuen Einsichten« bloß auf die Erhellung des Individuell-Einmaligen abzielt, oder sei es, dass es durch Akte der Generalisierung, der Kategorien- oder Typenbildung zur Ausformulierung von Aussagen kommt, deren Geltungsansprüche den Bereich des Individuell-Einmaligen übersteigen (vgl. Fatke 1995).

Freilich wäre es naiv zu meinen, dass vorurteilfreies oder vorverständnisfreies Verstehen möglich wäre, das zur Gänze von Nicht-Wissen getragen ist: Wenn Eissler unter Anführungszeichen setzt, dass Aichhorn »unwissend« gewesen sei, dann deutet dies darauf hin, dass differenziertes psychoanalytisches Verstehen durchaus darauf angewiesen ist, dass der um Verstehen Ringende mit verschiedenen Methoden und Konzepten vertraut ist und um deren Bedeutung weiß (man denke etwa an freies Assoziieren und szenisches Verstehen oder an die Konzepte der unbewussten Abwehr, des Widerstandes oder der Unterscheidung zwischen Manifestem und Latentem). Oft genug, so kann ergänzt werden, setzt psychoanalytisches Verstehen sogar damit ein, dass das als fremd Wahrgenommene zunächst in bereits existierenden Deutungsschemata so eingepasst wird, dass das Befremdliche domestiziert, Beunruhigung reduziert und das Aufspüren von Neuem zunächst einmal verhindert wird (Körner 1985; Datler 1985). Aus psychoanalytischer Sicht besteht die Herausforderung dann allerdings darin, die Zerstörung von Gewissheit, die Erschütterung von Sicherheit so weit zuzulassen oder sogar zu suchen, dass der Generierung von Neuem ausreichend Raum gegeben wird (Bittner 2000; Finger-Trescher 2006). In diesem Sinn ist psychoanalytisches Verstehen vom Bemühen getragen, auch zum (vermeintlich)

Vertrauten immer wieder in Distanz zu gehen, damit das Vertraute wie etwas Fremdes wahrgenommen werden kann, dessen Besonderheit und spezifische Bedeutung erst erschlossen werden muss.

(2.) Bereits Freud sprach vom Unbewussten als dem »inneren Ausland« (Freud 1933a, 496). Schon von daher liegt es nahe, zur Charakterisierung des psychoanalytischen Ringens um Verstehen – in Übereinstimmung mit der oben zitierten Bemerkung Eisslers (1977, 203) – das Klischee des Ethnologen zu bemühen, der den Boden des Vertrauten verlässt, um sich Wege zum Verstehen von fernen Kulturen, ihren Einrichtungen und Angehörigen zu bahnen. Darüber hinaus gibt es allerdings weitere Gründe, die es erlauben, Analogien zwischen ethnologischer Praxis und dem Bemühen um psychoanalytisches Verstehen herzustellen:

Zum ersten ist in diesem Zusammenhang anzumerken, dass psychoanalytisches Verstehen nicht nur auf das Verstehen von Individuen oder Dyaden abzielt, sondern auch auf das Verstehen von Triaden, Gruppen, Organisationen und Kulturen sowie auf die Eröffnung von verstehenden Zugängen zur psychosozialen Situation bestimmter »Kategorien« von Menschen, die in keinem unmittelbaren Lebenszusammenhang miteinander stehen, denen aber bestimmte Merkmale – wie etwa psychopathologische Symptombildungen, Alter oder soziale Herkunft – gemeinsam sind. In vergleichbarer Weise befassen sich auch Ethnologen nicht nur mit Ethnien, sondern untersuchen die Regeln unterschiedlicher Bereiche des alltäglichen Zusammenlebens von Menschen sowie die spezifischen Sinnzuschreibungen, auf deren Basis diese Regeln wirkmächtig werden (Schwemmer 1980, 607). Gegenstand ethnologischen Verstehens sind in diesem Sinn die Lebenswelten größerer sozialer Verbände ebenso wie der Lebenswelten von kleinen sozialen Gruppen bis hin zu Individuen oder gar »Situationen, Szenen, Milieus«, die sich als »Phänomen gelebter und praktischer Sozialität« begreifen lassen (Amann, Hirschauer 1997, 11).

Zum zweiten ist festzuhalten, dass sich Ethnologen mit sozialen Phänomenen, die in fernen Ländern auszumachen sind, ebenso befassen wie mit Alltagsgeschehnissen, die in der eigenen Kultur existieren (vgl. Amann, Hirschauer 1997). In vergleichbarer Weise untersuchen auch Psychoanalytiker geographisch sowie kulturell Nahes und Fernes, wobei die Psychoanalyse mit der Ethnopsychoanalyse sogar über eine identifizierbare Theorie- und Praxistradition verfügt, die jedenfalls die Untersuchung von kulturell Entferntem und Fremdem zu ihren zentralen Aufgabenbereichen zählt (vgl. Reichmayr 2003).

Zum dritten ist anzumerken, dass zeitgenössische methodische und methodologische Standards des ethnologischen Forschens unübersehbare Ähnlichkeiten mit den Ansprüchen psychoanalytischer Verstehensbemühungen aufweisen. So macht Flick (2005, 217) etwa deutlich, dass auch ethnologisches Forschen darauf abstellt, die »Eigenschaften eines speziellen sozialen Phänomens« zunächst dadurch zu erkunden, dass »Daten« in einer möglichst offenen Weise durch Beobachten oder auch durch das Führen spezieller Gespräche gesammelt werden, ohne dass diese »Daten« noch im Prozess ihrer Generierung bestimmten vordefinierten Kategorien zugeordnet würden. Weitere Analyseschritte würden dann darauf abzielen, auf dem Weg des

Interpretierens die »Bedeutungen und Funktionen menschlicher Handlungen« genauer zu erschließen, wobei die Ergebnisse dieser Analyseschritte »die Form verbaler Beschreibungen und Erklärungen« erhielten und im Regelfall weder in quantifizierbarer Weise dargestellt noch zur statistischen Überprüfung von vorweg definierten Hypothesen herangezogen werden könnten. Im Zentrum des Interesses stehe vielmehr die detailbezogene »Erforschung einer kleinen Zahl von Fällen«, gegebenenfalls sogar die Erforschung eines speziellen Falles in der Absicht, unvertraut-fremd anmutende Dimensionen von sozialen Phänomenen zu identifizieren und aufzuspüren, welche Sinnzuschreibungen dazu führen, dass diese Phänomene wieder und wieder hervorgebracht werden (Schwemmer 1980; Flick 2005, 217).

Es nimmt daher nicht Wunder, wenn immer wieder psychoanalytische Veröffentlichungen erscheinen, in denen über das »Erforschen von Unbewusstem« unter Bezugnahme auf die Metapher des »Erkundens von Fremdem« geschrieben wird (z.B. Streeck 2000) und in denen auf das ethnologische Erschließen von unbekannten Ländern und Gefilden angespielt wird, um die Aufmerksamkeit auf bestimmte Dimensionen von psychoanalytischer Forschung und Theoriebildung zu lenken. Man denke in diesem Zusammenhang etwa an den Buchtitel »Das äußere und innere Ausland« von Eisenbach-Stangl, Stangl (2000) oder an Rhode-Dachser (1991), die vom »dunklen Kontinent« spricht, wenn sie sich zum psychoanalytischen Diskurs über Weiblichkeit äußert, den es durch »Expeditionen« zu erschließen und aufzuhellen gilt.

Zum Entstehen des vorliegenden Bandes

Vor dem Hintergrund dieser Überlegungen entschloss sich die Kommission Psychoanalytische Pädagogik der Deutschen Gesellschaft für Erziehungswissenschaft (DGfE), die Herbsttagung 2003 dem Thema »Annäherungen an das Fremde: Ethnographisches Forschen und Arbeiten im psychoanalytisch-pädagogischen Kontext« zu widmen. Damit trug die Kommission dem doppelten Umstand Rechnung, dass der Einsatz ethnologischer Forschungsmethoden auch innerhalb der wissenschaftlichen Pädagogik in Diskussion gekommen ist[1] und dass – weitgehend unabhängig davon – auch der Begriff des »Fremden« seit geraumer Zeit bemüht wird, wenn in erziehungswissenschaftlichen Diskussionen auf die Grenzen, Möglichkeiten und Herausforderungen des pädagogischen Verstehens – etwa von Kindern – verwiesen wird[2]. Dem Selbstverständnis Psychoanalytischer Pädagogik entsprechend sollte im Rahmen der Tagung insbesondere die Frage nach dem Stellenwert unbewusster Bedeutungszusammenhänge ins Zentrum der Auseinandersetzung gerückt und dabei auch jener

[1] Vgl. dazu etwa Zinnecker (1995, 2000), Lüders (1999), Datler (2001) und Biewer (2002) sowie jüngeren Datums die Veröffentlichung von Kelle (2004) und die Tagung »Ethnographie der Pädagogik«, die 2006 an der Universität Zürich veranstaltet wurde (siehe dazu http://www.paed.unizh.ch/events/ethnopaeda/programm.html; gelesen am 18.8.2007).

[2] Vgl. in diesem Zusammenhang etwa den Artikel von Meyer-Drawe, Waldenfels (1988) über »Das Kind als Fremder« oder die Monographie von Schimpf-Herken, Jung (2003) über »Das Fremde als Chance. Über das Entstehen von Lernprozessen«.

Auseinandersetzung mit dem Thema des Fremden Rechnung getragen werden, die im Zusammenhang mit Globalisierung und gegenwärtigen Migrationsbewegungen an Aktualität und Brisanz gewonnen hat.

Im Anschluss an die Tagung, die vor Ort von der Forschungseinheit Psychoanalytische Pädagogik des Instituts für Bildungswissenschaft der Universität Wien ausgerichtet wurde[3], entschloss sich die Redaktion des Jahrbuchs für Psychoanalytische Pädagogik, auch den Band 16 des Jahrbuchs der Thematik »Annäherungen an das Fremde« zu widmen. In den vorliegenden Band fanden einige Beiträge, die im Rahmen der Tagung diskutiert wurden, ebenso Eingang wie Manuskripte, die speziell für diesen Band verfasst wurden.

Die Beiträge des Bandes

Die ersten Beiträge des Bandes handeln von der Annäherung an jene Bereiche des Fremden, mit denen sich Pädagoginnen und Pädagogen konfrontiert finden, die im Kontext von Schule und Sozialpädagogik arbeiten: *Martina Hoanzl* zeigt, in welcher Weise psychoanalytische Verstehensbemühungen helfen können, die psychodynamische Bedeutung von Lernschwierigkeiten zu erfassen, denen Lehrende nur allzu schnell verständnislos gegenüberstehen, und verbindet die Diskussion dieses Themas mit grundsätzlichen Überlegungen über den Zusammenhang zwischen Emotion, Kognition und (schulischem) Lernen. *Burkhard Müller* thematisiert die Schwierigkeit von Sozialpädagoginnen und Sozialpädagogen, ihrem pädagogischen Auftrag entsprechend Jugendliche in ihrer Auseinandersetzung mit Sexualität zu unterstützen. Diese Schwierigkeiten, so stellt der Autor unter Bezugnahme auf Materialien aus Forschungsprojekten dar, gründen nicht zuletzt in den beunruhigenden Emotionen, welche die Begegnung mit den sexuellen Gefühlen, Phantasien und Aktivitäten der Jugendlichen auf Seiten der Sozialpädagoginnen und Sozialpädagogen hervorrufen, und in damit verbundenen Abwehrtendenzen, die dazu führen, dass den Sozialpädagoginnen und Sozialpädagogen das fremd bleiben muss, was die Jugendlichen in Zusammenhang mit Sexualität bewusst und unbewusst besonders beschäftigt.

Einem sozialpädagogischen Arbeitsfeld – nämlich dem eines Migrationsdienstes für Jugendliche – widmet sich auch *Margret Dörr.* Sie macht am Beispiel einer Einzelfallstudie deutlich, wie bedeutsam und zugleich schwierig es ist, den individuellen Deutungsmustern und Sinnstrukturen dieser Jugendlichen Rechnung zu tragen und sie somit dabei zu unterstützen, den Prozess der Migration zu bearbeiten und in der Fremde Fuß zu fassen. Da es in diesem Artikel auch um das Problem interkultureller Verständigung geht, stellt der Artikel von Margret Dörr eine Art Bindeglied zu den

[3] Wilfried Datler, Johannes Gstach und Kornelia Steinhardt, die diesen Band gemeinsam mit Urte Finger-Trescher herausgeben, bedanken sich an dieser Stelle herzlich bei ihren Kolleginnen Helga Schaukal-Kappus und Regina Studener-Kuras, bei Ilse Schauhuber und Beatrix Palka sowie bei den Studierenden der Universität Wien, die bei der Planung und Organisation der Tagung mitgewirkt haben.

nächsten Beiträgen dar, in denen die Entwicklung von interkultureller Sensibilität und interkultureller Kommunikationsfähigkeit als pädagogische Aufgabe ausgewiesen wird: *Christian Büttner* und *Elisabeth Rohr* berichten von entsprechenden Fortbildungsaktivitäten, die in Deutschland respektive in Guatemala stattgefunden haben, und stellen dar, in welcher Weise die Konzeption dieser Aktivitäten sowie die Reflexion der dabei gemachten Erfahrungen vor dem Hintergrund von gruppenanalytischen und ethnopsychoanalytischen Theorien erfolgte. Eine spezifische Form der Vermittlung der Kompetenz, verstehende Zugänge zu unbewussten Dimensionen kultureller Gegebenheiten zu erlangen, behandeln im darauffolgenden Beitrag auch *Silke Seemann* und *Heidi Möller,* die von einem universitären Seminarprojekt berichten, in dem die Arbeit mit der Methode der »Phantasieanalyse« nach Lloyd deMause mit dem Ziel gelehrt wurde, Zugänge zum Verstehen der unbewussten Dimensionen der »Kultur« einer bestimmten Organisation zu finden, um auf diese Weise zugleich die Entwicklung bestimmter Basiskompetenzen zu fördern, die für die Durchführung von Organisationsberatung von Relevanz sind.

Mit zwei Berichten, die Einblick in zwei Forschungsprojekte geben, schließt der Themenschwerpunkt des Jahrbuchs: *Catherine Schmid-Löw-Beer* untersuchte gemeinsam mit einem Team, dem Wissenschaftlerinnen und Wissenschaftler aus unterschiedlichen Ländern angehörten, die Art und Weise, in der sich die Persönlichkeit und die Identität von Jugendlichen, die im Kommunismus gelebt haben, von der Persönlichkeit und Identität jener jungen Menschen unterscheiden, die in einer Demokratie aufgewachsen sind. Dabei interessierte insbesondere die Wahrnehmung des Selbst und der jeweils Anderen sowie die Frage, welchen Einfluss die unterschiedlichen gesellschaftlichen Gegebenheiten auf die Ausbildung der psychischen Strukturen der Jugendlichen hatten. Der Einfluss von sich verändernden sozialen Gegebenheiten auf die Ausbildung und innerpsychische Bearbeitung von psychosozialen Konflikten wird schließlich auch im Beitrag von *Eisenbach-Stangl* und *Stangl* behandelt – wenngleich hier die Analyse von rechtsradikalen Texten im Zentrum steht, die auf latente Sinnstrukturen hin untersucht werden.

Bedenkt man, dass die Beschäftigung mit »Geistiger Behinderung« der Psychoanalyse lange Zeit über gänzlich fremd war, so kann man auch im diesjährigen Literaturumschauartikel eine Fortsetzung der Thematik des Themenschwerpunkts dieses Jahrbuchs finden: *Holger Preiß* stellt psychoanalytische Veröffentlichungen mit pädagogischer Relevanz vor, die dem Themenbereich »Geistige Behinderung« gewidmet sind. Wie üblich schließt der Band mit Rezensionen.

Veränderungen im Herausgeberteam und in der Redaktion

Mit der Fertigstellung des Jahrbuchs für Psychoanalytische Pädagogik 15 schied *Christian Büttner* aus dem Kreis der Herausgeber des Jahrbuchs aus. Christian Büttner hatte das Jahrbuch für Psychoanalytische Pädagogik im Jahre 1989 gemeinsam mit Hans-Georg Trescher begründet, trug wesentlich dazu bei, dass sich das Jahrbuch in Fachkreisen sowie in der Verlagslandschaft etablieren konnte, und war in den Redaktionssitzungen wie kein anderes Redaktionsmitglied darauf bedacht, die Zusammenstellung der veröffentlichten Beiträge auf die verschiedenen Zielgruppen abzustimmen, die mit dem Jahrbuch für Psychoanalytische Pädagogik erreicht werden sollen. Die Veröffentlichung einer großen Zahl von Beiträgen ist seinem redaktionellen Engagement zu verdanken, und viele seiner Überlegungen waren mitentscheidend für die Festlegung einzelner Themenschwerpunkte. Im Namen der gesamten Redaktion bedanken sich die Herausgeber des Jahrbuchs bei Christian Büttner für die viele verlässlich geleistete Arbeit sowie dafür, dass er sein Ausscheiden aus der Redaktion bereits vor geraumer Zeit bekannt gegeben und der Redaktion somit die Möglichkeit gegeben hat, sich auf diese einschneidende Veränderung im Herausgeberteam einzustellen.

Ähnliches gilt für *Hans Füchtner*: Auch er war von der Gründung des Jahrbuchs an mit dabei und hatte nach sechzehn Jahren Mitarbeit beizeiten angekündigt, dass er mit seiner Emeritierung und seiner Übersiedlung nach Südamerika den Kreis der Redaktionsmitglieder verlassen würde. Hans Füchtner hielt in der Redaktion die Verbindung zur Soziologie wach und stärkte die redaktionelle Arbeit nicht zuletzt durch die bestechend präzise Lektüre von eingesandten Manuskripten, die Sensibilität für gesellschaftskritische Diskurse und die Unterstützung des Bestrebens, im Jahrbuch in ausreichendem Ausmaß wissenschaftlich geführte Kontroversen zu veröffentlichen. Auch ihm fühlen sich die Herausgeber und Mitglieder der Redaktion nach so vielen Jahren der gedeihlichen Zusammenarbeit in Dank verbunden.

Der Redaktion des Jahrbuchs werden allerdings weiterhin zehn Personen angehören: Erfreulicher Weise haben sich *Bernd Ahrbeck*, Professor an der Humboldt-Universität zu Berlin, und *Rolf Göppel*, Professor an der PH Heidelberg und Mitglied des Vorstands der Kommission Psychoanalytische Pädagogik der Deutschen Gesellschaft für Erziehungswissenschaft, bereit erklärt, in der Redaktion des Jahrbuchs und bereits an den Beratungen mitzuwirken, welche die Planung des vorliegenden Bandes betreffen. Wir möchten beide auch an dieser Stelle herzlich willkommen heißen.

Das Jahrbuch für Psychoanalytische Pädagogik verfügt zurzeit überdies über ein Sekretariat. Es ist mit Antonia Funder besetzt, der es maßgeblich zu verdanken ist, dass das Manuskript des vorliegenden Bandes fristgerecht beim Verlag abgegeben werden konnte. Per Mail ist das Sekretariat unter folgender Adresse erreichbar:

antonia.funder@univie.ac.at

Postadresse und andere Angaben sind der ebenfalls neu eingerichteten Homepage des Jahrbuchs zu entnehmen:

http://institut.erz.univie.ac.at/home/fe4/

Auf dieser Homepage sind alle bisher erschienenen Bände des Jahrbuchs für Psychoanalytische Pädagogik angeführt. Überdies können die Abstracts sämtlicher Artikel nachgelesen werden, die im Jahrbuch für Psychoanalytische Pädagogik seit dem Erscheinen des ersten Bands im Jahr 1989 veröffentlicht wurden. Ein anderer Abschnitt enthält eine Vorschau auf die geplanten Themenschwerpunkte der nächsten Bände und lädt dazu ein, Manuskripte an die Redaktion zu senden.

Die Herausgeber des Bandes

Literatur

Amann, K., Hirschauer, S. (1997): Die Befremdung der eigenen Kultur. Zur ethnographischen Herausforderung soziologischer Empirie. Suhrkamp: Frankfurt/M. (hier zit. nach Flick 2005, 217)

Biewer, G. (2002): Ethnographische Methoden in der Heilpädagogik. In: VHN – Vierteljahresschrift für Heilpädagogik und ihre Nachbargebiete 71, 20-29

Bittner, G. (2000): »... nach unseren eigenen psychischen Konstellationen zu deuten« (S. Freud). Psychoanalytisches Verstehen als Scheitern des Eigenen am Fremden. In: Streeck, U. (Hrsg.) (2000): Das Fremde in der Psychoanalyse. Erkundungen über das »Andere« in Seele, Körper und Kultur. Psychosozial-Verlag: Gießen, 199-212

Datler, W. (1995): Musterbeispiel, exemplarische Problemlösung und Kasuistik. Eine Anmerkung zur Bedeutung der Falldarstellung im Forschungsprozess. In: Zeitschrift für Pädagogik 41, 719-728

Datler, W. (2001): Heilpädagogen als Ethnologen in der eigenen Kultur. Über ein Selbstverständnis von Heilpädagogik jenseits des Konventionellen. In: Behinderte in Familie, Schule und Gesellschaft 24 (Heft 3/4), 51-62

Eisenbach-Stangl, I., Stangl, W. (Hrsg.) (2000): Das Äußere und innere Ausland. Fremdes in soziologischer und psychoanalytischer Sicht. WUV: Wien

Eissler, K.R. (1949): A biographical outline. In: Eissler, K.R. (Ed.): Searchlights in delinquency. International Universities Press: New York, IX-XIII

Eissler, K.R. (1977): Abriss einer Biographie August Aichhorns von Kurt Eissler. In: Aichhorn, A.: Verwahrloste Jugend. Huber: Bern, 1951, 201-206

Fatke, R. (1995): Das Allgemeine und das Besondere in pädagogischen Fallgeschichten. In: Zeitschrift für Pädagogik 41, 681-696

Finger-Trescher, U. (2006): Nicht-Wissen, Ent-Fremdung und Sinn-Konstruktion in der psychoanalytisch-pädagogischen Beratung traumatisierter Kinder. In: Eggert-Schmid Noerr, A., Pforr, U., Voss-Davies, H. (Hrsg.): Lernen, Lernstörungen und die pädagogische Beziehung. Psychosozial-Verlag: Gießen, 144-161

Flick, U. (2005): Qualitative Sozialforschung. Rowohlt: Reinbek

Freud, S. (1933a): Neue Folge der Vorlesungen zur Einführung in die Psychoanalyse. In: Sigmund Freud Studienausgabe, Bd.I. Fischer: Frankfurt/M., 1969, 448-608

Kelle, H. (2004): Ethnographische Ansätze in der erziehungswissenschaftlichen Frauen- und Geschlechterforschung. In: Glaser, E., Klika, D., Prengel, A. (Hrsg.): Handbuch Gender und Erziehungswissenschaft. Klinkhardt: Bad Heilbrunn, 636-650

Körner, J. (1985): Vom Erklären zum Verstehen in der Psychoanalyse. Untersuchungen zur psychoanalytischen Methode. Vandenhoeck & Ruprecht: Göttingen

Lüders, Ch. (1999): Pädagogische Ethnographie und Biographieforschung. In: Krüger, H.-H., Marotzki, W. (Hrsg.): Handbuch erziehungswissenschaftliche Biographieforschung. Leske und Budrich: Opladen, 135-146

Meyer-Drawe, K., Waldenfels, B. (1988): Das Kind als Fremder. In: Vierteljahrsschrift für wissenschaftliche Pädagogik 64, 271-287

Reichmayr, J. (2003): Ethno-Psychoanalyse. Geschichte, Konzepte, Anwendungen. Psychosozial-Verlag: Gießen

Rohde-Dachser, Ch. (1991): Expedition in den dunklen Kontinent. Weiblichkeit im Diskurs der Psychoanalyse. Springer: Heidelberg u.a.

Schimpf-Herken, I., Jung, I. (Hrsg.) (2003): Das Fremde als Chance. Wie entstehen Lernprozesse? Erfahrungen in der Bildungsarbeit mit chilenischen und deutschen LehrerInnen. IKO-Verlag für Interkulturelle Kommunikation: Frankfurt/M.

Schwemmer, O. (1980): Ethnomethodologie. In: Mittelstrass, J. (Hrsg.): Enzyklopädie Philosophie und Wissenschaftstheorie, Bd. I. Bibliographisches Institut: Mannheim u.a., 599

Streeck, U. (Hrsg.) (2000): Das Fremde in der Psychoanalyse. Erkundungen über das »Andere« in Seele, Körper und Kultur. Psychosozial-Verlag: Gießen

Zinnecker, J. (1995): Pädagogische Ethnographie. Ein Plädoyer. In: Behnken, I., Jaumann, O. (Hrsg.): Kinderleben im Blick von Grundschulpädagogik und Kindheitsforschung. Beltz: Weinheim u.a., 21-38

Zinnecker, J. (2000): Pädagogische Ethnographie. In: Zeitschrift für Erziehungswissenschaft 3, 381-400

Themenschwerpunkt: Annäherungen an das Fremde. Ethnographisches Forschen und Arbeiten im psychoanalytisch-pädagogischen Kontext

Befremdliches, Erstaunliches und Rätselhaftes – schulische Lernprozesse bei »Problemkindern«

Martina Hoanzl

> *»Um klarer zu sehen, genügt oft ein Wechsel der Blickrichtung.«*
> *(Saint Exupéry)*

Kinder in besonderen Lebenslagen entführen uns oft in eine andere Wirk(!)-lichkeit. Da Wirklichkeit mit »wirken« zusammenhängt und oftmals von außen gar nicht einsichtig ist, was im Inneren der Kinder subjektiv wirksam ist, erscheinen uns ihre Reaktionen häufig »fremd«. Problemkinder stören den Unterricht, konfrontieren uns mit »befremdlichen« Wendungen im Unterrichtsgeschehen und bauen oftmals Rätsel vor uns auf. Sie versetzen ihre Lehrer ins Staunen und oft genug auch in massive Irritationen und Nöte.

1. »fremd« – »befremdlich« – »eigenwillig«

In der schulischen Arbeit mit schwierigen Kindern und Jugendlichen bleibt im Arbeitsalltag oftmals wenig Zeit zur Besinnung auf die eigenen Grundlagen bzw. Grundannahmen, die unser Handeln prägen. Doch wenn uns unsere Grundhaltungen auch nicht immer bewusst sind, in unserem Tun kommen sie immerwährend zum Ausdruck. Mehr noch: Je weniger wir unsere Grundannahmen benennen und bewusst reflektieren, umso wirksamer sind diese. Deshalb kann es sehr lohnend sein, Grundfragen, die längst beantwortet scheinen, wieder zum Gegenstand des eigenen Denkens zu machen. Wo bleibt in der pädagogischen Praxis schon Raum und Zeit, um Fragen wie diese zu beantworten: *Welche Rolle spielt das Eigene bzw. Eigenwillige in Lernprozessen? Welche Bedeutung hat »Befremdliches« in Unterrichtsprozessen?*

Der Begriff des »Fremden« lässt sich in zahlreiche Kategorien einteilen. Soziologen, Philosophen, Ökonomen, Sprachwissenschafter, Psychologen und Historiker befassen sich ebenso mit Phänomenen des »Fremden« wie Naturwissenschaftler, Juristen, Theologen und Pädagogen. Jede dieser Disziplinen verfügt über eine Vielzahl an Theorien und spezifischen Zugängen, die wesentlich von der Methodik und dem Gegenstand des jeweiligen Faches geprägt sind. Das Fremde kann das Unvertraute meinen, das uns noch (!) nicht bekannt ist. Es kann aber auch den Höhepunkt eines Prozesses meinen, in dem der »Eine« – trotz Formen der Annäherung – ohne jeglichen Zugang zum »Anderen« bleibt. Von fremden Völkern ist ebenso die Rede wie vom »fremdelnden Kind«. Auch das »Fremdgehen«, die »Verfremdung« oder aber auch die »Entfremdung« benennen Sinnhorizonte, die längst in unser Alltagsverständnis integriert sind. Allein das Spiel mit den Artikeln »das Fremde« oder »die Fremde« verdeutlicht, dass es um weit mehr als um Fragen der Grammatik geht. Das Spektrum der Sinngebungen im Kontext vom »Fremden« reicht von »unbekannt« und »unvertraut« über »bedrohlich« bis hin zu »nicht einfühlbar« (vgl. Sader 2002). Was also meint das Befremdliche?

Das Befremdliche pendelt zwischen dem Fehlen des Eigenen, des Vertrauten und Sicheren auf der einen Seite und dem Bezogensein darauf auf der anderen Seite. Das Befremdliche in pädagogischen Prozessen irritiert und überrascht, weil es völlig unerwartet – z.B. im Unterricht – auftaucht. Es bringt Rätselhaftes mit sich.

Die pädagogische Praxis unterliegt in besonderer Weise Handlungszwängen. Kinder fordern uns heraus. Und wir können in diesen Prozessen nicht »nicht reagieren«. Ob wir tätig werden oder ob wir den Versuch unternehmen, diese Herausforderung zu »übersehen«, immer sind es »Reaktionen« oder auch »(un)bewusste Antworten« auf »(un)bewusste kindliche Fragen«, die sich hinter diesem Verhalten verbergen. Aber nicht nur *dass* wir zwangsläufig reagieren, sondern auch *wie* wir reagieren, ist in gewisser Weise vorbestimmt. Enja Riegel (2007) geht davon aus, dass Lehrer gerade in befremdlichen und konflikthaften Lernsituationen mit schwierigen Schülern das machen, was ihnen Sicherheit gibt: das unablässige Zurückgreifen auf Vertrautes bzw. Bekanntes.

Die Ausrichtung an zurückliegenden eigenen Erfahrungen wird zum Dreh- und Angelpunkt des pädagogischen Geschehens. Und das ist ein Stück weit verständlich, wenn man sich den Lehrer als Einzelkämpfer hinter verschlossener Tür vergegenwärtigt, der es allein mit vielen ungebändigten Schülern zu tun hat. Dann wird ermahnt, getadelt, sanktioniert und wenn nötig selektiert. Schule ist dann, wie sie schon immer war! Kurz: Wir suchen Schutz in vertrauten und verinnerlichten Handlungsmustern, denen wir als Schüler selbst unterworfen waren und auf die wir als Lehrer in Not automatisch wieder zurückgreifen. Und je prekärer schulische Konflikte sind, desto stärker geraten wir in diesen Automatismus. Auf diese Weise zementieren sich pädagogische Prozesse. Aus »Störern« werden »Gestörte« und »Problemkinder«. Das bedeutet: Wir reagieren latent abwehrend auf Befremdliches, indem wir oftmals völlig unbemerkt auf Vergangenes und damit auf Vertrautes zusteuern – uns gewissermaßen an Zurückliegendem festhalten. Doch »auf geraden und eingefahrenen Wegen spaziert nur die Vergangenheit weiter« (Kahl 2006, 96).

Was kann der Umgang mit »befremdlichen Phänomenen« demnach in der schulischen Arbeit auslösen? Zum einen den beschriebenen und ansatzweise problematisierten Rückgriff auf Vertrautes im Sinne von wiederkehrend Erlebtem. Wer im Unterricht unübersehbar und mehrfach »befremdlich« ist, der stört. Und wer oftmals und fortwährend stört, der erscheint »fremd« – nicht zugehörig. Wichtig ist an dieser Stelle zu betonen, dass es sich hierbei nicht bloß um individuelle Grundannahmen einzelner Lehrer handelt, sondern dass diese Dynamik auch implizit im derzeit bestehenden österreichischen wie auch deutschen Schulsystem verankert ist. Wer passt, wer kann passend gemacht werden und wer passt nicht? Unterschieden wird immer nach den Kategorien »zugehörig« oder »fremd«.

Hinter der pädagogischen Frage nach dem »richtigen Lernort« (In welche Schule soll das Kind gehen?) kann sich dann sowohl der institutionelle Anspruch auf »störungsfreien Unterricht« verbergen als auch der verinnerlichte Wunsch vieler Lehrer nach »Reibungslosigkeit«. »Reibung« bzw. Konflikt mit einem Schüler wird dann ganz im Sinne des physikalischen Grundsatzes gedeutet, wonach Reibung mit dem Verlust an Geschwindigkeit und verlangsamtem Fortschritt einhergeht.

Diese Auslegung ist in Zeiten von PISA und internationalen Vergleichen von Schülerleistungen besonders bedrohlich – und zwar für alle am pädagogischen Geschehen beteiligten Personen. Spaziert gerade deshalb im »hochselektiven Schulsystem« die Vergangenheit fortwährend weiter, weil jeder Schüler und jeder Lehrer darin unablässig im Kontext von »zugehörig«, »befremdlich« und »fremd« betrachtet werden muss? Weil das Schulsystem selbst immanent danach fragt? Ist das mehrgliedrige Schulsystem deshalb latent reformresistent, weil der Kern des Prinzips – »zugehörig«, »befremdlich« und »fremd« – nach Prinzipien organisiert ist, die wesentlich an Vergangenem orientiert bleiben?

> Zukunft ist in Japan beispielsweise etwas, »das sich in Lücken, die man in der Gegenwart für das Unerwartete lässt, einnistet … Wo in der japanischen Tradition Platz für die Lücke ist, hat die Abendländische Tradition die Idee der Unvollkommenheit« (Kahl 2006, 96).

Bleibt also ganz im Sinne Kahls zu fragen: »Wie kommt das Neue in die Welt?« (ebd.) Braucht es nicht gerade das Unvertraute, Befremdliche, wenn Entwicklung geschehen soll?

Was ist, wenn in pädagogischen Prozessen nicht der Rückgriff auf das Vertraute als Automatismus in Gang gesetzt wird, sondern die »Entdeckung des Unbekannten« im Zentrum steht, weil Bildung eben auch als »Versprechen« begriffen werden kann, indem »all die verschiedenen Individuen ihr Eigenes ins Spiel bringen und mit ihren Talenten wuchern können« (Kahl 2006, 96)? Das »Eigene«, das für Bildungsprozesse unerlässlich ist, kommt aber sehr oft im Gewand des »Eigenwilligen« bzw. »Eigenartigen« daher. Und das wirkt befremdlich. Doch in diesem Verständnis von Lernen ist das Befremdliche kein Hemmschuh, sondern eine notwendige Voraussetzung für gelingende Lernprozesse.

Wie kann es also gelingen, dass Befremdliches nicht bloß vertraute Schutz- und damit zugleich auch Abwehrmechanismen reaktiviert, sondern als Chance auf Veränderung und damit auch als Chance der Erneuerung erfahrbar wird? Um mögliche Antworten auf diese Frage zu finden, ist es unerlässlich, das Kernthema von Schule – nämlich »Wie geschieht Lernen?« – in den Blick zu nehmen.

2. Wie wirklich ist die Wirklichkeit? Oder: Wie geschieht Lernen?

Wenn man davon ausgeht, dass Lernen Aneignung von Welt bedeutet, so bedeutet Unterricht, Kinder und Jugendliche bei diesem Prozess zu begleiten. *Sich die Welt zu eigen machen* heißt, dass das Kind Beziehungen zu seinen Mitmenschen und Gegenständen eingeht, die es umgeben. Diese Mitmenschen und Gegenstände, die das Kind in der »Wirklichkeit« aufsucht bzw. die auf das Kind zukommen, haben und zeigen Wirkung. Schlägt man den Begriff »Wirklichkeit« im etymologischen Wörterbuch der Gebrüder Grimm nach, so wird deutlich, dass dabei »allgemein von Handlungen und Dingen (die Rede ist; Anm.d.V.), die eine sinnlich wahrnehmbare Realität besitzen« (Grimm 1960, 583).

Lernprozesse sind also Aneignungsprozesse von real Wahrnehmbarem. Sie ermöglichen uns die »wirkliche« (im Sinne von wirksame) Außenwelt über unsere Sinnesorgane in uns aufzunehmen, d.h. zu verinnerlichen. Bei der Weiterverarbeitung dieser Wahrnehmungen sind wir jedoch auf eigene Interpretationen angewiesen. Aneignung von Welt geschieht damit nicht in Form einer Eins-zu-eins-Abbildung äußerer Strukturen in innere, sondern durch eigenaktive, subjektive Re-Konstruktion, die mithin von subjektiver Sinngebung und Bedeutungszuschreibung abhängig ist.

So gesehen handelt es sich beim Lernen nie nur um ein »Abziehbild der uns umgebenden Realität«, die wir in uns aufnehmen, sondern um eine innere Bedeutungszuschreibung, die dieser außenliegenden Realität widerfährt und die diese gleichsam in eine »andere Realität« verwandelt. Das mag ein Beispiel verdeutlichen.

2.1 Wegnehmen geht nicht!

Ein Schüler – er wird hier Daniel genannt –, der alle Grundrechenarten längst beherrscht, stiftet im Mathematikunterricht plötzlich Situationen, die sowohl für die Lehrerin als auch für die Mitschüler der Klasse sehr belastend werden. Zunächst ist noch nicht erkennbar, woran sich der blanke Ärger und die damit einhergehende lautstarke Abwehr des Unterrichtsgeschehens entzündet. In solchen Momenten brüllt Daniel: »Mathe ist ein Scheiß!«, »Das mach' ich nicht!« Die beschriebenen Veränderungen treten aus Sicht der Lehrerin überraschend auf und sind krass in ihrem Verlauf. Dass diese Wendungen nicht ohne Auswirkungen auf die Mitschüler bleiben, ist unschwer zu erkennen. Doch was tun? Versuche seitens der Lehrerin, beruhigend und schlichtend einzugreifen, gelingen sporadisch, doch des Pudels Kern liegt im Verborgenen.

»Die andere Realität«: Alle am Unterrichtsgeschehen Beteiligten erkennen zwar das Rätsel, das sich vor ihnen aufbaut. Aber welche Annäherungen an den Schüler und sein Problem sind denkbar? Wo genau könnte eine Fehlerquelle liegen? Warum entlädt sich die spürbare Spannung derart emotional? Warum ist es dem Schüler nicht möglich, inne zu halten und sein Denken zu ordnen? Eine systematische Suche nach logischen Fehlern wäre gewiss zielführender, doch es ist, als würde – vergleichbar mit einem Druckkochtopf – alles nach außen gepfiffen, was die Bedrängnis des Schülers ausmacht und zugleich den gesamten Unterricht stört.

Eine genaue Beobachtung der belastenden Unterrichtssituationen über einen längeren Zeitraum lässt erste vage Zusammenhänge erkennen. Es hat den Anschein, als würden simple Subtraktionsaufgaben das aggressiv abwehrende und emotional aufgeladene Verhalten des Schülers auslösen. Wie ist das möglich? Kann man ein Rechenprinzip – in diesem Fall das Subtrahieren –, das man längst beherrscht hat, einfach vergessen? Wie ist es möglich, dass komplexe Rechenaufgaben gemeistert werden, während ein Minus – als mathematisches Symbol – blanke Verweigerung auslöst? In einem unvermuteten Moment bricht es aus dem Schüler voll Trauer und Wut heraus: »Nein ... Wegnehmen geht nicht!«

2.2 Die Außenwelt der Innenwelt

Eindrücklich und spontan zugleich bleibt dieser Ausruf von Daniel in unserer Erinnerung haften. In der Nachbesprechung der Stunde fällt der Lehrerin ein, dass die familiäre Situation des Schülers aktuell voller spannungsreicher Umbrüche sei. Das Thema »Trennung« stehe im Raum. Kann es sein, dass der Schüler in seiner besonderen Lebenslage ein Minus nicht mehr als mathematisches Symbol und Denkhilfe annehmen kann, sondern dass sich für das Kind darin ein Beleg von »Wegnehmen« und »Verlust« abbildet? Einen Verlust, den das Kind in seiner aktuellen Lebenssituation verständlicherweise zu verhindern versucht?

Darin zeigt sich »eine Paradoxie, die durch zwei unvereinbare Anforderungen entsteht: Was kognitiv richtig ist, ist affektiv falsch; was affektiv richtig ist, ist kognitiv falsch« (Mollenhauer 1998, 124). Konkret: Das »Wegnehmen« mag wohl kognitiv und rechnerisch gedacht richtig sein, affektiv muss es aber verhindert werden; was aber affektiv verhindert und damit »festgehalten« wird, ist kognitiv falsch, da es mathematische Lösungen verunmöglicht. In der Annäherung an diese Betrachtung darf es gewiss nicht um schnelle lineare Gleichsetzungen zwischen vermutetem inneren Erleben und schulischer Realität gehen. Vielmehr kann darin eine Möglichkeit liegen, den inneren Bezug des Kindes zur Sache in den Blick zu nehmen, der Unterrichtsstörungen zu enträtseln helfen kann. Erst wenn wir Kindern auf diesen rätselhaften Pfaden folgen, wird Unterricht oftmals wieder möglich.

Dabei ist entscheidend: »Der erste Zugang gilt der Außenwelt« (Ertle, Hoanzl 2002, 12). Was sich situativ, d.h. im Hier und Jetzt des Unterrichtsgeschehens zeigt, bildet den Dreh- und Angelpunkt des pädagogischen Geschehens, auch wenn

»Außenwelt« und »Innenwelt« im Erleben untrennbar miteinander verbunden sind. »Innenwelt meint in diesem Kontext den innerpsychischen Erlebensraum des Kindes, während die Außenwelt den Entwicklungsraum benennt, der diesen umgibt und zugleich auch konstituiert. Zwischen beiden Bereichen gibt es einen ständigen Austausch. Die relative Beweglichkeit, Verfügbarkeit und Zugangsmöglichkeit zu beiden Bereichen, die wir durchaus bis zu einem gewissen Punkt bewusst zu steuern vermögen, ist entscheidend notwendig, um Neues in uns aufzunehmen und Altes zu modulieren oder zu verwerfen, d.h. zu lernen« (Ertle, Hoanzl 2002, 7). Wenn dieser Austausch jedoch in ein paradoxes Wechselspiel mündet, wie im oben geschilderten Fallbeispiel, weil innerlich etwas »festgehalten« wird, was in der schulischen Außenwelt »weggenommen« (subtrahiert) werden soll, bildet dies oftmals den Hintergrund von Lernschwierigkeiten, die mit »störendem« Verhalten einhergehen können.

3. Ein »pädagogischer Glücksfall« und Anmerkungen zu zwei weiteren »Geschichten«

Doch nicht immer gelingt es, Zusammenhänge zwischen schulischer Realität (Außenwelt) und »subjektiv veränderter Realität« (Innenwelt) zu erkennen, auch wenn diese Zusammenhänge hochgradig wirksam sein mögen. Der dargestellte »pädagogische Glücksfall«, der unter Mithilfe einer spontanen kindlichen Äußerung den Weg zum »lernschwierigen und verhaltensauffälligen Kind« wieder ermöglicht, ist gewiss nicht durch pädagogische Kniffe einfach »herstellbar«. Er mag aber Einsichten gewähren, die in anderen Kontexten impulsgebend sein können.

3.1 Die Geschichte vom gleichschenkeligen Dreieck

Paradoxien in der schulischen Arbeit können sich auch auf andere Weise zeigen; z.B. wenn sie durch tätiges Lernen »vergegenständlicht« werden, wie es das nachfolgende zweite Fallbeispiel zeigen soll.

Im Mathematikunterricht wird das gleichschenkelige Dreieck thematisiert. Bei einem gleichschenkeligen Dreieck sind (wenigstens) zwei Seiten gleich lang und jeweils zwei Winkel gleich groß. Die einzelnen Teile werden im Unterricht ausführlich benannt – von Schenkeln, Basis, Spitze und Basiswinkeln ist die Rede – und eingehend besprochen. Auch dass das gleichseitige Dreieck als eine spezielle Form des gleichschenkeligen Dreiecks zu sehen ist, wird dabei modellhaft aufgezeichnet. Kurz: Die Form des gleichschenkeligen Dreiecks wird an Hand seiner wesentlichen Charakteristika besprochen, dargestellt und soll nun zeichnerisch in das Heft übertragen werden.

Selim brütet, über sein Heft gebeugt, konzentriert an dieser Aufgabe. Er nimmt ein Geodreieck und einen Bleistift zur Hand und beginnt zu zeichnen. Doch was sich auf seinem Blatt Papier zeichnerisch niederschlägt, ist alles andere als ein gleichschenkeliges Dreieck. Es bleibt nicht bei diesem einen Versuch. Er radiert, konstruiert und hantiert. Aber wie er seine Zeichengeräte auch dreht und wendet, die Form des Besprochenen gleicht nicht der Form des Gezeichneten. Zwischenzeitlich säumt ein ganzes Konvolut an Dreiecken sein Heft, doch jede geometrische Figur gleicht einem beliebigen Dreieck. Hilfestellungen, aber auch die Anregung, eine Freihandskizze zu versuchen, wehrt der Schüler ab: »Aus, ich kann das nicht.« Auch in den darauf folgenden Stunden wiederholt sich das angestrengte und bemühte Ringen um eine geometrisch korrekte Version der gestellten Aufgabe. Es gelingt nicht.

Als zwei Studierende unserer Fakultät (Herr Götte und Herr Steck) zusammen mit den Schülerinnen und Schülern dieser Klasse ein Projekt zum Thema »Mittelalter« planen und unterrichtlich gestalten, passiert das Überraschende. Zunächst wird im Schülergespräch die Idee entwickelt, am Ende des Projektes ein »mittelalterliches Mahl« zu veranstalten. Das Geschirr dafür wollen die Jugendlichen selbst herstellen. Unter fachkundiger Anleitung der Studierenden tonen die Schülerinnen und Schüler zunächst ihre robusten »mittelalterlichen« Trinkbecher. Die einzelnen Arbeitsschritte der ausgewählten Herstellungstechnik werden sorgfältig vorgestellt, wobei die individuelle Ausgestaltung der Trinkgefäße den Jugendlichen selbst überlassen bleibt. Und in der Tat, kein Becher gleicht dem anderen. Sie unterscheiden sich nicht nur in ihrer Tiefe und Wandbreite voneinander, sondern auch durch abweichende Formgebungen und ihre persönlichen Verzierungen.

Selim, dem es im Matheunterricht nicht gelungen war, gleichschenkelige Dreiecke zu konstruieren, entscheidet sich spontan, seinen Becher mit Hilfe der Ritztechnik zu verzieren (siehe Abb. 1). Mit ruhiger Hand führt er ein Messer über die feuchte Oberfläche seines Tonbechers und setzt ein gleichschenkeliges Dreieck nach dem anderen auf sein Werkstück, die er mit schwungvollen Linien künstlerisch verbindet. Aber nicht nur, dass er die geometrische Figur, um die er so lange gerungen hat, im veränderten Kontext plötzlich abbilden kann, er korrigiert seine Linienführung kein einziges Mal und schafft es zudem, ohne vorangegangenes Maßnehmen die gleichschenkeligen Dreiecke so anzuordnen, dass sie sich alle in Form und Größe vollkommen gleichen.

Abbildung 1

3.2 Der »kleine« Unterschied

Wie ist das möglich? Was tut sich in der Innenwelt des Schülers, der auf einen Streich schafft, was ihm zuvor nicht gelingen konnte? Zwei Szenen einer schulischen Realität (Außenwelt) verlaufen in der vorangegangenen Schilderung nebeneinander wie zwei Ufer ein und desselben Flusses, die auf den ersten Blick ohne »Gedankenbrücke« bleiben. Nur soviel wird offensichtlich: Was im Mathematikunterricht nicht möglich ist, gelingt im kreativen Gestalten. Aber welche Erklärungen könnte es dafür geben?

Zunächst hat es den Anschein, als würde im Bereich der Kognition eine Blockade auftreten (Zeichnen eines gleichschenkeligen Dreiecks), die sich im Prozess des Tätigseins (Tonen) unerwartet und zufällig löst. Hätte der Schüler das mathematische Prinzip »gleichschenkeliges Dreieck« nur hinreichend gut verstanden, so müsste die motorische Umsetzung in Form einer Zeichnung bei seiner in anderen Kontexten bereits nachgewiesenen Geschicklichkeit doch gelingen. Das freihändige Ritzen von Linien in den feuchten Ton eines Werkstückes ist mit dem Zeichnen von Linien auf ein Papier zumindest im Ansatz verwandt.

Eine innere (Denk-)Figur wird in die Außenwelt übertragen. Was macht es da schon für einen Unterschied, ob es der Schüler mit einem Blatt Papier oder einem Stück Ton zu tun hat?

3.3 Die Geschichte vom Teufel

Dieser Frage möchte ich zunächst auf Nebenwegen nachgehen. Vielleicht eröffnen ja weitere Beobachtungen, die während des Herstellungsprozesses von anderen »mittelalterlichen« Bechern gemacht werden konnten, neue Einblicke. Nehmen wir den Becher von Annette (siehe Abb. 2):

Abbildung 2

Schon der erste Blick zeigt, dass dieser Becher, auch wenn er nach dem vollkommen gleichen Herstellungsprinzip gefertigt wurde, deutlich anders aussieht. Besonders seine »Dünnwandigkeit« springt dem Betrachter ins Auge, die sich auch in den Verwerfungen und Faltungen des Trinkrandes zeigt. Die extrem ausgedünnten Wände des feuchten Tonbechers hatten unverkennbare Auswirkungen auf die gesamte Stabilität des entstehenden Trinkgefäßes. Da taten sich Löcher und Risse in den Seitenwänden auf. Es hatte den Anschein, als könnten die Wände des entstehenden Trinkbechers ihrer vorbestimmten Funktion nicht gerecht werden. Außen und Innen wurde durchlässig und brüchig. Während des Herstellungsprozesses drohte der Becher gerade deshalb mehrmals in sich selbst zusammenzufallen.

Die beiden Studierenden, die ebenso wie alle anderen am Unterrichtsgeschehen Beteiligten die Not von Annette wahrnehmen konnten, die darin bestand, dass ihr Becher im wahrsten Wortsinn »nichts« werden könnte, d.h. sich auflösen könnte, rangen nach Lösungen. Ein dicker, stabiler Rundholzstab, der in das Innere des Bechers eingeführt wurde, diente im weiteren Arbeitsprozess wiederholt als Stabilisierungshilfe. Entlang des verlässlichen »Gegenstücks« wurden nun die zerfallenden Außenwände des feuchten Tonbechers mit zusätzlichem Material verstärkt und wieder aufgerichtet (siehe Abb. 3).

Abbildung 3

Annette befindet sich seit längerer Zeit in stationärer Behandlung einer Kinder- und Jugendpsychiatrie, weil sie an psychosenahen Angst- und Verfolgungsvorstellungen leidet. Sie hat aktuell den äußerst schwierigen Sterbeprozess ihrer Mutter zu verarbeiten, die nach einer schweren Krebserkrankung und einem zermürbenden Siechtum zwischenzeitlich den Tod gefunden hat. Das Mädchen hat die sterbende Mutter über einen langen Zeitraum gepflegt und begleitet und schien dem inneren Erleben von Hoffnung und Resignation kaum noch standhalten zu können. Die Schülerin hat nun die Vorstellung, etwas diabolisch Böses habe ihr die Mutter genommen und würde nach dem Tod der Mutter nun sie selbst bedrohen und verfolgen. Der Vater von Annette ist Pfarrer. Für ihn ist die Ausbildung dieses Symptoms, an dem seine Tochter leidet, besonders emotional besetzt, weil er den »Teufel« in seiner Auffassung von Religiosität nicht einmal phantasiert wissen will!

Wenn man nun die Psychodynamik einer jugendlichen Psychose genau betrachtet, so besteht ein wesentliches Merkmal gerade darin, dass das »Ich«, also die innere Instanz der Realitätsprüfung, diffundiert, d.h. sich auflöst. Dadurch vermischt sich die zerfließende äußere Realität vollkommen mit der inneren Wahrnehmung. »Außen« und »Innen« sind nicht mehr als getrennt wahrnehmbare Dimensionen vorhanden.

Spiegelt sich demnach im Gestaltungsprozess des Tonbechers die aktuelle Psychodynamik des Mädchens wider? Weisen die in sich zusammenfallenden Seitenwände des Werkstückes Parallelen zum zerfallenden Ich auf?

3.4 Die Geschichte einer Festung

Nun noch ein letzter Nebenweg, bevor wir zur gestellten Frage – Was macht es da schon für einen Unterschied, ob es der Schüler mit einem Blatt Papier oder einem Stück Ton zu tun hat? – zurückkehren.

Auch Raul arbeitet an seinem »mittelalterlichen« Tonbecher. Ein Blick auf sein Werkstück verrät, dass wir es mit einem wuchtigen Ding zu tun haben. Die Wände seines Trinkbechers wirken wie dicke Mauern einer Festung (siehe Abb. 4 und Abb. 5). Zudem hat er mit besonderer Akribie den Boden des Bechers geformt und das Resultat, mit dem er selbst sehr zufrieden schien, so kommentiert: »Den kippt mir keiner.« Und in der Tat – an der Standfestigkeit seines Werkes hätte niemand zweifeln können.

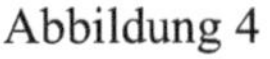

Abbildung 4

Abbildung 5

Auch Raul wurde stationär an einer Kinder- und Jugendpsychiatrie aufgenommen. Er verweigerte über sehr lange Zeit hinweg den Schulbesuch an einer öffentlichen Schule. Nun versucht er sich während einiger Schulstunden an der angegliederten Klinikschule wieder an die Institution Schule zu gewöhnen. Seine Verweigerungshaltung hat er bislang damit begründet, dass er nicht zur Schule gehen könne, weil er sich um seine Mutter kümmern müsse. Sein Vater ist schwer alkoholkrank und wird von Raul als »Weichei« bezeichnet. Seit der Vater von zuhause »abgehauen« ist, lebt dieser nun in der Obdachlosenszene. Dieser Makel ist für Raul offensichtlich sehr belastend, sodass er dieses Detail seiner Lebensgeschichte nach Möglichkeit unter Verschluss hält.

Wie schwer ihm die vorübergehende Trennung von seiner Mutter fällt, bei der er auch im frei gewordenen Ehebett nächtigte, erkennt man auch im schulischen Kontext wieder. Meistens sitzt er mit verschränkten Händen und ins Gesicht geschobener Schildmütze im Unterricht. Seine Sicherungstendenz – nach Möglichkeit an sich zu halten und keinen Einblick in seine Innenwelt zu gewähren – ist unverkennbar. Kann die massive Festungswand seines Werkstückes ein weiterer Ausdruck seiner Befindlichkeit sein?

4. Eine Vermutung

Vor dem Hintergrund der bislang beschriebenen Fallbeispiele möchte ich zunächst eine erste Zwischenbilanz in Form einer Vermutung skizzieren, die folgendermaßen lautet: *»Innenwelt« und »Außenwelt« bzw. »die eine Realität« und »die andere Realität« sind im Lernprozess ebenso eng miteinander verknüpft wie »Kognition« und »Emotion«. Im selbsttätigen bzw. eigenständigen Lernen liegt jedoch eine besondere Chance verborgen, Einblicke in die emotionale Innenwelt von Schülerinnen und Schülern zu gewinnen, die dem pädagogischen Betrachter von außen nur schwer zugänglich sind.*

So gesehen ist die vorangegangene Frage vermutlich falsch gestellt. Möglicherweise ist es weniger bedeutsam, mit welchem Material es der Schüler bzw. die Schülerin zunächst zu tun hat – ob mit Papier oder mit feuchtem Ton –, *sondern in welcher Weise die prozesshafte Auseinandersetzung mit den vorliegenden Materialien seitens der Schülerin bzw. des Schülers verläuft.*

Zwei weitere Fragen knüpfen sich an diese Vermutung: Was ist selbsttätiges Lernen und wie hängen Emotion und Kognition genau zusammen?

5. Zur ersten Frage: Anmerkungen zum selbsttätigen Lernen

Winston Churchill soll von sich gesagt haben: »Ich bin immer lernwillig, aber ich möchte nicht immer unterrichtet werden.« Was genau könnte er damit gemeint haben?

Die Formulierung »Ich bin immer lernwillig« klingt zunächst nicht nur wie die *Beschreibung einer Bereitschaft,* sondern darüber hinaus wie die *Beschreibung einer Verfasstheit.* Mit anderen Worten: Die ständige Lernwilligkeit könnte als Beleg dafür verstanden werden, dass der Austausch zwischen Innenwelt und Außenwelt, zwischen der einen und der anderen Realität wie auch zwischen Emotion und Kognition, also zwischen alledem, was »Lernen« im Grunde ausmacht, gar nicht zu stoppen ist. Dieser Austausch passiert permanent und gestaltet sich – so lange wir leben – unablässig neu, während sich die Art und Weise des Austausches verändern und variieren kann.

»Ich bin immer lernwillig« legt jedoch auch offen, dass selbstgewählte Erkundungen eigene aber auch eigenwillige Auseinandersetzungen, aktive Prozesse sind, während das »unterrichtet werden« sprachlich bereits darauf hinweist, dass »etwas mit mir geschehen soll« – also passiv eingefärbt ist.

»Ich bin immer lernwillig, aber ich möchte nicht immer unterrichtet werden«, könnte demnach auch bedeuten: »Ich bin immer aktiv an einem Austausch zwischen ›der einen‹ und ›der anderen Realität‹ beteiligt, aber ich möchte nicht immer belehrt werden.« Darin verdeutlicht sich: Für die eigene aktive Auseinandersetzung mit der Welt bin ich immer offen, aber ich möchte nicht immer festgelegten Denkbahnen folgen müssen.

5.1 Rückblick

Die Idee des »aktiven Kindes« ist in der Geschichte der Pädagogik nicht neu. Von Rousseau über Pestalozzi und Fröbel bis zum ›Anfang des 20 Jahrhunderts‹, das von Ellen Kay als ›Jahrhundert des Kindes‹ ausgerufen wurde, spannt sich der Faden.

Dabei war es gerade auch Wien, eine Stadt, geprägt von großen Persönlichkeiten und Denkern wie Sigmund Freud, Anna Freud, Alfred Adler, Oskar Spiel, Ferdinand Birnbaum, Fritz Redl, Siegfried Bernfeld, August Aichhorn, Rudolf Ekstein u.a.m. – um nur einige zu nennen –, die maßgeblich daran beteiligt waren, dass diese Stadt ›als Stadt des Kindes‹ gewürdigt wurde. Alle genannten Persönlichkeiten haben mit ihren Entdeckungen neue Wege zwischen Innenwelt und Außenwelt beschritten und durch die Erforschung von innerem Erleben in der Verknüpfung mit außenliegenden Realitäten Erkenntnisse ermöglicht, die heute noch impulsgebend sind.

5.2 Was nicht verknüpft wird, bleibt fremd

Vor diesem gedanklichen Hintergrund lässt sich die Bedeutung des selbsttätigen Lernens auch im Herstellungsprozess der »mittelalterlichen« Trinkbecher weiter beleuchten. Gerd E. Schäfer formuliert in seinem Buch »Bildung beginnt mit der Geburt« eine These, die in diesem Rahmen bedeutsam ist. »Erkenntnisse, die Kinder nicht mit den Bildern und Erlebnissen ihrer Biographie verknüpfen können, bleiben ihnen fremd« (Schäfer 2003, 17). Zeigt sich nicht gerade darin ein »Verknüpfungsdrang« zwischen »der einen außenliegenden Realität« und »der anderen inneren Realität«, der sich wie ein roter Faden durch alle bisher dargestellten Fallbeispiele zieht?

Angefangen bei Daniel und seiner beschriebenen Paradoxie zwischen Innen und Außen am Beispiel der Subtraktion, über Selim, der paradoxerweise seine gleichschenkeligen Dreiecke im Mathematikunterricht nicht konstruieren kann, während er diese (Denk-)Figur nur wenige Tage später beim Tonen zielsicher umsetzt: Warum gelingt die Initialzündung gerade im Kontext des Praktischen Lernens bzw. des selbsttätigen Lernens?

Vielleicht, weil im selbsttätigen Lernen eine enorme Chance liegt, die Erkenntnisse, die man in der Auseinandersetzung mit der Außenwelt gewinnt, in Beziehung zur eigenen Biographie zu setzen, auch wenn das nicht immer bewusst geschieht. Dabei spielen Emotionen eine entscheidende Rolle. Das belegen auch die Fallgeschichten von Annette und Raul. Denn die Erkenntnisse, die im Herstellungsprozess der unterschiedlichen Tonbecher von Annette und Raul gewonnen werden konnten, stehen mit den Biographien und Psychodynamiken der beiden Jugendlichen in erkennbarer Verbindung. Um mit Martin Buber zu sprechen, heißt das: »Der Mensch, das Menschenkind will Dinge machen. Das ist nicht bloße Schaulust an dem Entstehen einer Form aus einer eben noch formlos anmutenden Materie: wonach das Kind verlangt, ist der eigene Anteil an diesem Werden der Dinge; es will das Subjekt des Produktionsvorgangs sein« (Buber 1919, 16). Und dass sich dieses selbsttätige Subjekt in den werdenden Dingen spiegelt, verdeutlichen die vorgestellten Tonarbeiten.

5.3 Zum Begriff des »Selbst«

Was aber meint selbsttätiges Lernen in diesem Kontext? Zunächst soll der Begriff des »Selbst« – im Sinne einer gemeinsamen Verständigungsbasis – definiert werden. »Die meisten psychoanalytischen Theorien der Selbst-Entwicklung [z.B. Winnicott, Kohut etc.] nehmen an, dass das psychische Selbst (d.h. *das Selbst als intentionales Wesen* [*eines Subjektes;* Anm.d.V.] *mit Zielen, welche auf Gedanken, Überzeugungen und Wünschen beruhen*) sich durch Wahrnehmen der eigenen Person im Geist des anderen Menschen als fühlend und denkend entwickelt« (Fonagy, Target 2001, 234; Herv.M.H.).

Vereinfacht dargestellt bedeutet das: Das Selbst als intentionales inneres Wesen bedarf grundlegend der außenliegenden Welt, auf die es bezogen sein kann. Es verlangt die Gegenwart eines anderen Wesens, das nicht nur seinen inneren Zustand widerspiegelt, sondern diesen in modulierter und annehmbarer Weise »zurückgibt«. Im pädagogischen Kontext heißt das: *»Die Welt zeugt im Individuum die Person«* (Buber 1919, 23; Herv.M.H.). *Selbsttätiges Lernen kann nun als ein Lernprozess begriffen werden, der dieses innere Selbst berührt und weiter modelliert.* Auf diese Weise unterscheidet sich das Praktische bzw. selbsttätige Lernen vom bloßen Tätigsein – also vom pädagogischen Aktionismus und bloßer Bastelei. Um es mit John Dewey zu sagen: »Wir wirken auf den Gegenstand ein, und er Gegenstand wirkt auf uns zurück« (Dewey 1916, 186).

Kurz: Die »Sache«, der »Unterrichtsstoff« aber auch Phänomene der Außenwelt bleiben dem Lernenden fremd, wenn es nicht gelingt, diese über die Brücke der Biographie an die Innenwelt des Lernenden anzuknüpfen: also die »eine Realität«

(Außenwelt) mit der »anderen Realität« (Innenwelt) zu verbinden. *Selbsttätiges Lernen wird demnach vom inneren intentionalen Wesen eines lernenden Subjektes – also dem Selbst – angestoßen und wirkt zugleich auf dieses zurück. Das je Eigene steht demnach – in Abgrenzung zum »Fremden« – im Zentrum. Anleitend in diesem »Formungs- bzw. Bildungsprozess« sind die Emotionen.*

6. Zur zweiten Frage: Anmerkungen zum Verhältnis von Emotion und Kognition

Spätestens an dieser Stelle ist es unerlässlich, sich im Sinne einer weiteren gemeinsamen Verständigungsbasis auf einen Lernbegriff festzulegen. Will man den »Symbolgehalt kindlicher Lebensäußerungen ... erschließen, (liegt) es nahe, nicht von einem Lernbegriff auszugehen, der Lernen in behavioristischen Standards, in Reiz-Reaktions-Schemata und als Rezeption und Speicherung von Daten und Informationen versteht, sondern als prozesshafte Sinngebungsarbeit des Subjekts, die allein von dessen Biographie, Erfahrung und Kultur her zu begreifen ist« (Duncker u.a. 1993, 11). Vereinfacht gesagt: Damit ich Neues in mich aufnehmen und Altes verwerfen oder zumindest verändern kann, muss das für mich vor dem Hintergrund meiner Biographie, Erfahrung und Kultur von Bedeutung sein – d.h. Sinn machen. Ein kurzes Rechenbeispiel von Loriot mag dies pointiert darstellen. Es lautet: »Eine Semmel enthält 140 Kalorien. 700 Semmeln pro Jahr ergeben 98 000 Kalorien. Diese benötigt man, um eigenhändig einen Elefanten neun Zentimeter weit zu tragen. Aber wozu?«

Kurz: Mag sein, ich kann mir kurzfristig Vieles merken (auch wenn ich bloß Gemerktes schnell wieder vergesse), aber wirkliches Lernen geschieht immer nur dann, wenn »etwas« bedeutsam für mich wird und damit »Sinn macht«.

6.1 Wieder ein Blick zurück

Doch welche Rolle spielen Emotionen in dieser prozesshaften Sinngebungsarbeit, also beim Lernen? Wie verhalten sich Emotionen und Kognitionen zueinander? Die Philosophie des Abendlandes behauptet seit Jahrhunderten, der menschliche Geist »zerfalle in *zwei getrennte Bereiche: den Intellekt* – ihm sind Logik, Vernunft und Objektivität zuzuordnen – und *die Emotionen* – in diesen Bereich fallen Leidenschaft, Gefühl und Subjektivität. Diese polarisierte Auffassung des Geistes gehört keineswegs der Vergangenheit an« (Greenspan, Benderly 2001, 50; Herv.M.H.). Denn auf dieser gegensätzlichen Zweiteilung des Geistes in Affekt und Kognition beruhen z.B. auch moderne Entwicklungstheorien, wie die Theorie von Jean Piaget, der modellhaft die Entwicklung des kindlichen Denkens erforscht hat. In seiner Vorstellung vom kindlichen Denken tauchen Emotionen, wenn überhaupt, dann nur in Form einer »Starthilfe« auf.

Der historische Nährboden, auf dem diese Auffassung wurzelt, reicht zurück bis in die Antike. Bereits die alten Griechen haben in ihrem philosophischen Denken die rationale Seite des Geistes über die emotionale Seite erhoben. Jüngst hat wohl der

Begriff der »Emotionalen Intelligenz« (vgl. Goleman 1996) versucht, die positive Bedeutung der Emotionen für die Entwicklung hervorzuheben, doch auch Goleman ging dabei von der herkömmlichen Unterscheidung von Kognition und Gefühl aus.

6.2 Wechsel der Blickrichtung: »Duale Codierung«

Eine veränderte Sicht ermöglichen die Forschungen von Greenspan und Benderly. »Nach unseren Beobachtungen zur Entwicklung des Kindes besteht die vielleicht entscheidende Rolle der Emotionen ... darin, viele der wichtigsten Funktionen des Geistes hervorzurufen, zu organisieren und aufeinander abzustimmen ... Die Emotionen sind, so unwahrscheinlich es auch klingen mag, die Architekten der vielfältigsten kognitiven Operationen während unserer gesamten Lebenszeit. Sie machen kreatives Denken überhaupt erst möglich« (Greenspan, Benderly 2001, 21).

Greenspans Untersuchungen an autistischen Kindern, aber auch an Säuglingen und Kleinkindern, belegen, dass eine Sinneswahrnehmung, die ein Kind in sich aufnehmen kann, zugleich auch einen Affekt auslöst. Auf diese Weise werden sensorische Eindrücke zunehmend mit Gefühlen verknüpft. In diesem Sinne ist eine Stimme für das Baby z.B. laut *und* ängstigend, ein Spielzeug rot *und* verlockend, eine Decke weich *und* angenehm. Diese *innere Verknüpfung von Wahrnehmung und Affekt (»duale Codierung«*, Greenspan, Benderly 2001) ist jedoch nicht zwangsläufig bei allen Individuen gleich. Im Gegenteil: Eine bestimmte Sinneswahrnehmung kann bei unterschiedlichen Individuen gänzlich unterschiedliche Emotionen auslösen. So kann, was für das eine Kind ängstigend ist, für ein anderes Kind anregend sein.

> »Wenn das Kind mit zunehmendem Alter die Welt erkundet, sind Emotionen ihm dabei behilflich, auch das zu begreifen, was sich als physikalische und mathematische Beziehung darbietet. Man könnte meinen, dass einfache Begriffe wie heiß oder kalt ganz und gar physikalische Empfindungen repräsentieren, doch was ›zu heiß‹ oder ›genau richtig‹ bedeutet, lernt das Kind anhand von angenehmen oder schmerzend heißen Bädern, kalten oder wohltuenden Fläschchen, übermäßiger oder unzureichender Bekleidung, kurz, anhand von Empfindungen, die mit den emotionalen Reaktionen des Kindes codiert werden. Eine entsprechende Grundlage haben komplexere Wahrnehmungen wie groß oder klein, mehr oder weniger, hier oder dort. ›Viel‹ ist etwas mehr als das, was ein Kind glücklich macht« (Greenspan, Benderly 2001, 35).

›Wenig‹ könnte demnach auch ›weniger als erwartet‹ bzw. einen Mangel bedeuten. Noch weniger könnte in seiner Steigerung möglicherweise sogar als Verlust codiert werden.

Auch wenn wir zunächst noch bei der Frage bleiben, wie Emotionen und Kognitionen zusammenhängen, so möchte ich wenigstens an dieser Stelle auf Daniel und seinen Ausruf »Wegnehmen geht nicht!« verweisen, auch wenn ich erst an späterer Stelle nochmals direkt darauf eingehen kann. Die Fähigkeit zur emotionalen

Unterscheidung setzt also zu einem Zeitpunkt unserer Entwicklung ein, in der das Kind weder über Worte verfügt noch bewusst denken kann.

6.3 Querverweise

Entscheidend ist es jedoch, dass auf Grund dieser doppelten Codierung das Kind »zwischen jeder Erinnerung und Erfahrung in einem mentalen Katalog von Phänomenen und Gefühlen ›Querverweise‹ herstellen und bei Bedarf rekonstruieren« kann (ebd., 37). Erst das innere Netzwerk, das sich vor diesem Hintergrund herausbildet und dem Kind verlässlich zur Verfügung steht, ermöglicht es dem Lernenden, *Kontext und Relevanz seines Denkens und Handelns zu begreifen.* Zugleich *verkürzen sich »Entscheidungswege«* durch diese bedeutsamen Querverbindungen. Die Emotionen helfen uns sozusagen, »Erfahrungen« in einem Bruchteil von Sekunden direkt anzusteuern und zu mobilisieren, für deren rationale Analyse oftmals weder Raum noch Zeit bleibt.

> »Betrachten wir zum Beispiel, wie ein Kind lernt, wann es grüßen soll. Diese scheinbar triviale Fertigkeit setzt voraus, dass es subtile, komplizierte Hinweise richtig deutet. Das Kind muss lernen, nur diejenigen zu grüßen, bei denen es angebracht ist. Wenn man ihm eine allgemeine Regel beibringt, wie etwa ›Grüße jeden, der (in der Nähe unseres Hauses wohnt)‹, dann wird es nicht klappen, das Kind müsste jeden nach seiner Adresse fragen. ›Grüße jeden, den du siehst‹ wird auch nicht genügen; es könnte passieren, dass das Kind einem, der es bestehlen und entführen will, ein freundliches Lächeln schenkt ... Selbst wenn es gelänge, dem Kind eine Reihe von Routineregeln beizubringen – bis es sich entschieden hätte, ob es grüßen soll, wäre die betreffende Person schon fort ... Wenn es (aber) durch Erfahrung das sehr abstrakte Prinzip gelernt hat, ›Grüße jeden, für den du freundliche Gefühle empfindest‹, kann es dieses überall angemessen anwenden« (Greenspan, Benderly 2001, 40).

Kurz: Unsere Emotionen ermöglichen uns in Millisekunden zu entscheiden, was wir sagen, was wir tun und sogar was wir denken sollen.

> »Denken beruht also auf zwei Voraussetzungen. Zunächst muss wenigstens ansatzweise eine emotionale Struktur da sein, die Ereignisse und Ideen sortiert und organisiert, noch bevor wir Worte und Symbole verwenden, welche diese repräsentieren ... Dann benötigen wir einen Prozess des Prüfens, Herumtüftelns und Abwägens, der diese Gedanken (in einem weiteren Schritt) im Lichte unserer Fähigkeiten zum logischen Denken bewertet. (Ideen, die unlogisch erscheinen, passen dann nicht zu unserer Vorstellung von logisch sequentiellem Denken usw.) ... Die Fähigkeit, Abstraktionen zu bilden, besteht aus dieser Sicht in der Fähigkeit, mehrere emotionale Erfahrungen zu einem einzigen integrierten Begriff zu verschmelzen« (ebd., 43ff).

Vereinfacht gesagt sind Emotionen die Architekten unserer Gedanken.

Wichtig ist jedoch auch, dass uns »die emotionalen Wegweiser unseres Denkens auch in die Irre führen können, wenn wir uns in einem Extremzustand der Angst, der Depression, der Furcht oder des Zorns befinden. Wir werden dann dermaßen von unseren Emotionen überflutet, dass uns eine Feinabstimmung unserer Vorstellungen unmöglich wird« (ebd., 49).

7. »Verdrahtung«: Vom Anfang zum Ende

Diese Überlegung führt uns zurück zu Daniel und seinem Ausruf »Wegnehmen geht nicht!« Warum sollte es vor dem Hintergrund der beschriebenen frühen Netzwerkorganisation nicht möglich sein, dass ein Kind einen drohenden Verlust mit einer mathematischen Wirklichkeit des »Wegnehmens« (Subtraktion) verbindet und damit *in der aktuellen Lebenssituation etwas weiterführt, was es schon in der ersten Auseinandersetzung mit Welt getan hat, nämlich Empfindungen, emotionale Reaktionen und Denkprozesse miteinander zu verdrahten*? Doch anders als bei den ersten vorsprachlichen und damit ganz und gar prägenden Erfahrungen des frühen Kindesalters scheint es für die Pädagogik bedeutsam, *dass sich nachfolgende situations- und kontextbedingte Verdrahtungen – wie im Falle von Daniel – auch wieder lösen lassen.* Entscheidend ist dabei das situationsabhängige und schrittweise Benennen des Erkennbaren; jedoch nicht in Form einer Deutung, sondern in Form einer vorsichtigen Annäherung an das kindliche »Quer-Erleben«. Auf diese Weise könnte es möglich werden, Paradoxien und Verirrungen bezüglich der Frage, was emotional richtig aber zugleich auch kognitiv falsch ist, zu entschlüsseln.

Im vorliegenden Fall hat Daniel seine innere Verdrahtung bzw. seine emotionale und kognitive Querverbindung sogar selbst benannt – ein pädagogischer Glücksfall eben, der gewiss nicht immer in dieser Weise einsichtig ist. Die Geschichte vom gleichschenkeligen Dreieck ist da schon etwas anders gelagert. Auch wenn die angesprochene Schnittstelle dieser Fallgeschichte bislang noch nicht genau geklärt werden konnte – ein innerer Bezug zur äußeren Realität ist auch bei Selim erkennbar. Sein verzierter Tonbecher, auf dem sich in gelungener Weise abbildet, was kurze Zeit zuvor unmöglich war, wirft die Frage auf: Warum geht es plötzlich im Kontext des Praktischen bzw. selbsttätigen Lernens? Die Geschichte vom Teufel und die Geschichte einer Festung legen dies ein Stück weit offen. Denn das selbsttätige Lernen geht von diesem intentionalen Wesen – dem Selbst – aus und wirkt zugleich auf dieses zurück. Dabei wird die »eine außenliegende Realität« mit der »anderen inneren Realität« in Beziehung gesetzt und wirkliches Lernen angestoßen. Der Weg führt über das »Befremdliche« zum »Eigenen«. Ganz im Sinne von Hentigs (2004), der davon ausgeht, dass Bildung immer nur Selbstbildung sein kann.

7.1 Abschied von der Idee der pädagogischen Machbarkeit

Nur soviel: Lernprozesse, Lernschwierigkeiten und Verhaltensstörungen aus diesem Blickwinkel zu betrachten bedeutet wohl, sich von der Idee pädagogischer Machbarkeit zu verabschieden, im Sinne von: »Unterrichtsinhalte müssen nur gut genug vorbereitet sein, um vom jeweiligen Schüler aufgenommen und umgesetzt zu werden.« Stellt man in Rechnung, dass Emotionen unablässig und wesentlich an Lernprozessen beteiligt sind, so geht es unausweichlich wohl auch um Beziehungen zu sich und zur Welt, die als große Unbekannte in Lernprozessen, Lernblockaden und Verhaltensstörungen wirksam werden.

7.2 Was bleibt

Deshalb benötigen Pädagogen nicht nur »Theorien und Modelle, mit deren Hilfe sie Kindern etwas beibringen, sondern auch solche, mit deren Hilfe sie bei ihnen etwas wahrnehmen« (Duncker u.a. 1993, 14). Eine Sensibilisierung und Öffnung des pädagogischen Handelns für das Zusammenspiel von Emotion und Kognition ist dabei entscheidend. Gerade darin zeigt sich aber die Komplexität des Problems, das generelle Lösungen und konkrete Anleitungen verunmöglicht. Denn es geht nicht mehr um die Schüler im Allgemeinen, sondern um das je einzelne Kind mit seinen spezifischen Bedingungen und Möglichkeiten im Hier und Jetzt des konkreten Unterrichtsgeschehens. Es geht also in besonderer Weise um das »je Eigene«, das »Eigenwilliges und Befremdliches« zwingend einschließt.

Doch nicht nur veränderte Theorien und Modelle kommen in den Blick, sondern auch veränderte schulische Strukturen. In der mehrfach ausgezeichneten Helene-Lange-Schule in Wiesbaden hat das Kollegium eine Idee entwickelt, welche von der damaligen Leiterin Enja Riegel initiiert wurde: »Der fachfremde Unterricht« (vgl. Riegel 2004, 114ff). Was auf den ersten Blick als Notlösung erscheint, entpuppt sich bei genauerer Betrachtung als bedeutsamer Entwicklungsmotor: Lehrer unterrichten nicht nur jene Fächer, die sie studiert haben, sondern werden darüber hinaus noch in anderen Fächern eingesetzt. Daran knüpft sich die Frage:

> »Ist dieser Unterricht nicht zwangsläufig weniger fundiert als der Unterricht eines ausgewiesenen Experten? … Wir wollten kein Risiko eingehen. Also haben wir in den Anfangsjahren Vergleiche von Gruppen, die fachfremd in Mathematik unterrichtet wurden, mit den Parallelgruppen, die von einem ausgewiesenen Mathematiker möglichst noch mit Oberstufenerfahrung unterrichtet wurden, durchgeführt. Die Ergebnisse sprachen oft zugunsten der fachfremden Lehrer. Warum? Es ist ein Gewinn, wenn ein Lehrer nicht schon alles weiß. Vorausgesetzt er ist neugierig und motiviert, sich fehlendes Wissen anzueignen oder sich in ein fremdes Fach einzuarbeiten, kann das für Schüler ein großer Vorteil sein. Ein solcher Lehrer erlebt es jetzt wahrscheinlich erneut, was es heißt, bei einem mathematischen Problem Fehler zu machen. … In den Fehlern seiner Schüler erkennt er Denkweisen wieder, die ihm vertraut sind« (ebd.).

D.h. in dem Maße, in dem der Lehrer selbst wieder zum Lernenden wird, wächst die Vertrautheit mit lückenhaften, fehlerhaften und dadurch auch mit befremdlichen Denkweisen. Die unterrichtliche Dynamik ist durch dieses veränderte Vorzeichen von »Zugehörigkeit« geprägt. Im Zentrum steht die veränderte Sicht der Schüler auf ihren Lehrer, aber auch die veränderte Sicht des Lehrers auf seine Schüler. Es entstehen neue Zugänge – man ist einander nicht mehr fremd! Auch wenn dieses Detail einer grundlegend veränderten Schulstruktur nicht für das Ganze stehen kann, so macht es doch eines deutlich: Ungesichertheit, Irritation und das Befremdliche sind sinnstiftende Momente in pädagogischen Prozessen.

Die eingangs gestellte Frage, »Wie kann es also gelingen, dass Befremdliches nicht bloß vertraute Schutz- und damit zugleich auch Abwehrmechanismen reaktiviert, sondern als Chance auf Veränderung und damit auch als Chance der Erneuerung erfahrbar wird?«, kann an dieser Stelle erste Antworten erhalten. Die Rede ist von veränderten methodischen Zugängen wie auch von Schulentwicklungsprozessen, die das Befremdliche und Eigenwillige nicht ausgrenzen, sondern als Schwungrad für Zukünftiges und Kommendes nutzen. Getreu dem Motto: Zukunft braucht, wenn sie wirklich erwartet wird, das Unerwartete!

Danksagung:
Ich möchte mich bei Werner Bleher, Alexander Götte, Günther Hilff und Andreas Steck bedanken, ohne deren Mitwirkung und pädagogische Arbeit »Die Geschichte vom gleichschenkeligen Dreieck«, »Die Geschichte vom Teufel« und »Die Geschichte einer Festung« nicht hätte erzählt werden können.

Literatur

Buber, M. (1919): Reden über Erziehung. Gütersloher Verlagshaus: Gütersloh, 2000

Dewey, J. (1916): Demokratie und Erziehung. Eine Einleitung in die philosophische Pädagogik. Beltz: Weinheim, Basel, 2000

Duncker, L., Maurer, F., Schäfer, G.E (1993): Hundert Sprachen des Kindes. Zur pädagogischen Fragestellung des Bandes. In: Duncker, L., Maurer, F., Schäfer, G.E (Hrsg.): Kindliche Phantasie und ästhetische Erfahrung. Vaas: Langenau-Ulm, 9-15

Ertle, Ch., Hoanzl, M. (Hrsg.) (2002): Entdeckende Schulpraxis mit Problemkindern. Klinkhardt: Bad Heilbrunn

Fonagy, P., Target, M. (2001): Mentalisation und sich ändernde Ziele der Psychoanalyse. In: Kinderanalyse 9 (Heft 2), 229-244

Goleman, D. (1996): Emotionale Intelligenz. Carl Hanser: München, Wien

Greespan, S.I., Benderly, B.L. (2001): Die bedrohte Intelligenz. Die Bedeutung der Emotionen für unsere geistige Entwicklung. Goldmann: München

Grimm J., Grimm, W. (1960): Deutsches Wörterbuch. Band 14/II. Abteilung. Wilb-Ysop. Hirzel: Leipzig

Hentig von, H. (2004): Bildung. Ein Essay. Beltz: Weinheim, Basel, Berlin
Kahl, R. (2006): Die Entdeckung der frühen Jahre. Eine Dokumentation. Produktion Archiv der Zukunft: Hamburg
Mollenhauer, K. (1998): Vergessene Zusammenhänge. Juventa: München
Riegel, E. (2004): Schule kann gelingen. Bundeszentrale für politische Bildung: Bonn
Riegel, E. (2007): Schule kann gelingen. Vortrag an der Pädagogischen Hochschule Ludwigsburg am 6. März 2007
Sader, M. (2002): Toleranz und Fremdsein. Beltz: Weinheim, Basel, Berlin
Schäfer, G.E. (2001): Bildungsprozesse im Kindesalter. Selbstbildung, Erfahrung und Lernen in der frühen Kindheit. Juventa: Weinheim, München
Schäfer, G.E (2003): Was ist frühkindliche Bildung? In: Schäfer, G.E. (Hrsg.): Bildung beginnt mit der Geburt. Beltz: Weinheim, Basel, 15-74

Sexualkunde in der Jugendarbeit. Ein Beitrag zu einer ethnopsychoanalytisch inspirierten Ethnographie

Burkhard Müller

1. Einleitung

Jugendarbeit ging im Zuge ihrer »emanzipatorischen« Tradition (Müller u.a. 1964) von Jugendbildern aus, die besondere Grade der persönlichen und politischen Übereinstimmung und Nähe von Jugendarbeitern und Jugendlichen unterstellten (Lessing 1986) – zunehmend illusionäre Wunschbilder, wie Lessing (ebd., 13) betont. Seit 20 Jahren wird allerdings auch immer wieder darauf hingewiesen, dass Jugendliche in diesem Feld die Pädagogen mit einem »fremden Alltag« (Müller 1986) konfrontieren. Dieser muss, in Anlehnung an Georges Devereux' komplementarische Methode, nicht nur in seiner Fremdheit im Modus eines sozialwissenschaftlich nüchternen, distanzierten Blicks erkannt, sondern zugleich auch als beängstigende, potentiell verstrickende, Übertragung und Gegenübertragung provozierende und allzu große Nähe bewältigt werden (Dörr, Müller 2006). Die erst in den letzten Jahren vermehrt publizierten Arbeiten zu einer Ethnographie der Jugendarbeit (Lindner 2000; Küster 2003; Bimschas, Schröder 2003; Müller u.a. 2005a) zeigen, dass eine solche Balance von Distanz und selbstreflexiv bewältigter Nähe nicht nur für die Erforscher dieses Feldes unentbehrlich, sondern auch Bedingung des Gelingens für die Praktiker des Feldes selbst ist.

Dem außenstehenden Betrachter, selbst dem pädagogisch fachkundigen, erscheint Jugendarbeit, vielleicht gerade deshalb, ihrerseits oft als ein befremdliches Feld. Anstelle klarer, polar angeordneter Rollen (Lehrer-Schüler; Therapeut-Klient etc.) herrschen hier dem Anschein nach eher diffuse Beziehungsmuster vor, die den Verdacht mangelnder Seriosität einer »schmuddeligen Alltagspraxis« (Thiersch) erwecken können. Einer genaueren rekonstruktiven Betrachtung, wie wir sie in unterschiedlichen primär ethnographischen Forschungsprojekten (Müller u.a. 2005a, 2005b; Rose u.a. 2006) versuchen, erschließt sich allerdings: Die als zufällige Alltagskommunikation oder »organisierte Anarchie« (Sturzenhecker 2006) erscheinenden Beziehungen zwischen MitarbeiterInnen und Kindern bzw. Jugendlichen folgen für das Feld konstitutiven Regeln. Sie dienen dazu, die paradoxalen Handlungsanforderungen des Feldes bearbeitbar zu machen und müssen entsprechend kunstvoll gehandhabt werden (Müller u.a. 2005a). Diese Anforderungen ergeben sich daraus, dass Jugendarbeit freie jugendkulturelle Gesellungsform und pädagogisch fruchtbares Interventionsfeld in einem zu sein hat. Wir nennen die Regeln: Sparsamkeitsregel, Mitmachregel und Sichtbarkeitsregel:

- Die Sparsamkeitsregel schreibt vor, die Transformation von alltäglicher Kommunikation in gezielte pädagogische Intervention so sparsam und unauffällig als möglich zu vollziehen, also die faktische Asymmetrie der Beziehung zwischen berufstätigem Pädagogen und Adressaten in der öffentlichen Arena eines Jugendtreff möglichst wenig sichtbar werden zu lassen, ohne sie jedoch zu verleugnen[1].
- Die zweite Regel betrifft das Paradoxon, aus der Teilnahme an gemeinsamen Freizeitaktivitäten heraus pädagogisch handeln zu sollen: »Die Mitmachregel« besteht aus drei Komponenten: Erstens: ›Mache bei den Aktivitäten der Kinder und Jugendlichen mit.‹ Zweitens: ›Verhalte dich dabei so, als wärest du Teilnehmer unter anderen.‹ Drittens: ›Stelle glaubhaft dar, dass du als ein Anderer teilnimmst.‹
- Die dritte Regel betrifft das Paradoxon, dass Pädagogen in diesem Feld die für ihr Wirken notwendige Anerkennung nie als rollenförmige Vorgabe haben, sondern immer erst selbst gewinnen müssen. Die Regel lautet: »Mache dich und deine Einstellungen erkennbar (sichtbar), aber lasse gleichzeitig zu, dass die Jugendlichen ihre Einstellungen (auch die aggressiven, negativen) sichtbar werden lassen, ohne dass dadurch die wechselseitigen Anerkennungsverhältnisse in Frage gestellt werden« (Müller u.a. 2005a, 61).

Die Notwendigkeit dieser – scheinbar diffusen und doch kunstvolle Inszenierung erfordernden – Rollenstruktur von Jugendarbeit liegt darin, dass ihre Aufgabe, zentraler noch als für die Schule, in der gesellschaftlichen Gewährleistung dessen besteht, was Vera King »Generativität« (2002, 34ff) nennt: »eine immer neu zu bestimmende Kombination von Fürsorge und Zurückhaltung, von Abgrenzung und Zur-Verfügung-stehen« (ebd., 51f), die eine hinreichend fördernde Umwelt als »Möglichkeitsraum« (Winnicott) adoleszenter Individuation und ihres unvermeidlichen »Anerkennungsvakuums« (King 2002, 55) zwischen verlassener kindlicher Bindung und noch nicht gewonnener Autonomie zur Verfügung stellen müsste. Sie kann dies aber unter gegebenen Bedingungen des Aufwachsens über die traditionellen Erziehungsinstitutionen Familie und Schule nur begrenzt und nicht für alle zur Genüge leisten. Jugendarbeit als Überschneidungsraum zwischen einem jugendkulturellen und einem pädagogischen Milieu (Böhnisch 1998) bietet sich zur Überwindung dieses Mangels als notwendiges Angebot von »nonformaler Bildung« an (vgl. z.B. Sturzenhecker, Lindner 2004). Umgekehrt gehe ich allerdings davon aus, dass Jugendarbeit nur dann ihren Anspruch als notwendige und öffentliche bzw. staatlich geförderte pädagogische Institution wird behaupten können, wenn sie in diesem Bereich ihre Chancen auch

[1] Man könnte diesen pädagogischen Stil auch mit dem weiser Eltern vergleichen oder, im professionellen Handlungsraum, auch mit den unauffälligen Interventionen psychoanalytisch-pädagogischer Meister wie Zulliger, Aichhorn oder Redl.

empirisch aufweist und sich nicht damit begnügt, als Hilfsagentur gegen mangelnde verwertbare Qualifikation oder für Devianz-Prävention – also als Flankenschutz für Schule, Wirtschaft und Justiz – gebraucht zu werden.

Ich versuche im Folgenden am Beispiel der Auseinandersetzung Jugendlicher mit Sexualität im Kontext von Jugendarbeit und der Versuche von PädagogInnen, sie dabei zu unterstützen, die Schwierigkeiten, aber auch die Notwendigkeit einer solchen Aufgabenstellung zu plausibilisieren. Ich greife dabei auf ethnographisches Material aus zwei Projekten zurück, das mittels teilnehmender Beobachtungen und Experteninterviews erhoben wurde. Der Bericht über das eine Projekt liegt mit dem Fokus auf den »informellen Bildungsgelegenheiten« in der Jugendarbeit als Buch vor (Müller u.a. 2005a); das andere noch laufende Projekt fokussiert Prozesse der Geschlechterkonstruktion (*doing gender*) in der Jugendarbeit (Rose u.a. 2006). Als methodisch unumgänglich erwies und erweist sich in beiden Projekten, dass sich auch die Forscherinnen und Forscher an den beschriebenen konstitutiven Regeln des Feldes ein Stück weit abarbeiten müssen, sich nicht auf teilnehmende Beobachtung beschränken können, sondern immer auch in »beobachtende Teilnahme« (Hitzler 2000, 23) hineingezogen werden (vgl. Müller u.a. 2005a, 38ff).[2]

2. Sexualkunde in der Jugendarbeit I: Mädchenarbeit und institutionelle Abwehr

Hilfestellung im Umgang mit Sexualität und der eigenen Geschlechtsrolle ist ein zentrales Anliegen von Jugendarbeit, insbesondere dort, wo sich eine Einrichtung bemüht, den inzwischen allgemein anerkannten Fachstandard umzusetzen, durch geschlechtsspezifische Angebote »die besondere Lebenslage von Mädchen und Jungen zu berücksichtigen« (§9 [3] Sozialgesetzbuch VIII) – vor allem durch »Mädchenarbeit«. Es ist hier selbstverständlicher fachlicher Standard, dass pädagogische Unterstützung gerade beim Thema Sexualität nicht als Lehrangebot daherkommen darf, sondern sich nur aus einem Anknüpfen an geäußerte Interessen der Mädchen

[2] Unvermeidlich traten im Umgang mit dem pädagogischen Personal des Feldes Probleme einer »Forschung in eigener Sache« (Thole u.a. 2004) auf, da die Forscher selbstverständlich als Kollegen und Kolleginnen wahrgenommen wurden. Anders als bei Thole u.a. beschrieben, führte das in unseren Projekten allerdings kaum zur misstrau-ischen Abwehr befürchteter Bewertungen, sondern eher zur Gefahr, zu sehr in die Funktion von »Komplizen« (Bogner, Menz 2002) zu geraten. Auch die Jugendlichen gingen mit den Forscherinnen selbstverständlich so um, als handle es sich um neues pädagogisches Personal. Dies ermöglichte uns einen viel genaueren, auch Gefühle registrierenden Einblick in das manchmal undurchsichtige Geschehen, als dies sonst möglich gewesen wäre. Als Faktor der *Teilnahme* war insbesondere das Geschlecht der Beobachter (eine Frau und ein Mann) relevant. Die Art des Umgangs der Jugendlichen mit beiden war offenkundig nicht nur von ihrer Einordnung als *neue Mitarbeiter*, sondern auch von ihrer Wahrnehmung *als Frau* und *als Mann* geprägt.

entwickeln kann: Was sind ihre Themen? Wie definieren die Mädchen selbst ihre Rolle als zukünftige Frau? Was ist für sie wichtig bezüglich der Entwicklung einer geschlechtlichen Identität? Zu welchen Modellen oder Klischees greifen sie?

Unsere Beobachtungen zeigen allerdings, dass dieses »Anknüpfen« im Rahmen expliziter »Mädchen-« oder »Jungen-«arbeit häufig auf Abwehr trifft, bis hin zum Stoßseufzer einer interviewten Mitarbeiterin: *»Die Mädchen passen nicht zur Mädchenarbeit!«*[3] Dies liegt jedoch keineswegs daran, dass es an Anknüpfungspunkten mangelte. Vielmehr ist die Selbstinszenierung als sexuelles Wesen auch für Mädchen in der Jugendarbeit eines der zentralen Themen ihres alltäglichen Umgangs und wahrlich nicht ohne Anlässe für pädagogische Impulse (vgl. Müller u.a. 2005b, bes. 88ff). Umso größer ist die Enttäuschung von Pädagoginnen, wenn ihre darauf bezogenen Angebote ins Leere laufen.

> *Die Mitarbeiterin teilt der Forscherin zunächst mit, dass die Jugendeinrichtung keine speziellen Mädchentage mehr anbietet, da diese kaum auf Resonanz stießen. Auch die jüngeren Mädchen hätten nur wenig Interesse an einem fest institutionalisierten Mädchentag, sodass innerhalb der »normalen« offenen Jugendarbeit punktuell spezielle Angebote für die weiblichen Jugendlichen initiiert werden, wenn die Mädchen den Wunsch danach signalisieren. So finden Mädchenangebote in diesem Jugendhaus meist sehr spontan statt, um auf die Bedürfnisse und Wünsche der Mädchen zu reagieren* (Teilnehmende Beobachtung; Müller u.a. 2005a, 101).

Dies kann, wie eine im Forschungsprotokoll darauf folgende Erzählung zeigt, gelingen (ebd., 101ff), wenn auch nicht auf standarisierbare und verlässlich erwartbare Weise. Andere Erzählungen lassen Gründe des Scheiterns erkennen:

> *»Ich weiß von W., dass sie da schon ein bisschen enttäuscht drüber ist, also sie hat gerade was jetzt das Thema Menstruation angeht bei Mädchen oder so Frau werden, ne, Frauenarzt, hat sie da ganz am Anfang, als ich hier angefangen habe, öfter mal was versucht zu machen, hat sich ganze Pakete vom Gesundheitsamt kommen lassen oder den Koffer, den die haben beim Gesundheitsamt und wollte da was anbieten und war auch recht enttäuscht denn darüber, wie schlecht das bei den Mädchen ankam, das Thema«* (Ausschnitt aus einem Mitarbeiterinnen-Interview; Müller u.a. 2005a, 106f).

Das Misslingen könnte in diesem Fall darauf zurückzuführen sein, dass die Adresstinnen sexuelle Aufklärung schlicht nicht mehr nötig hatten. Dies ist aber wenig wahrscheinlich, wie noch zu erläutern sein wird (siehe unten). Plausibler scheint mir die Vermutung, dass der verständliche Widerstand der Mädchen, sich über ein solches Thema belehren zu lassen, auf der pädagogischen Seite unbewusst mit institutioneller Abwehr erwidert und so verstärkt statt überwunden wurde. Gerade die

[3] Zitierte Formulierungen aus den Protokollen werden hier sowie im Folgenden durch Kursivsetzung ausgewiesen.

Materialschlacht der *ganzen Pakete* an Informationen vom Gesundheitsamt legt diesen Verdacht nahe. Sie könnte das Gegenteil des Intendierten bewirkt haben. Der Mitarbeiterin scheinen hier die oben beschriebenen Grundregeln sensibler Jugendarbeit unversehens entglitten zu sein; die Situation scheint ihr keine Chance zu bieten, sie glaubhaft umzusetzen. Die ethnopsychoanalytische Perspektive sagt dazu: »Die professionelle Haltung kann ... nur dann effektiv genutzt werden, wenn man versteht, dass sie auf der Ebene des Unbewussten *auch* als Abwehrstrategie gegen die Angst, die die eigenen Daten erregen, funktioniert« (Devereux 1967, 129). Es könnte allerdings auch sein – ein Beispiel im Folgenden wird diese Möglichkeit näher beleuchten –, dass es in der Jugendarbeit (vielleicht auch in anderen pädagogischen Feldern) gar nicht so leicht ist, zu sagen, ob sichtbare Ablehnung eines Angebotes durch Jugendliche immer bedeuten muss, dass es nicht *angekommen* ist.

Wir können die Deutung dieser Vignette offen lassen und zugestehen, dass es zunächst wenig plausibel erscheint – jedenfalls für eine nicht von vornherein psychoanalytisch orientierte Betrachtung –, gestandenen Mitarbeiterinnen Angst vor dem Umgang pubertierender Mädchen mit Sexualität zu unterstellen und zu behaupten, dies könne den Erfolg ihrer Arbeit blockieren. In der folgenden Vignette allerdings wird eine solche Angst klarer erkennbar. Es handelt sich wieder um teilnehmende Beobachtung in einer Einrichtung, die an diesem Tag nur für Mädchen geöffnet ist. In dieser Szene verzichtet das Team, im Gegensatz zur vorigen, zunächst ganz auf eine pädagogische Intervention. Das Angebot, die Mädchen im Computerraum der Einrichtung unbeobachtet *chatten* zu lassen, geht vielmehr von der Annahme aus, genau diese freie Gelegenheit zur technischen Aneignung von Computern, frei auch von den Ansprüchen und Blicken männlicher Konkurrenz, sei den Mädchen förderlich. Die teilnehmende Beobachterin gibt zu Protokoll:

> *Ich gehe in den Computerraum zurück, in welchem sich immer noch sechs Mädchen befinden, die sich alle mit Chatten beschäftigen. Ich stehe zunächst einfach im Raum herum, frage mich, ob es indiskret sei, ihnen einfach über die Schulter zu schauen, entscheide mich dann aber dafür, es einfach zu tun. Ich gehe zunächst zu zwei Mädchen und frage sie, was sie denn da gerade machen: »Wir chatten.« »Mit wem denn?« »Ach, einfach nur so, um andere Leute kennen zu lernen.« »Und war schon wer spannendes dabei?« »Nö, heute noch nicht.« Sie scheinen beide nicht irritiert zu sein aufgrund meiner Neugier. Eines der Mädchen heißt J., ist 15 und hat sich als »Sexyalbanerin« eingeloggt. Die andere, ihre Schwester, heißt A. und ist 13. Ich frage sie, ob sie denn Albanerinnen sind, was die ältere grinsend verneint. Sie sind Halb-Jugoslawinnen, der Vater Jugoslawe, die Mutter Deutsche. ...*
> *Ich gehe wieder zu J. und A., letztere hat auch ein log-in-Problem, und bittet mich um Hilfe. Ich erkläre ihr, dass ich noch nie gechattet habe und ihr deshalb leider nicht weiterhelfen könne, worauf sie dann die Mitarbeiterin L. zu sich ruft. Diese schaut auf den Monitor, sieht, dass sich das Mädchen als »Sexytürkin« einloggen wollte, und meint zu ihr: »Du weißt doch, dass alles, wo irgendwie ›sex‹ drin ist, nicht geht, außerdem kannst du noch gar nicht sexy sein, du bist doch noch ein Kind mit deinen 13 Jahren, dazu musst du erstmal erwachsen werden, um sexy sein zu können. Und du*

bist ja nicht mal eine Türkin. Außerdem ist die Seite nicht o.k., auf der du gerade bist, geh mal auf ne andere.« Interessant ist, dass sich J., die Ältere, ja schon als »Sexyalbanerin« eingeloggt hatte, was funktioniert hat. Darauf weist A. die Pädagogin L. auch hin, was diese aber einfach ignoriert, während J. übers ganze Gesicht grinst. Anschließend weist L. die Anwesenden darauf hin, dass die Mädchen beim Chatten auf keinen Fall ihre Handynummern rausgeben dürfen. L. meint zu mir, dass die Mädchen das immer wieder machen, aber das ginge nicht, denn wenn aufgrund des Chattens hier im Haus etwas passiert, wäre der Ärger nicht auszudenken, den sie dann bekommen würde, sie sei hier ja schließlich in der Verantwortung. Weiterhin erklärt sie mir, dass sie ein Schutzprogramm herunter geladen haben, welches ganz toll sei. Es heißt »parents safe« oder so ähnlich, da könne man dann alle Begriffe eingeben, die verhindern, dass die Jugendlichen auf schlimme Seiten geraten, was natürlich manchmal die erwachsenen Männer ärgert, die manchmal auch die Computer nutzen, wobei mir nicht klar ist, welche Männer sie denn meint. A. ist nun maulig, dass das nicht so geklappt hat, wie sie sich das gedacht hat, und hat keine Lust mehr zum Chatten (Beobachtung während des »Mädchentages« in einem Jugendzentrum; Müller u.a. 2005b, 214f).

In der Beschreibung der Szene durch die Beobachterin wird *Chatten* als die Tätigkeit der sechs Mädchen im Computerraum benannt. Dabei ist einerseits bemerkenswert, dass die Beobachterin, noch ehe sie sich traut, den Mädchen »über die Schulter« zu schauen, erkennen kann, dass es sich um *Chatten* und nicht um einen anderen Inhalt der Datenverarbeitung handelt. Die Frage an die Mädchen, was sie da *machen*, dient demnach mehr der Kontaktaufnahme als der Information. Zweitens geht die Beobachterin, offenbar orientiert am gängigen Verständnis dieses Formats der Internet-Nutzung, davon aus, dass *Chatten* eine Tätigkeit sei, bei der das Zuschauen von außen »indiskret« ist. Auffällig ist deshalb nicht nur, dass die Beobachterin sich diese Indiskretion bei zwei Mädchen einfach ungefragt leistet, sondern auch, dass sie von diesen nachträglich die Erlaubnis dazu bekommt. Die Mädchen scheinen nämlich ganz unbefangen zu sein und interpretieren ihr Tun ausdrücklich als Freizeitbeschäftigung, die keiner Diskretion bedürfe (*einfach nur so, um Leute kennen zu lernen*, was nicht weiter *spannend* sei). Ob sie sich der Erwachsenen gegenüber nicht trauen, Diskretion zu fordern, ist nicht ganz klar; die Beobachterin jedenfalls kann keine Irritation bei ihnen erkennen und markiert dies als bemerkenswert.

Als auffällig diskrepant dazu erscheint ihr offenbar die dem Bildschirm entnehmbare Information, dass sich die 15-jährige bei ihrem Internetauftritt als *Sexyalbanerin* präsentiert. Das Mädchen imitiert damit, mit welchen Intentionen auch immer, die Angebote professioneller sexueller Dienstleistungen, wie sie heute in jeder Tageszeitung zu finden sind. Die Diskrepanz ist so groß, dass auch die Beobachterin sie zunächst nicht wahrnehmen kann. Sie scheint harmloser Weise zu vermuten, auch die beiden Mädchen seien Albanerinnen; während die unbefangene Auskunft über die tatsächliche Herkunft der Mädchen (in der Vorurteile gegen »Albaner« und ihr triebhaftes Wesen nicht ungewöhnlich sind) den Verdacht verstärken muss, dass die Phantasie, als *Sexyalbanerin* aufzutreten, auf eben jenen Kontext anspielt. Die

Beobachterin wird derweil von der 13-jährigen kleinen Schwester in Anspruch genommen und zwar in der Rolle, in der auch Mitarbeiterinnen selbstverständlich in Anspruch genommen werden: als technische Assistentin, die dem Mädchen bei dem Versuch helfen soll, sich, offenbar in Imitation der Größeren und ohne den Kontext zu verstehen, als *Sexytürkin* einzuloggen. Erst als die Beobachterin bei dieser Assistenz technisch versagt und deshalb, mit gleicher Unbefangenheit, die Mitarbeiterin zur Hilfe gerufen wird, bekommt der Inhalt dieses Chattens seine Auffälligkeit als pädagogisches Thema.

Diese geschieht nun allerdings mit einem Ton und einer Heftigkeit, in denen man den Schock der Mitarbeiterin förmlich spüren kann. Alle Sensibilität für mögliche Anknüpfungspunkte einer pädagogischen Kommunikation scheint sie verlassen zu haben. Sie bestreitet dem Mädchen das Recht auf ihr Interesse an einem sexuellen Thema und wirft ihr an den Kopf, nur Erwachsene, was sie offenkundig nicht sei, hätten dies Recht – eine Auffassung, die sie bei ruhiger Überlegung und aus eigener Überzeugung wohl kaum vertreten würde. Der Verdacht, dass nicht nur erwachsene Besorgnis über, sondern auch Angst vor den sexuellen Aktivitäten einer 13-jährigen im Spiel ist, verstärkt sich mit dem eher absurden Vorwurf, sie sei doch gar keine Türkin. Hilflos wirkt dagegen die Erklärung, dass das, was sie versucht hat, *nicht geht*, was auf doppelte Weise zu lesen ist: Es *geht nicht* (= ist verboten) und es *geht nicht* (= ist technisch nicht möglich). Wobei letzteres heißen sollte: »Es darf nicht geh'n.« Denn die Pädagogin spielt dabei, wie das Folgende zeigt, offenbar auf das auf dem Computer installierte *parents safe* Programm an, das solche ›log-ins‹ eigentlich verhindern sollte. Das breite Grinsen der älteren Schwester, die gezeigt hat, dass es doch geht, nimmt sie in ihrer Erregung gar nicht wahr. Und diese verdrängte Wahrnehmung ist vielleicht der deutlichste Hinweis darauf, dass Angst mit im Spiel ist: vor der potenteren Sexualität des älteren Mädchens, die ähnlich abzukanzeln sie sich offenbar nicht traut; Angst aber auch vor der realen Bedrohung für die Einrichtung, die in deren Verhalten impliziert sein kann. Es ist leicht vorstellbar, dass solche Internetkontakte über einschlägige Chatrooms zu praktischen Folgen führen können, bis hin zu Zwangslagen, die eine 15-jährige nicht mehr zu überschauen und unter Kontrolle zu halten vermag. Und selbst wenn man solche Horrorszenarien vernachlässigen könnte, so würde es als Katastrophenfall schon genügen, wenn die Mitarbeiterinnen, sei es auch völlig zu Unrecht, in öffentlichen Verdacht gerieten, zu dulden, dass die Einrichtung als sexuelle Kontaktbörse für Minderjährige dient. Die Pädagogin scheint beides zu erkennen und scheint doch wie gelähmt, sich darüber mit dem älteren Mädchen und Vorbild der Kleinen auseinanderzusetzen, sodass ihre heftige Auseinandersetzung mit dieser erst recht als Ersatzhandlung erscheint. Die unbewusste Angst-Abwehr der Pädagogin wird zugleich in der unterkühlten Art erkennbar, in der sie ihrer Intervention die Gestalt einer allgemeinen pädagogischen Belehrung gibt, *dass die Mädchen beim Chatten auf keinen Fall ihre Handynummern rausgeben dürfen*, womit sich niemand direkt gemeint zu fühlen braucht. Die Pädagogin zieht sich damit auf eine Position der Schadensbegrenzung zurück, geht dem eigentlichen Konflikt aus dem Weg. Denn die Bedrohung, der sie (durchaus zu Recht) ihre Einrichtung ausgesetzt sieht, äußert sie nur gegenüber der Beobachterin, teilt sie nicht mit den Mädchen, obwohl es sehr gute Gründe dafür gäbe.

Ich möchte zum Schluss nur darauf hinweisen, dass das Beispiel zugleich zeigt, wie ein so gehandhabter Konflikt den Bruch aller drei Grundregeln der Jugendarbeit mit sich führt. Der Mitarbeiterin bleibt kein Spielraum mehr, »sparsam« mit ihrer Autoritätsrolle umzugehen; ihr fällt nichts ein, wie sie »als Andere«, d.h. unter Wahrung ihrer Einsichten und Überzeugungen »mitspielen« könnte; und sie bleibt den Mädchen »unsichtbar«, kann sie nicht an ihren Gefühlen und berechtigten Befürchtungen auf angemessene Weise teilhaben lassen. Dass dies am Ende auf beiden Seiten zu *»keine Lust mehr«* führt, ist nicht verwunderlich.

Die folgende Wiedergabe eines längeren Gruppeninterview-Protokolls aus einer anderen Einrichtung zeigt ein dazu kontrastierendes Bild, aber mit einigen Gemeinsamkeiten. Auch hier sind eine Mitarbeiterin und ein Mitarbeiter mit jugendlichem Sexualverhalten konfrontiert, das ihnen »die Kinnlade runterfallen lässt« und sie zeitweise ratlos macht. Auch hier wird über Versuche zu einer angemessenen sexuellen Aufklärung beizutragen berichtet, die wenig Anklang bei den Besucherinnen und Besuchern zu finden scheinen. Dennoch wird hier in Ansätzen erkennbar, wie ein ebenso notwendiger wie schwieriger Dialog zwischen PädagogInnen und pubertierenden Jugendlichen zu diesem Thema gelingen könnte.

3. Sexualkunde in der Jugendarbeit II: Notwendigkeit und prekäre Bedingungen des Gelingens[4]

S: Ich sag ja, es ist überhaupt ganz spannend mit unseren Sexualitäten hier im Haus, ey. (Zwischenruf, unverständlich) Hier kannst du Romane und Bücher von schreiben, da fällt dir die Kinnlade runter. Also, so (lachen) – da weiß man auch wieder nicht, wo man anfangen soll, irgendwo.

H: Fang bei Gemma an.

S: Bei Gemma. Dreizehn, Gymnasiastin. Seit einem halben, dreiviertel Jahr im Haus. Sehr weit körperlich entwickelt, aber halt dreizehn, eigentlich. Und ich (Zwischenruf, Verabschiedung einer Jugendlichen) – und Gemma, weiß ich nicht, ob sie irgendwie dazu gehören wollte hier im Haus, jedenfalls war es diejenige, wo wir es dann überhaupt mitgekriegt haben, dass hier ganz viele miteinander schlafen. Also, so Zwölfjährige, wo dir dann nur die Kinnlade runter fällt und da sitzen dann immer andere

[4] Der folgende Interviewausschnitt wurde von einer Forscherin und einem Forscher (Su und M) mit einer Mitarbeiterin und einem Mitarbeiter (S und H) in deren Jugendeinrichtung geführt. Es wird leicht gekürzt wiedergegeben. Die Namen der Jugendlichen sind geändert.

dabei, damit sie auch jemanden haben, damit das wirklich stimmt, also, so. Also, die poppen nicht zu zweit ...

H: Und ungeschützt!

S: Ach jaa, und ungeschützt ja sowieso. Weil, es ist ja das erste Mal. Und dann sitzt dann halt jemand daneben (Zwischenruf: »Ja, ja«!!) – ey, ich habe immer gedacht: ›Wie bitte? Nein, nicht wirklich!‹ (!) Ernsthaft, nicht die Einzige, ganz viele, dann gehen mal welche auf den Balkon und gucken, wie lange es dauert, echt. Bei der ersten haben wir gedacht, die erzählt uns ein Märchen. Aber das ist so durch die Bank weg, dass die wirklich wie in so nem schlechten Film alle querbeet poppen da, ungeschützt ...

H: Mit Jungs, die schon vorher mit zwei, drei anderen dasselbe abgezogen haben.

S: Weil, bei mir ändert der sich oder einfach naja, jetzt bin ich halt nicht mehr Jungfrau.

Su: Wie reagiert ihr darauf?

S: Ja, ich sagte ja, am Anfang nur völlig ›Wie?‹ Bei Gemma, der habe ich dann erstmal Schiss gemacht. Sie war dann auch ganz frisch, so ich habe dann mal mit Tom gepoppt und da saßen zwei daneben und ich: »Wie bitte?« Und dann war das halt echt extrem. Ich habe dann halt gesagt (Billardspiel, laut): »Wie habt ihr verhütet?« »Ja, gar nicht.« »Warum nicht? Wann hast du deine Tage? Wann kriegst du die?« »Hm, naja.« »Komm, hast du es ausgerechnet, wann war dein Eisprung, kannst du schwanger werden, wollen wir Pille danach holen?« Die saß da nur: »Du machst mir Angst, hör auf.« (lachen) Und dann habe ich gesagt: »Ja und? Willst du schwanger werden? Willst du das deinem Vater sagen?« Sie ist Italienerin, nä. Also, da habe ich wirklich erstmal einen auf Angst gemacht. Die war dann auch heilfroh, dann irgendwann, als sie die Tage kriegte, so. Und dann konntest du dich mit denen da auseinandersetzen, dass man halt auch verhüten muss. Also, vorher hast du gar keinen Zugang. Wir haben schon ein paar Mal versucht, Aufklärungsgeschichten zu machen in netter Form. Auch hinterher.

Su: Wie sah das aus? (lautes Billardspiel)

S: Also, wir haben ne Sexrallye versucht. Gibt es ja so, kennst du die vom Brinkhoff(?)-Verlag, glaube ich? Dann haben wir uns Filme besorgt von der Bildstelle. Aber das ist so, bei denen ist das ein Sport. Es ist ein Sport, miteinander ins Bett zu gehen. Da hat nix viel was mit Gefühlen zu tun erstmal. Also, ich sag mal das kommt, wenn die 15 sind, dann fängt es damit an. Vorher die Jüngeren, das ist ein Sport. So.

H: Ne, das haben die anderen ja schon gemacht. Und ich will es hier auch mal probieren. Das ist halt so das A und O der ganzen Geschichte. Ich muss ja dazu gehören, ich muss das ja auch mal gemacht haben und das war's. Was dann hinterher ist mal ...

S: Und dann wechselt am nächsten Tag der Partner.

H: Ja, Beziehung ist ja da erstmal nebensächlich. Das ist Ausprobieren halt.

Su: Und sprecht ihr das auch mal an, was man sich für Krankheiten dabei holen kann?

S: Ja, na logisch (!). Na, klar. Wir können uns da den Mund fusselig reden.

H: Aufklärungsmaterial ohne Ende. Und wir sind ja im Endeffekt auch alle – die Gemma ist nun Gymnasiastin. Muss sie ja eigentlich schon, also erwarte ich schon so ein bisschen, dass man sich da in der Richtung einigermaßen auskennt, und natürlich haben wir Aufklärungsmaterial, wir haben die Filme gezeigt, wir haben die Sexrallye gemacht, wir reden auch so untereinander mit denen. Das ist also auch kein Problem, dass man – gut mit der Gemma ist es schon ein bisschen problematisch, also da blockt sie teilweise, wenn es dann um sexuelle Dinge geht, blockt sie dann und nimmt ein anderes Thema sofort. Aber mit den anderen ist das eigentlich so gar kein Problem. Es passiert auch schon mal, dass man hier sich unterhält und plötzlich sagt eine dann: »Ey, H, kann man vom Blasen schwanger werden?« (lachen) Das sagt der mit 17. Axel war das.

[...]

S: Das sind so die besten Sachen. Also sag ich jetzt mal wirklich. Das sind so die besten Gespräche, wenn jemand dich ganz spontan was fragt, und dann kommen ganz viele dazu. Also so was hatte ich mit Gemma ja auch, die hat mir das ja ganz offen hier im OT (Offene Tür Bereich; B.M.) erzählt, da saßen drei andere: »Ich habe gestern mit Tom geschlafen.« (Luft einziehen) Und dann kamen ganz viele dazu und dann hatten wir hier Mike, der ist DJ, der ist auch noch nicht, der ist 15. ... Aber der verhütet wenigstens. Weißt du so, der hat dann auch gesagt: »Mensch, bist du denn bescheuert? Du kannst dir dies holen, du kannst dir das holen.« Also, das bringt ja viel mehr, ich hab nen Jugendlichen, der ordentlich verhütet, als wenn ich ihr das sage.

Su: Und der bringt das dann aber auch in die Gespräche mit den anderen mit ein?

S: Ja ja, klar, logisch.

[...]

S: Ob die uns Geschichten sagen oder alles, was wir inszenieren, also alles, wo wir sagen, wir machen jetzt mal was – das haut nicht hin! Das ist ganz merkwürdig – was heißt merkwürdig. Wahrscheinlich haben wir nicht den richtigen Weg, einfach. Aber so, wenn wir uns bemühen, die irgendwie aufzuklären in einer spielerischen Art und Weise, so was mit angucken oder hören oder –

Su: Kommen sie dann nicht oder hören sie nicht zu?

S: Nö. Heimlich und ne, das geht mich ja nichts an – also, die Sexrallye, sobald wir dabei waren, war sowieso nix. Als wir dann gesagt haben, wir kleben das jetzt trotzdem hin, egal, ob ihr das lest oder nicht und wir lassen das jetzt ein paar Tage hängen, einfach, dann machen sie das, wenn sie sich unbeobachtet fühlen. So für sich alleine irgendwo. Und wie gesagt, wenn du ganz spontan jemanden hast, der was fragt und du antwortest als Erwachsener darauf, das sind die besten Sachen. Ich denke auch, das sind die effektivsten Sachen.

Su: Ja.

S: Alles andere ist für sie aufgesetzt und totenpeinlich, damit wollen sie nicht mit Erwachsenen reden oder zum Teil auch nicht mit Gleichaltrigen. Sie wollen schon jemanden haben, der Erfahrungen hat, aber auch irgendwie nicht – ja, ich weiß nicht.

Su: Ja, aber dann, wenn sie das möchten, nicht?

S: Ja, genau, wenn sie das möchten – und dann sofort! Und am besten alles. ›Und könnt ihr nicht mal dies machen und das machen‹ – und dann macht man das und dann sind sie alle weg, dann sitzen da die 20-jährigen im Haus – und die brauchen das eigentlich nicht, ja (Interviewmaterial Rose u.a. 2006).

Der Interviewausschnitt beginnt in einem Ton, als handle es sich bei den *Sexualitäten* der Jugendlichen um eine halb schockierende, halb lustige Räubergeschichte, über die man *Romane* schreiben könnte. Dass den Pädagogen dabei *die Kinnlade runterfällt,* dass sie nicht wissen, *wo anfangen, irgendwo* – mit dem Erzählen, aber auch mit dem als Erwachsene und Pädagogen Reagieren – zeigt allerdings, dass sie es nur begrenzt lustig finden, der spaßige Ton auch den Schock verdeckt.

Hauptprotagonistin der Erzählung ist die 13-jährige Gemma, Gymnasiastin, körperlich erwachsen, aber auch noch ein Kind, *halt dreizehn, eigentlich.* Über sie bekommen die Pädagogen zuallererst Informationen zur Sexualpraxis ihrer Besucher. Wobei dies *mitgekriegt haben*, wie im Folgenden noch deutlicher wird, alles andere als selbstverständlich ist, sondern selbst schon ein pädagogisches Schlüsselereignis. Was die Pädagogen *mitkriegen* ist nicht nur, dass viele der 12- oder 13-jährigen miteinander sexuell verkehren, sondern, dass sie es im Beisein der Anderen tun, offenbar um Zeugen zu haben, *damit das wirklich stimmt,* dass sie es getan haben, und dass sie es *ungeschützt* tun. Der eigentliche Schock scheinen diese beiden letzteren Informationen zu sein. Ihr »Ankommen« wird in der Erzählung dramatisch inszeniert: *Wie bitte? Nein, nicht wirklich!* Ein *Märchen*, ein *schlechter Film* schien das dem Team zu sein.

Auf die Frage des Interviewers nach den (pädagogischen) Reaktionen folgt zunächst die Erzählung zum Umgang mit Gemma. Die Pädagogin macht ihr *Schiss*, was im einzelnen bedeutet: Sie findet heraus, dass Gemma nicht nur ungeschützt verkehrt hat, sondern auch über mögliche Folgen weder nachgedacht noch nennenswerte Ahnung darüber hat und sich auch nicht vorstellen mag, was es bedeutet, wenn ihr Vater davon erfährt. Die Pädagogin bietet ihr auch an, gemeinsam zum Arzt zu gehen, um die *Pille danach* zu holen. Gemma all das vor Augen zu halten führt aber nur dazu, dass diese verbalisiert, *das macht mir Angst,* womit Gemma rechtzufertigen scheint, dass sie die Ohren auf Durchzug stellt. Die Pädagogin, in der Erzählung auf das spätere Ereignis der dann doch zum Glück eingetretenen Periode Gemmas vorgreifend, zeigt Verständnis für diese Haltung: Erst danach sei eine Auseinandersetzung über die Notwendigkeit des Verhütens möglich gewesen.

Dies führt in der Erzählung in scheinbar abruptem Übergang zur allgemeinen Feststellung, ohne solche Bedingungen gebe es zu den Jugendlichen *keinen* (pädagogischen) *Zugang*. In der unmittelbar anschließenden Assoziation führt dies zu einem ersten Bericht über Versuche einer jugendgerechten sexuellen Aufklärung in der Einrichtung: mit Hilfe eines spielerischen Informations-Parcours (*Sexrallye*) und eines professionell gemachten und ausgeliehenen Films. Der direkte Anschluss legt die Interpretation nahe, die Pädagogin wolle sagen, auch diese Angebote seien ohne Chance des *Zugangs* geblieben. Danach geht die Interpretation des Verhaltens der Jugendlichen in der Erzählung weiter: Bei den sexuellen Aktivitäten handle es sich für sie um *Sport,* das sei das *A und O der ganzen Geschichte;* mit *Gefühlen* habe das erst bei den Älteren etwas zu tun, bei den Jüngeren gehe es um *dazu gehören, das ja auch mal gemacht zu haben.*

Die Erzählung dreht sich im Folgenden, wechselnd zwischen weiteren Beschreibungen des Verhaltens der Jugendlichen und den Versuchen, pädagogischen Einfluss auf sie zu bekommen, um genauere Bedingungen jenes *Zugangs*. Zunächst wird die pädagogische Lage weiter als aussichtslos dargestellt. Sich *den Mund fusselig reden* und *Aufklärungsmaterial ohne Ende* klingt nach Resignation. Im weiteren Verlauf wird aber viererlei deutlich: a) Die Pädagogen lassen sich durch das gezeigte Desinteresse der Jugendlichen nicht davon abhalten, weiter ihre Angebote der Sexrallyes etc. zu machen. b) Obwohl einzelne Jugendliche wie Gemma, die es als Gymnasiastin eigentlich besser wissen müsste, das Thema weiter blockieren, gelingt ein Gespräch doch immer wieder: *Wir reden auch so untereinander mit denen.* Das Tabu eines Gesprächs mit Erwachsenen darüber scheint aufweichbar, es ist möglich, wichtige Informationen, etwa die, dass man von Oralverkehr nicht schwanger werden kann, an den Mann und die Frau zu bringen. c) Die *besten Gespräche,* so die Einschätzung der Interviewten, sind es, *wenn jemand dich ganz spontan was fragt und dann kommen ganz viele dazu.* Die Aussage ist offenbar als Kontrast zur skeptischen Einschätzung von den Chancen herangetragener Angebote oder auch von *den Mund fusselig reden* zu verstehen. Dies, so meine Interpretation, ist zum einen deshalb so, weil es Pädagogen am ehesten gelingt, die eingangs beschriebene Sichtbarkeitsregel einzuhalten, wenn sie auf *spontan* gestellte Fragen *als Erwachsene* ihre Meinung sagen können. Es ist aber, so die Interpretation der Erzählerin, auch deshalb so, weil dann Aufklärung unter Jugendlichen selbst stattfinden kann, denn *das bringt ja viel mehr, ich hab 'nen Jugendlichen, der ordentlich verhütet, als wenn ich ihr das sage.* d) Schließlich, und das ist für die Frage nach den pädagogischen Chancen vielleicht das Entscheidende, wird im Interview deutlich, wenn auch in etwas verklausulierter Form, wo die Tabuzone der Jugendlichen liegt: nämlich nicht im sexuellen Verhalten und seinem Öffentlichwerden selbst, sondern im Darüber-Reden, es zum Thema nachdenkenden Austauschs zu machen. Dies muss noch etwas genauer erläutert werden.

Die Jugendlichen werten Informationsangebote wie die *Sexrallye* nicht deshalb als *sowieso nix* ab, weil sie das moralische Urteil oder gar Sanktionen der Pädagogen fürchten, sondern weil das eigene Interesse daran peinlich zu sein scheint. Sie können es nur zeigen, *wenn sie sich unbeobachtet fühlen.* Das gilt *zum Teil* selbst im Umgang *mit Gleichaltrigen.* Die Pädagogen schaffen durch *Hinkleben* der Informationen in der Einrichtung Gelegenheiten für unbeobachtetes Interessezeigen. Dies funktioniert auch im Einzelfall, aber die Abwehr der Jugendlichen bleibt: *Alles andere ist für sie aufgesetzt und totenpeinlich,* löst Fluchtbewegungen aus: D*ann sind sie alle weg.* Diese Haltung der Jugendlichen den erwachsenen Pädagogen und ihrem Angebot gegenüber wird in einem widersprüchlich und ratlos klingenden Satz beschrieben: *Sie wollen schon jemanden haben, der Erfahrungen hat, aber auch irgendwie nicht – ja, ich weiß nicht.* Ich verstehe den Satz als einen geahnten Hinweis auf das, was Vera King »Anerkennungsvakuum« (2002, 55) nannte und was Achim Schröder (2004) in Anlehnung an Helm Stierlins (2001) Konzept der bezogenen Individuation als »bezogene Urteilsbildung« bezeichnet hat. Der Satz der Pädagogin ist aus dieser Sicht weder als widersprüchlich zu verstehen, noch meint er, dass die Jugendlichen schlicht nicht wissen, was sie wollen. Er beschreibt vielmehr sehr genau das Paradoxon, in dem die Jugendlichen stecken: Sie suchen *jemanden, der Erfahrungen hat* – die sie selbst (noch) nicht haben und bekommen wollen; aber wenn sie dann *jemanden* gefunden haben, müssen sie ihn als Bedrohung abwehren, weil seine bloße Existenz sie selbst als noch nicht *erfahren,* als der Unterstützung oder Aufklärung bedürftig identifiziert[5].

---

[5] Angeregt durch Anmerkungen Wilfried Datlers zu diesem Text und unter Aufnahme einiger seiner Formulierungen, für die ich mich bedanke, füge ich hinzu: Entscheidend scheint zu sein, dass es den Jugendlichen unangenehm ist, wenn Erwachsene *initiativ* werden, um über Sexualität zu sprechen – vielleicht, weil sich die Jugendlichen dann als »inkompetente Jugendliche« erkannt/wahrgenommen erleben, vielleicht aber doch auch, weil sie – z.T. zu Recht – erwarten, kritisiert zu werden; und zwar manchmal in Punkten, die sie in ihrem tieferen Inneren auch selbst kritisch oder gar als gefährlich ansehen – was etwa den Verzicht auf Verhütung betrifft: Wenn an diesem Gedanken etwas dran ist, dann ist es den Jugendlichen auch deshalb höchst unangenehm, auf Sexuelles angesprochen zu werden, weil das auch das Aufkommen von inneren, bewusst wahrnehmbaren Konflikten nach sich zu ziehen droht. Dieses Verspüren von Konflikten wird abgewehrt, was vordergründig in demonstrativer Unbefangenheit zum Ausdruck kommt. Andererseits könnte das unbekümmerte Erzählen über diverse sexuelle Aktivitäten unbewusst auch dazu dienen, Erwachsene dafür zu gewinnen, sich einzumischen und die Jugendlichen mit all den Erfahrungen und Aktivitäten nicht alleine zu lassen, die (unbewusst) doch nicht als bloß harmloser Sport begriffen werden. Dass z.B. auch einmaliger Geschlechtsverkehr zu Schwangerschaft oder zur Übertragung von Geschlechtskrankheiten führen kann, »wissen« letztlich ja alle.

Ambivalent ist aber auch die Konnotation der sexuellen Aktivitäten als eine Art von Sport. Es mag sein, dass die Inszenierung sexueller Aktivitäten als sportliches Ritual insofern der Abwehr dient, als dies mit Angst besetzte Gefühle von Eifersucht, Neid, Rivalität zu neutralisieren, zu verharmlosen vermag oder auch (wenn man der klassischen

Dies wirft noch einmal ein Licht auf den »schockierenden« Befund, dass diese 12- oder 13-jährigen das Ausüben von Geschlechtsverkehr offenbar als eine in jugendkultureller Öffentlichkeit zu erbringende sportliche Leistung interpretieren, die sie absolvieren müssen, wenn sie für voll genommen (= als erfahren angesehen) werden wollen. Betrachtet man das sexualkundliche Angebot der Pädagogen aus dieser jugendkulturellen Perspektive, so verlangt es ihnen im Grunde eine vergleichbare Leistung ab; nämlich gegenzuhalten und zu beweisen, dass sie doch bereits entsprechend *erfahren* sind. Da die Jugendlichen vor einem erwachsenem Gegenüber keine Chance haben, den Erfahrungswettstreit zu gewinnen, werten sie das Gegenüber ab, weichen aus oder überbieten dessen Erfahrung auch mit Praktiken, die den Pädagogen die *Kinnlade fallen* lässt. Es schiene mir aus dieser Sicht sicher hilfreich, wenn die Pädagogen erkennen könnten, dass sie, wenn auch auf sehr indirekte Weise, in das seltsame Leistungsverhalten der Jugendlichen möglicherweise mit verstrickt sind: nämlich als Objekte unbewusster Phantasien Jugendlicher darüber, was Erwachsensein und Erwachsenwerdenwollen in dieser Gesellschaft eigentlich heißt, und somit als Objekte, die, ohne es zu merken, solchen Phantasien Nahrung geben, statt sich als Antwort gebende erwachsene Partner dazu zu verhalten.

4. Fazit

Was sagt dies alles über die Notwendigkeit und die Chancen einer sexualpädagogischen Arbeit mit solchen Jugendlichen? Die Notwendigkeit scheint mir evident. Der Eindruck jedenfalls ist stark, dass diese Jugendlichen nicht wirklich frei sind, die Geschlechtlichkeit ihres erwachsen werdenden Körpers lustvoll experimentierend und sich selbst schützend zu entdecken[6] – von der Freiheit ihrer seelischen Entwicklung

---

Psychoanalyse noch glauben mag) der Abwehr von auf das Triebgeschehen bezogenen Ängsten dient. Sport selbst ist in unserer Gesellschaft aber keineswegs nur harmlos, sondern die einzige noch anerkannte Gelegenheit, durch schiere physische Überlegenheit nicht nur Anerkennung anderer zu erlangen, sondern diese zugleich im unmittelbaren Körpererleben zu verankern und dabei »die Aufdringlichkeit des Körpers in der Adoleszenzkrise« (King 2002, 170) in den Griff zu bekommen. Die Inszenierung pubertärer sexueller Potenz »als Sport« könnte demnach dazu dienen (ebenso übrigens wie inszenierte Gewaltakte), genau solche erwünschten Effekte zu erzielen, ohne sich dafür der Mühsal einer entsprechenden Selbstdisziplinierung unterziehen zu müssen. Die Ambivalenz gegenüber der Einmischung Erwachsener könnte aus dieser Sicht damit erklärt werden, dass diese als erwachsene Zeugen erwiesener Potenz in einer erwachsenen Rolle wohl erwünscht wären, gleichzeitig aber eine Bedrohung darstellen, weil sie auch Zeugen dafür sein könnten, dass mit *diesem* Sport keine Lorbeeren zu gewinnen sind.

[6] Man muss nicht Houellebecq gelesen haben, um zu befürchten, dass eine solche Selbstüberforderung von Kindern, die aus welchem Grund auch immer glauben, auf sexuellem Gebiet noch cooler als die Gesellschaft um sie her sein zu müssen, keine günstige Prognose für ein glückliches Liebesleben als Erwachsene darstellt.

als gelingende Adoleszenz ganz zu schweigen. Ihr Verhalten ist demnach auch nicht als Produkt von zu großer Freiheit, sondern eher von spezifischem und höchst wahrscheinlich überforderndem Leistungsdruck zu verstehen. Insofern scheint mir klar, dass es nicht genügt, die Heranwachsenden der Jugendkultur als Referenzsystem ihrer Reifungsprozesse zu überlassen, und dass deshalb Erwachsene mit der oben beschriebenen generativen Haltung unentbehrlich sind. Die Frage nach den Chancen solcher Assistenz ist allerdings schwieriger zu beantworten: Die Jugendarbeit scheint zwar von ihrer fachlichen Ausrichtung und der persönlichen Orientierung fast aller Mitarbeiter ebenso wie von ihren institutionellen Rahmenbedingungen her (freiwillige Teilnahme, offene Angebote, »subjektorientierte« Konzepte [Scherr 1997] etc.) prädestiniert für diese Aufgabe zu sein. Ob dies aber genügt, um bei den Jugendlichen *anzukommen*, ist angesichts der Beispiele und vieler anderer Beobachtungen (z.B. Rose 2006) fraglich. Ebenso fraglich ist, ob die gut gemeinten Ratschläge von konservativer Seite, die Jugendarbeit müsse nur mehr »Mut zur Erziehung« zeigen, um bei den Jugendlichen anzukommen, weiterhelfen. Denn wenn an der Interpretation der Szenen etwas dran ist, dann könnte gerade ein Mit-Angeboten-unbedingt-ankommen-Wollen kontraproduktiv sein, weil es eher Abschottung und Gegenreaktionen als Einsicht provoziert.

Ich betrachte dennoch die Interaktionen zwischen Pädagoginnen und Jugendlichen im zuletzt vorgestellten Beispiel als eine, trotz aller Schwierigkeiten, vergleichsweise gute Bewältigung einer zentralen Aufgabe von Jugendarbeit. Fasse ich die Bedingungen des stückweisen (nicht wundersam perfekten) Gelingens zusammen, so lassen sich diese am Leitfaden der eingangs genannten Konstitutionsbedingungen von Jugendarbeit beschreiben. Diese Pädagogen sind erstens dort erfolgreich, wo sie angesichts der Ablehnung ihrer als notwendig erkannten sexualpädagogischen Angebote durch die Jugendlichen nicht resignieren, sondern ihre Anstrengung vermehren, die Angebote »sparsamer«, d.h. hier, diskreter, eher passager, weniger konfrontativ, im Sinne Redls (1966) »life-space-orientiert« zu machen. Sie sind zweitens dort erfolgreich, wo sie in Rollen des »Mitmachens« kommen, wo sie vom Anbieten Abstand nehmen und statt dessen antworten können oder wo sie Jugendlichen das Finden von Antworten überlassen können, ohne dabei ihre eigene Position zu verbergen. Sie sind drittens erfolgreich, wenn es ihnen immer wieder gelingt, die »Sichtbarkeitsregel« zur Geltung zu bringen. Dies meint mehr als sachlich Position zu beziehen oder das notwendige Wissen einzubringen. Sichtbar werden die Pädagogen für die Jugendlichen gerade in ihrem Schock, der doch nicht in Panik oder Moralisieren umschlägt, aber auch in ihrer Bereitschaft zu helfen, ohne die Jugendlichen bloß zu stellen, und natürlich in ihrer Fähigkeit, auf *spontane* Fragen offen zu antworten.

Braucht es zu all dem eine psychoanalytisch fundierte Ausbildung? Oder eine in ethnographischer Forschungspraxis? Offenkundig nicht. Aber etwas von der »gleichschwebenden Aufmerksamkeit« und Abstinenzfähigkeit des Psychoanalysekundigen, etwas von der »künstlichen Fremdheit« des Ethnographen, das sollte man Jugendarbeitern schon wünschen.

Literatur

Bimschas, B., Schröder, A. (2003): Beziehungen in der Jugendarbeit. Leske u. Budrich: Opladen

Böhnisch, L. (1998): Grundbegriffe einer Jugendarbeit als »Lebensort«. In: Böhnisch, L., Rudolf, M., Wolf, B. (Hrsg.): Jugendarbeit als Lebensort. Juventa: Weinheim, München, 155-168

Bogner, A., Menz, W. (2002): Das theoriegenerierende Experteninterview. In: Bogner, A., Littig, B., Menz, W. (Hrsg.): Das Experteninterview. Leske und Budrich: Opladen, 33-70

Devereux, G. (1967): Angst und Methode in den Verhaltenswissenschaften. Hanser: München

Dörr, M., Müller, B. (Hrsg.) (2006): Nähe und Distanz als Strukturen der Professionalität pädagogischer Arbeitsfelder. Juventa: Weinheim, München

Hitzler, R. (2000): Die Erkundung des Feldes und die Deutung der Daten. Annäherungen an die (lebensweltliche) Ethnographie. In: Lindner, W. (Hrsg.): Ethnographische Methoden in der Jugendarbeit. Leske und Budrich: Opladen, 17-32

King, V. (2002): Die Entstehung des Neuen in der Adoleszenz. Individuation, Generativität und Geschlecht in modernisierten Gesellschaften. VS Verlag: Wiesbaden, 2004, 2. Aufl.

Küster, E.U. (2003): Fremdheit und Anerkennung. Ethnographie eines Jugendhauses. Beltz-Votum: Weinheim

Lessing, H. (1986): Sympathie mit der Unreife. In: Lessing, H., Damm, D., Liebel, M., Naumann, M. (Hrsg.): Lebenszeichen der Jugend. Juventa: Weinheim, München, 9-44

Lindner, W. (Hrsg.) (2000): Ethnographische Methoden in der Jugendarbeit. Leske u. Budrich: Opladen

Müller, B. (1986): Der eigene und der fremde Alltag. Zur sozialpädagogischen Relevanz der Ethnopsychoanalyse. In: Neue Praxis 16, 430-441

Müller, B., Schmidt, S., Schulz, M. (2005a): Wahrnehmen können. Jugendarbeit und informelle Bildung. Lambertus: Freiburg i.B.

Müller, B., Thole, W., Cloos, P., Koengeter, St. (2005b): Zwischenbericht des DFG Forschungsprojektes: Konstitutionsbedingungen und Dynamik (Performanz) sozialpädagogischen Handelns in der Kinder- und Jugendarbeit. Hildesheim, Kassel

Müller, C. W., Kentler, H., Mollenhauer, K., Giesecke, H. (1964): Was ist Jugendarbeit? Vier Versuche zu einer Theorie. Juventa: München

Redl, F. (1966): The Life-Space-Interview – Strategy and Techniques. In: Redl, F. (Ed.): When We Deal With Children. The Free Press: New York, 35-67

Rose, L. (2006): Beobachtungen zum aktuellen Stand der Kinder- und Jugendarbeit in Deutschland. In: Lindner, W. (Hrsg.): 1964 – 2004: Vierzig Jahre Kinder- und Jugendarbeit in Deutschland. VS Verlag: Wiesbaden, 165-178

Rose, L., Schmidt, S., Schulz, M. (2006): Unveröffentlichte Materialien aus dem Forschungsprojekt: Gender und Bildung in der Jugendarbeit. Frankfurt und Hildesheim (mit Erlaubnis des Projektteams zitiert)

Scherr, A. (1997): Subjektorientierte Jugendarbeit. Juventa: Weinheim, München

Schröder, A. (2004): Sich bilden am anderen. Professionelle Beziehungen in der Jugendarbeit: In: Hörster, R., Küster, E.U., Wolff, St. (Hrsg.): Orte der Verständigung. Lambertus: Freiburg i.B., 231-243

Stierlin, H. (2001): Psychoanalyse – Familientherapie – systemische Therapie. Klett-Cotta: Stuttgart

Sturzenhecker, B. (2006): »Wir machen ihnen ein Angebot, das sie ablehnen können.« Strukturbedingungen der Kinder- und Jugendarbeit und ihre Funktionalität für Bildung. In: Lindner, W. (Hrsg.): 1964 – 2004: Vierzig Jahre Kinder- und Jugendarbeit in Deutschland. VS Verlag: Wiesbaden, 179-192

Sturzenhecker, B., Lindner, W. (Hrsg.) (2004): Bildung in der Kinder- und Jugendarbeit. Juventa: Weinheim, München

Thole, W., Cloos, P., Küster, E.U. (2004): Sozialpädagogische Ethnographie. Unwägbarkeiten einer Forschung »in eigener Sache«. In: Hörster, R., Küster, E.U., Wolff, St. (Hrsg.): Orte der Verständigung. Lambertus: Freiburg i.B., 51-59

»Jo ei, ich bin halt in Russland geboren, Kaukasus«

Biographische Deutungsmuster eines jugendlichen Spätaussiedlers und ihre Passung zu sozialpädagogischen Handlungsmustern eines Jugendmigrationsdienstes

Margret Dörr

1. Einleitung

In der Spätmoderne ist biographisches Wissen für uns Menschen zu einer zentralen Ressource geworden, denn nur als biographisch flexible, veränderungsbereite Subjekte können wir uns in einer reflexiven, enttraditionalisierten Gesellschaft behaupten und entwerfen. Sowohl in alltäglichen wie in professionell unterstützend-beratenden Interaktionen thematisieren wir unsere konkreten Erfahrungen aus dem bisherigen Leben, erzählen unsere Geschichten mit Institutionen (vgl. Goffman 1996) und enthüllen mittels biografischer Fragmente bewusst wie unbewusst unsere eigensinnigen Lebensgeschichten. Insofern müssen wir von der Selbstverborgenheit biographischer Dimensionen in Erzählungen ausgehen.

Auch wenn autobiographische Stegreiferzählungen Zeugnisse einer subjektiven Konstruktion von (eigener) Wirklichkeit sind, die Auskunft über die Selbstkonstitution und Selbstsicht des Subjekts liefern (vgl. Hanses 2005), so schöpfen wir unsere biographischen Selbstthematisierungen letztlich nicht aus uns selbst heraus, sondern bedienen uns dazu in selbstverständlicher Weise der kulturellen Ressourcen, d.h. der im gesellschaftlichen Wissensvorrat verankerten Deutungsmuster[1]. Nur soweit die Thematisierung des eigenen Lebens solche Muster, die im gesellschaftlichen Wissensvorrat verankert sind, übernimmt oder an sie anknüpft, kann sie zur Grundlage von Verstehen im Sinn von Verständigung werden.

Dieser Sachverhalt birgt für die sozialpädagogische Praxis mit MigrantInnen eine besondere Brisanz, die deutlich wird, wenn wir uns – ganz im Sinne der materialistischen Sozialisationstheorie von Alfred Lorenzer (1972) – vergegenwärtigen: Was an Bewusstsein von Wirklichkeit dem Einzelnen gegeben ist, verdankt sich nicht der

[1] Soziale Deutungsmuster bezeichnen die mehr oder weniger zeitstabilen und in gewisser Weise stereotypen – historisch entwickelten – Sichtweisen und Interpretationen von Mitgliedern einer sozialen Gruppe, die diese zu ihren alltäglichen Handlungs- und Interaktionsbereichen lebensgeschichtlich entwickelt haben (vgl. Lüders, Meuser 1997).

individuellen Sinnkonstitution, sondern der aktiven Partizipation an einem übergreifenden, vorgängigen Praxis- und Sprachgeschehen. Wir sind in unserer Einzigartigkeit immer schon »Produkt von Gesellschaft«, denn unsere Individualität entwickelt sich in der stets virulenten Auseinandersetzung von innerer Natur und gesellschaftlicher Praxis, d.h., einer Auseinandersetzung zwischen der körperlichen Matrix und den sozial-kulturellen Rahmenbedingungen, in denen wir leben. Damit wird ersichtlich, dass die Chance möglicher Verständigung zwischen Menschen immer schon die Teilnahme an einem gemeinsamen und darum überhaupt erst verstehbaren Sprachspiel, verstanden als Einheit von Sprachgebrauch, Lebenspraxis und Weltverständnis voraussetzt, womit der enge Zusammenhang zwischen der individuellen Identitätsbildung und den in der jeweiligen Gesellschaft dominierenden kulturellen Mustern augenscheinlich wird.

2. Migration in ihrer biographischen Dimension

Die Entscheidung, das eigene Herkunftsland zu verlassen, treffen Individuen nicht unabhängig von ihrer familiären und sozialen Situation, wobei die Gründe und Ziele sehr verschiedenartig sind: Manche werden durch Krieg, politische oder religiöse Verfolgung gezwungen ihr Land zu verlassen, andere entfliehen wirtschaftlicher Not. Zudem gibt es die Übersiedlung von Menschen, deren Vorfahren einst aus Deutschland in eine neue Heimat – beispielsweise nach Siebenbürgern, in die Ukraine etc. – aufgebrochen waren und in der Nachfolgezeit in der ehemaligen Sowjetunion brutale Verfolgungen und Zwangsumsiedlungen erleiden mussten.

Auch wenn die Wanderung als eine individuelle Entscheidung erscheinen mag, ist Migration zugleich als Leiden und intentionaler Akt zu verstehen, sie offenbart Selbst- und Fremdbestimmung. Sie ist als ein Akt der Autonomie zu verstehen bei gleichzeitigem Ausgeliefertsein an soziale Strukturen und gesellschaftliche Ereignisse (vgl. Apitzsch 1999).

Haben sich die Eltern für die Wanderung frei entscheiden können, so gilt dies für die Kinder nicht. Sie hatten zu folgen und sind häufig mit dem expliziten elterlichen Beweggrund konfrontiert, dass diese aussiedeln, um ihnen, ihren Kindern, eine bessere Lebensperspektive zu eröffnen. So werden sie zu Hoffnungsträgern der Eltern und dennoch scheitern sie oftmals an ihren – durch die Eltern bewusst wie unbewusst fremdbestimmten – Zielen, z. B. weil sie ihre schulischen und beruflichen Erfolge als Entwertung der deklassierten/arbeitslosen Väter und Mütter (unbewusst) wahrnehmen oder der Leistungsdruck zu groß wird (Scheifele 2003, 8).[2] In ihrer biographischen

[2] Zudem gibt es neben der mühseligen Positionierung der migrierten Jugendlichen in Bezug auf die Wünsche und Erfahrungen der eigenen Elterngeneration eine genderspezifische Prozessierung jugendlicher Möglichkeitsräume durch die Ankunftsgesellschaft (vgl. Apitzsch 2003, 67). Empirische Untersuchungen über jugendliche MigrantInnen zeigen, dass die Ankunftsgesellschaft nicht nur den – zumeist erwarteten –

Dimension prägt die Migration als Grenzüberschreitung den Lebensweg von Menschen in der Verschränkung von Vergangenem, Gegenwärtigem und Zukünftigem. Diese Grenzüberschreitungen gehen mit Erfahrungen des Abschiednehmens, der Ent-Bindung, des Verlierens, aber auch der Distanz-Gewinnung und des Neubeginns einher. So werden auch die für die Entwicklung von Adoleszenten notwendigen Selbst- und Welt-Thematisierungen durch migrationsbedingte Fremdheitserfahrungen sowie Fremd- und/oder Selbstzuschreibungen von Anderssein beeinflusst.

3. Entwicklungsaufgaben der Adoleszenz im Kontext der Generationsfolge

Diese entwicklungsnotwendigen adoleszenten Selbst- und Welt-Thematisierungen sind unausweichlich mit der Generationenfolge verbunden, denn die mit den Ablösungs- und Umgestaltungsprozessen entworfenen (potentiell) neuen Selbst- und Weltverhältnisse bilden sich an der Bruchstelle der Generationenfolge. Es sind, folgen wir Mario Erdheim (1984), gerade die Bildungsprozesse in der Adoleszenz, die in »heißen Kulturen«, wie er modernisierte, sich schnell wandelnde Gesellschaften bezeichnet, zu spezifischen Veränderungen in Generationenbeziehungen führen. Dazu muss Altes (Traditionen, Regeln, Werte) in Frage gestellt werden, damit Neues entstehen kann, wobei sich das Neue in der Auseinandersetzung des Jugendlichen mit seinen generational bedeutsamen Anderen zu bewähren hat (vgl. King 2006). Entwicklungstheoretisch werden diese Bildungsprozesse als Dreischritt von Trennung, Umgestaltung und Neuschöpfung beschrieben: Der Jugendliche muss die aus der frühkindlichen Entwicklungsperiode datierende Besetzung der elterlichen Objektrepräsentanzen zugunsten einer externen Objektwahl aufgeben, ein schmerzlicher Prozess, der mit Abschied und Trauer verbunden ist. Psychodynamisch bedeutet dies, dass er die Selbst- und Weltentwürfe der ehemals idealisierten Erwachsenen infrage stellen muss, obgleich er doch noch auf sie angewiesen ist (ebd., 65). Dazu müssen die damit einhergehenden Ängste, Schuldgefühle, Trauer und Einsamkeitsempfindungen ertragen und verarbeitet werden. Ferner gilt es, in der Auseinandersetzung mit Vergangenem und Gegenwärtigem konsistente und kohärente Vorstellungen über grundlegende Lebensziele und Orientierungen im Rahmen eines umfassenderen Lebensentwurfs zu entwickeln.

Diese innerpsychischen Auseinandersetzungen sind für Adoleszente im Kontext von Migration in modernen Gesellschaften erschwert, da sie durch die äußere Realität nicht nur gerahmt sind, sondern durch diese überformt werden können. Anders gesagt: Die soziokulturelle Dimension des Lebens hat psychodynamisch wirksame Kräfte. So sind bei aller Heterogenität und sozial ungleichen Bedingungen von Adoles zenz in der Moderne eben auch Fragen nach den besonderen Anforderungen zu

---

Defiziten, sondern auch den – häufig unerwarteten – Aufstiegsprozessen mit erheblichem Widerstand begegnet (Nohl 2001, Hummrich 2002).

stellen, die »das Leben in geteilten Welten« (Akashe-Böhme 2000) an die jugendlichen Migrantinnen und Migranten richtet, und hierbei ist die Spannung von Kontinuität und Bruch in Prozessen des Aufwachsens besonders zu berücksichtigen. Auch wenn der angesprochene Generationenkonflikt in nahezu allen Familien, egal welcher Nationalität, vorzufinden ist, der Konflikt kann durch Migrationsprozesse verstärkt werden, auch wenn man ihn in diesem Kontext nicht dramatisieren sollte, da der sogenannte Kultur-Konflikt immer schon im Herkunftsland beginnt.[3] Gleichwohl, Eltern können ihren Jugendlichen helfen, den Konflikt durch eine ermöglichende, generative Haltung ihrerseits zu überwinden, sie können aber den Individuationsprozessen ihres Kindes auch im Wege stehen, wenn sie zu starr an traditionellen Werten und Normen festhalten.

Im Folgenden werde ich die Kurzbiographie eines jugendlichen Spätaussiedlers, den ich Kasimir nenne, darstellen. Daran anschließen werden sich einige biographische Deutungsmuster, die ich aus den sicherlich überdeterminierten Narrationen seiner Stehgreiferzählung (vgl. Schütze 1983)[4] entziffert habe, um einen kleinen Fingerzeig auf seine intimen Lebensthemen zu geben. Die Interpretationen basieren auf der von Alfred Lorenzer (1986) methodisch gefassten Tiefenhermeneutik, die dem »szenischen Verstehen« aufruht. Ausgangspunkt einer Tiefenhermeneutik sind inkonsistente Praxisfiguren, die sich in den Narrationen aktualisieren. Diese Form der hermeneutischen Vorgehensweise geht davon aus, dass Erzählungen nicht allein in ihrer diskursiven Struktur aufzufassen sind, sondern zugleich als Bilderfolge gelesen werden können, eine *Bilderfolge*, die zu einer Art Phantasiespiel – über die psychoanalytische ›Spielregel‹ der »freien Assoziation« und »gleichschwebenden Aufmerksamkeit« – erweitert werden kann (Dörr 1996, 175ff). Sodann stelle ich einige Ergebnisse der Rekonstruktion eines Experteninterviews mit einer Sozialpädagogin eines Jugendmigrationsdienstes im Saarland dar und gehe der Frage nach, wie sich die Interaktionsordnung im Sinne eines Passungsverhältnisses zwischen der Sozialpädagogin und ihren AdressatInnen gestaltet. Ziel ist es zu zeigen, ob und wenn ja, wie die Angebote der Professionellen, die explizit das Ziel haben, eine Integrationshilfe für Migrantenjugendliche zu sein, Anschluss an die sozialen Deutungsmuster der Jugendlichen finden. Mit einigen knappen Überlegungen werde ich schließen.

4. Kurzbiografie von Kasimir

Kasimir, zum Zeitpunkt des Interviews 16 Jahre alt, wird 1989 als zweites Kind einer Lehrerin (Russlanddeutsche) und eines selbständigen Tanzlehrers (Russe) in

[3] Schon im Herkunftsland lernen die Kinder und Jugendlichen unterschiedliche Kulturen kennen und müssen sich mit ihnen auseinandersetzen.

[4] Das Datenmaterial wurde im Zusammenhang einer Diplomarbeit an der Kath. Hochschule für Soziale Arbeit in Saarbrücken erhoben. Ich danke Frau Jochem für die Überlassung der von ihr erhobenen und anonymisierten Interviews.

Kaukasien (Nordossetien) geboren. Er hat eine vier Jahre ältere und eine 13 Jahre jüngere, in Deutschland geborene Schwester. Kasimir besuchte schon sehr früh (was üblich war) und gerne den Kindergarten[5] und blieb mit dieser Kindergruppe bis zu seiner Migration als Elfjähriger auch in der Schule (bis zum Abschluss der 6. Klasse) zusammen.

Während und nach der Periode der Perestroika der ehemaligen Sowjetunion war die Familie neben den Demokratisierungsprozessen mit ausweitenden Spannungen zwischen den ethnischen Gruppen, insbesondere den sich verstärkenden Terroranschlägen in ihrem Land, an der Grenze zu Tschetschenien konfrontiert.[6] Die Eltern entschieden sich zur Aussiedlung, obgleich sie gut funktionierende soziale (auch familiäre) Beziehungen hatten. Handlungsleitend war die Hoffnung auf mehr Perspektiven für eine bessere Zukunft für ihre Kinder in Deutschland. Dagegen ist für die Eltern die Aussiedlung mit einem sozialen Abstieg verbunden, beide sind in Deutschland arbeitslos.

Zur Zeit der Einreise verfügte der damals Elfjährige über keine Kenntnisse der deutschen Sprache, und seine Vorinformation über Deutschland war durch einen ca. zwei Jahre zuvor mit seiner Mutter und seiner Schwester gemachten Urlaub bei seinen Großeltern (mütterlicherseits) geprägt, von dem ihm insbesondere ein saarländischer Jahrmarkt in freudiger Erinnerung ist. Bis zur Zuweisung einer eigenen Wohnung im nördlichen Saarland wohnt die Familie für ca. zehn Tage bei den Großeltern in einem Nachbardorf. Nach drei Jahren ziehen sie in ein nahe gelegenes anderes Dorf, in dem Kasimir damals bereits seit zwei Jahren zur »erweiterten Realschule« [7]geht.

Kasimir hat sowohl den Abschied aus seiner Heimat als auch die Anfangszeit in Deutschland anschaulich als unlustvoll und schmerzlich in Erinnerung. Seine sprachliche und soziale Isolierung konnten anfangs auch durch andere Kinder und Jugendliche kaum aufgefangen werden. Derweil schildert Kasimir seine Begegnungen mit einem russisch sprechenden Mitarbeiter des Jugendmigrationsdienstes als sehr unterstützend. Nach ca. eineinhalb Jahren fand Kasimir besseren Anschluss an seine Klassenkameraden. In den Erzählungen sind die Erinnerungen an sogenannte »coole« und »geile« gemeinsame Aktionen sehr lebendig, die hauptsächlich als Auseinandersetzungen mit und in Provokationen der LehrerInnen ihren Ausdruck finden. Dabei hebt

---

[5] Im Unterschied zu deutschen Kindergärten sind dort die meisten Einrichtungen zwölf Stunden am Tag geöffnet und zum größten Teil bieten sie auch eine Übernachtungsmöglichkeit an, die nicht selten genutzt wird.

[6] Es kam häufiger zu Anschlägen, die meist in Wladikawkas und Mosdok stattfanden. In Mosdok sind russische Streitkräfte für den Tschetschenieneinsatz angesiedelt. Ende Oktober 1992 eskalierten die seit dem Frühjahr 1991 sporadisch andauernden Kämpfe in der autonomen russischen Föderationsrepublik Nordossetien zwischen den bewaffneten Kräften der inguschischen nationalen Minderheit und nordossetischen Truppen um den Bezirk Prigorodny. Ihren vorläufigen Höhepunkt erreichte die Terrorwelle von 1. September bis 3. September 2004 (vgl. Neukirch 2004).

[7] Regelschule im Saarland, die ehemaligen Hauptschulen sind durch sie ersetzt bzw. erweitert worden.

er insbesondere den Zusammenhalt der Schüler untereinander hervor, die sich nicht durch Sanktionsandrohungen der LehrerInnen gegeneinander ausspielen ließen.

Kasimir erreicht in dieser Schule nicht den von ihm angestrebten Hauptschulabschluss. Als wesentlichen Grund nennt er mangelnde Unterstützung der Lehrer bei der Suche nach einem Praktikumsplatz, was sich im Fach »Arbeitslehre« nachteilig ausgewirkt habe. Gleichwohl rechnet er sich dieses Scheitern selbstkritisch auf Grund anderer mangelhafter Leistungen auch selber zu. Zum Zeitpunkt des Interviews wohnt Kasimir weiterhin bei seinen Eltern und absolviert das Berufsvorbereitungsjahr (BVJ) in einer nahe liegenden größeren Stadt, um seinen Hauptschulabschluss zu machen. Seine Freizeit verbringt er in weiten Teilen mit anderen deutschen und ausländischen Jugendlichen einschließlich seiner Cousins. Fernsehen, Computerspiele und Fahrradfahren sind für ihn weiterhin nicht so attraktiv wie das Leben auf der Straße bzw. im Freien.

In der Gesamtrekonstruktion seiner Erzählungen werden Eigensinnigkeiten sichtbar, die mich zu folgenden weiterführende Fragen angeregt haben:

- Welcher Lebensentwurf von Kasimir enthüllt sich in seiner ersten Erzählsequenz über sein bisheriges Leben?
- Wie kann verstanden werden, dass in seinen sonst so bilderreichen Erzählungen über sein Leben seine Beziehung zu seinen Eltern eine *lichtlose Gestalt* bleibt?
- Welche Bedeutung haben, auch in diesem Zusammenhang, seine Beziehungen zu den Gleichaltrigen?

5. Landschaft als Biographieträger?!

> K.: »Jo ei, ich bin halt in Russland geboren, Kaukasus und vor vier Jahren sind wir nach Deutschland gekommen, das war 2001, Ende 2000« (Zeile 4f).

Kasimir beginnt seine Reaktion auf die Eingangsfrage nach seinem bisherigen Leben mit einer typischen saarländischen Redewendung – »*Jo ei*« – und macht so auf der performativen Ebene seine Zugehörigkeit zum Saarland deutlich. In seiner weiteren Rede verweist er inhaltlich auf eine andere biographisch relevante Verortung seiner Person: »*Ich bin halt in Russland geboren, Kaukasus*«. Damit rahmt er sich und seine Geburt durch einen geographischen Ort, »*Russland*«, der in der Folge durch eine nähere Gebietsangabe, »*Kaukasus*«, eine Eingrenzung erfährt. Sowohl der Zeitpunkt seiner Geburt als auch die darin involvierten Personen, Vater und Mutter als Eltern, werden (auch in der weiteren Erzählung) als wichtige Dimensionen des biographischen Hintergrundes ausgeblendet. Sie bleiben unerwähnt, bilden gleichsam eine Leerstelle.

Es ist dieser räumliche und der damit verbundene sozialräumliche Herkunftskontext, als Ort des von ›irgendwoher Geworfenseins‹, der für den Sprecher offenbar von höchster subjektiver Bedeutung ist. Insofern räume ich dieser Selbstverortung die Bedeutung eines identitätsstiftenden Datums ein, womit zugleich die Frage aufgeworfen ist, welcher persönliche Mythos mit der Benennung »Kaukasus« verbunden sein könnte.

Der Bedeutungsträger (Prädikator) »Kaukasus«[8] stellt ja keineswegs lediglich eine örtliche und/oder landschaftliche Zuordnung dar, die eine ordnende und damit zugreifende Selbst- und Fremdfestlegung ermöglicht. In seinem Bedeutungsumfang liegen ebenso weitere Interaktionsformen (Lorenzer 1972), in denen gleichermaßen abstrakt allgemeine Wissensbestände wie intim-subjektiv hergestellte Praxisformen verkörpert sind. So lässt sich das Wort »Kaukasus« als Repräsentation der essentiellen biographierelevanten Heimatverbundenheit von Kasimir lesen. Nicht nur, dass darin zahlreiche Momente einer unhinterfragt gegebenen Lebensweise einzurechnen sind: Sprache, Geschichte, Religions- und Rechtsvorstellungen, Sitten, Brauchtum und andere kulturelle Objektivationen, die sich im Laufe des kindlichen Aufwachsens als inkorporierte Bilder in die Erinnerungen des Sprechers eingeschrieben haben und seinem subjektiven (Selbst)Empfinden imponieren. Auch jene nicht an einen äußeren Ort gebundenen Anteile einer Identität, die im jeweiligen intimen Lebensentwurf enthaltenen Hoffnungen, Wünsche und Sehnsüchte sind, obgleich sie ungreifbar und somit unbegriffen[9] bleiben, in ihrer Wirkmächtigkeit angedeutet. Diese bleiben auch wirksam, wenn eine neue Sprache – wie im Fall der Migration – gelernt werden muss: besondere, sinnlich-symbolische Elemente der vorherigen Lebenspraxis wie z. B. bildliche und olfaktorische Eindrücke des Heimatlandes, die Farben des Sonnenlichts, Temperaturen, Gesten und Blicke, um nur einige zu nennen, die Teil seiner bisherigen kulturellen Identität waren, die, da sie im Außen nicht mehr zur Verfügung stehen, keinen oder nur schwerlich Eingang in diese neue Sprache finden. In den Worten von Kothe-Meyer (2003, 24): »Im Wechsel von Sprache und Kultur kann eine transkulturell bedingte Form von Unbewusstheit entstehen, eine innere Stummheit für emotionale und affektive Vorgänge.«

Lässt sich diese mythische Präsentation der eigenen Geburt als ein einsam-heroischer Akt, als eine Offenbarung seines Ursprungs, seines ›wahren Selbst‹ entziffern? Als eine Selbstbeschreibung, die in Verbindung mit einer riesigen, gigantischen, zerklüfteten, wilden, vielfältigen und doch schönen und mächtigen Natur(gewalt) zu lesen ist? Gleichsam als ein identitätsstiftendes Symbol, unter dem narzisstischen Motto: ›Du mein Geburtsland bist gigantisch, schön und großartig – und ich bin ein Teil von dir‹? Bei dieser Lesart ist es dann auch kaum mehr verwunderlich, dass er weder Vater noch Mutter als Biographieträger einführt. Seine positive Identifikation mit der Stärke und Schönheit der kaukasischen Landschaft und die damit

[8] Als eins der Subjekte der Russischen Föderation liegt die Republik Nordossetien, auch Alanien genannt, am nördlichen Teil des Großen Kaukasischen Gebirgsrückens und auf den anliegenden Ebenen (vgl. Neukirch 2004).

[9] Denn nur ein Teil der Ereignisse und Erlebnisse unserer Lebensgeschichte sind semantisch-syntaktisch repräsentiert und damit sprachlich verfügbar, während ein nicht unbeträchtlicher Teil präreflexiv (sensomotorisch und/oder bildhaft-anschaulich) ist.

einhergehende idealisierte Verschmelzung mit einer Großartigkeit machen es für ihn unnötig, sich seiner generativ-familiären Wurzeln zu versichern. Einer Nabelschnur gleich bleibt er mit seinen Sehnsüchten, deren Wurzeln in seiner lebensgeschichtlichen Vergangenheit liegen, an seine erste Heimat gebunden.

Auch wenn die ersten Worte seiner Rede »*Jo ei*«, die Hörerin aufhorchen lassen und sie zu der Annahme verführen mögen, dass eine (Weg-)Bewegung aus dieser Selbstverortung erfolgt, die ja auch unmittelbar folgend mit dem Satz »*und vor vier Jahren sind wir nach Deutschland gekommen, das war 2001, Ende 2000*« eine manifeste Bestätigung findet, so ist damit keine Aufgabe seiner biographischen Selbstverortung »Kaukasus« verbunden. Sie bleibt, so zeigen auch weitere Sequenzen, die von seiner Vorliebe für russische Filme und Musik erzählen, weiter virulent. Kasimir ist nicht nur ›eigentlich‹, sprich »*halt in Russland geboren, Kaukasus*«, sondern er ist *in* und wird *von* diesen Erfahrungen weiter (fest)gehalten. Und doch führt dies bei ihm keineswegs zu einem (regressiven) Entwicklungsstillstand. Kasimir trauert um das Zurückgelassene, was ihm zwar keine konfliktfreie aber dennoch zwanglosere Aufnahme des Neuen ermöglicht. Seine brillante Beherrschung der deutschen Sprache (in unüberhörbar saarländischem Slang) mag ein Hinweis auf das sein, was Devereux (1974, 120) als Zeichen seelischer Gesundheit genannt hat: »Meiner Meinung nach ist der Angelpunkt der seelischen Gesundheit nicht die Anpassung als solche, sondern die Fähigkeit des Subjekts, sich durch sukzessive Neuanpassungen weiterzuentwickeln, ohne das Gefühl seiner eigenen zeitlichen Kontinuität zu verlieren.«

6. (Re-)Präsentation der Eltern – eine lichtlose Gestalt?

Im gesamten Interview bleibt die Beziehung zwischen Kasimir und seinen Eltern – insbesondere zu seinem Vater – eigentümlich blass bzw. dunkel. Es lässt sich geradezu von einer lichtlosen Gestalt sprechen. Auf eine konkrete Nachfrage der Interviewerin zu den Eltern fokussiert Kasimir sogleich auf eine soziale Abwertungserfahrung beider Eltern:

> »... so, meine Mutter hat dort als Lehrerin geschafft, bis sie hier also, war zuerst im Erziehungsurlaub, also jetzt passt sie aufs Kind auf, und mein Vater, der war also Tanzlehrer, so wie Ballettmeister, der hott e eigeni Schule, jo, unn hier, <hhh> arbeits –, jo arbeitslos« (Zeile 55ff).

Die Biographiegestaltung von Kasimir ist von Diskontinuitäten gekennzeichnet, die zugleich mit einer De-Potenzierung seiner Eltern, insbesondere seines Vaters verbunden ist. Die Lebenslage, von der Partizipation an sozial anerkannter Erwerbsarbeit ausgeschlossen zu sein, ist nicht nur für den Vater eine mit Gefühlen von Scham und narzisstischer Kränkung einhergehende Erfahrung. Es ist naheliegend anzunehmen, dass dies auch Kasimirs Beziehung zu seinem Vater nachhaltig beeinflusst und auch seine Anstrengungen zur Erreichung des Schulabschlusses auf ambivalente Weise nährt. So ist z. B. das schulische Scheitern Kasimirs nicht einfach als Enttäuschung zu entziffern, sondern ebenso in eine heikle Familiendynamik übersetzbar, die in einem ambivalenzbehafteten Eltern-Kind-Verhältnis gründet: Ein intergenerationeller Aufstieg Kasimirs würde insbesondere dem Vater die eigene sozial erzwungene Unzulänglichkeit vor Augen führen, was für Kasimir zu Verstrickungen in einem mit Schuldgefühlen behafteten Loyalitätskonflikt führen würde. In dieser Perspektive lässt sich der schulische Misserfolg auch als Versuch werten, das durch Migration und Adoleszenz doppelt erschütterte familiäre Gleichgewicht und damit die elterliche Kompetenz (wieder) herzustellen.

Und die vor der Migration gegebene Vatererfahrung von Kasimir erfährt seine wirkmächtige Brechung zu einem Zeitpunkt, in dem Kasimir an der Schnittstelle zwischen Kind und Erwachsener ist. Zwar mögen seine Versuche einer Ausblendung seiner Vaterbeziehung (trotz verschiedener Nachfragen) dem bewussten und/oder unbewussten Motiv geschuldet sein, die äußere und innere Beziehung zu ihm konfliktfrei zu halten. Und doch birgt dies eine Gefahr: Die dem Vater bislang zugedachten potenten Inhalte können sich nicht an der konkret erlebten Realität »bewähren«, somit kann auch die verinnerlichte Vaterrepräsentanz (die ja mit Kasimirs eigenem Männlichkeitsbild eng verbunden ist) nicht transformiert werden. Vordergründig betrachtet liegt die Erfahrung der Entwertung des Vaters im sozialisatorischen Problem der Beschädigung an anerkannter vaterhafter Erfahrung, als dieser mit der erzwungenen Arbeitslosigkeit eine bedeutende Grundlage sozialer Anerkennung verliert. Der weitaus bedeutsamere Konflikt liegt meines Erachtens aber darin, dass Kasimir über seine Geschlechtsidentität als prospektiver Mann mit dem Vater verbunden bleibt, während der bis dahin manifest gewordene Entwurf einer männlich-traditionalen Genderrolle[10], als Entwurf für diese zukünftige Rolle, für den erwachsen werdenden Kasimir brüchig wird. Ohne eine Auseinandersetzung mit den Veränderungen der erlebten Vaterqualität, dem tendenziellen Verlust der bekannten Version des Modells »Mannsein« ist für ihn der adoleszente Möglichkeitsraum einer Um- oder Neupositionierung verstellt (Apitzsch 2003, 76).

In diesem Kontext lassen sich Kasimirs bilderreiche Erzählungen über die diversen Auseinandersetzungen mit den Lehrern und deren gelungene und enttäuschende Reaktionen auf ihn als ein Hinweis auf ein Bewältigungskonstrukt aufschlüsseln: Mit seinen Provokationen verschafft er sich in der äußeren Realität immer wieder ein Moratorium mit (hoffentlich geeignetem) Elternersatzpersonal, mit dessen Hilfe er danach strebt, seiner sozialisatorischen Erschütterungen im Modell von Männlichkeit Herr zu werden. Auch seine Betonung der Bedeutung des russlanddeutschen Sozialpädagogen des Jugendmigrationsdienstes lässt sich darüber aufschließen. Zu dem liefert dies auch eine zusätzliche Erklärung für seine beharrliche Suche nach

[10] Das Zusammenbrechen des kulturellen Regulationsmechanismus der Geschlechtertrennung im Migrationsland hat für Männer und Frauen jeweils unterschiedliche Folgen. Während für die Männer das Wegbrechen der Orientierung an einer Hierarchie der Geschlechter eine Bedrohung ihrer männlichen Identität darstellt, eröffnet sich für Frauen die Chance einer nachholenden Entwicklung (vgl. Herwartz-Emden, Westphal 1997).

»älteren Vorbildern«, die in der ausgeprägten Orientierung an seine älteren Cousins eine annähernde Befriedigung finden: Diese Beziehungsmuster sind sozusagen die zweitbeste Version des Modells »Mannsein«.

7. »Abhängen« in der Gleichaltrigengruppe

Kasimirs Tendenz zur sozialräumlichen Verortung, die in der ersten Sequenz seiner Eingangserzählung so eindrücklich erkennbar ist, wird auch in den weiteren Erzählungen augenfällig. Er hat seinen Lebensmittelpunkt in der peer-group, und dies gilt für die Bereiche Schule und Freizeit gleichermaßen. Seine emphatischen, bunten Schilderungen seiner dörflichen Eingebundenheit verbunden mit den präzisen Beschreibungen der Ortsteile, in denen er sich mit seinen Freunden und Cousins aufhält, weisen noch einmal auf den hohen Stellenwert und den wirkmächtigen Identifikationsrang der raumbezogenen Aneignung von Umwelt hin. In seinen Erzählungen führt er die Freundesclique als kollektiven Ort ein, der die Artikulation und die Verarbeitung gemeinsamer adoleszenz- und milieuspezifischer Erfahrungen ermöglicht. Das durch ein gemeinschaftliches Tun konstituierte handlungspraktische, also nicht explizit erfragbare Wissen wird zur Basis einer gemeinsamen Weltanschauung (vgl. Bohnsack u.a. 1995). Mag dies noch ein Umstand sein, der für die Adoleszenz in der Spätmoderne erwartbar ist, gleichsam eine »Übergangsphase durch Gruppen Gleichaltriger«, die durch »peergroups strukturiert oder auch ›sekundär‹ institutionalisiert ist« (ebd., 258), so hat der sich konstituierende adoleszente Gemeinschaftssinn für Kasimir eine zusätzliche Bedeutungsfacette. Er ist anschlussfähig an seine frühen Sozialisationserfahrungen in der ehemaligen kommunistischen Sowjetunion. Diese war, bei aller Transformation durch die Perestroika, durch eine sozialistische Erziehung geprägt, verbunden mit einer fraglosen Geltung von Regeln des sozialistischen Zusammenlebens, der Kameradschaftlichkeit und Kollektivität, einschließlich eines sozialkulturell überlieferten (und von ihm verinnerlichten) ausgeprägten Freundschaftskultes mit männlicher Loyalität.

Kasimir stellt seine Peers als eine gelebte Freundschaft dar, die als gemeinsames müßiges Rumstehen auf öffentlichen Plätzen, als kollektives *»Abhängen«*, Reden und Trinken, aber eben auch als gemeinschaftlich-verantwortliches füreinander Einstehen organisiert ist. Bilderreich beschreibt er, wie er mit seinen Freunden zu dritt oder viert durch den Wohnort flaniert und – einem Schneeballeffekt gleich – weitere Freunde sich zu dieser Art ›Straßendisco‹ zusammenfinden.

Der Reziprozität helfender Beziehungen misst Kasimir einen außerordentlich wertvollen Rang in seinen Gleichaltrigenbeziehungen bei, insbesondere hebt er den Beistand im Krankheitsfall und/oder bei Verletzungen hervor. Wie wichtig ihm eine verantwortliche, wechselseitige Fürsorge ist, wird gleichermaßen in den geschilderten Gruppenerlebnissen als Junge im Kaukasus wie auch als Jugendlicher im Saarland erkennbar. Sie stellt für Kasimir nicht nur ein wesentliches Kriterium von Dazugehören dar. Sie dient ihm zugleich als eine wichtige Bewältigungsressource im entwicklungsnotwendigen Transformationsprozess von Selbst- und Weltverhältnissen. Und doch – bei aller Eigensinnigkeit der Peerbeziehungen, der selbstwertdienlichen (Ver-)Sicherungen autonomer Handlungspotentiale bei teilweiser ich-syntoner Verleugnung faktischer Abhängigkeiten von Erwachsenen bleibt in seinen Erzählungen erkennbar, wie sehr dieser Ablösungsprozess zugleich in einer unübersehbaren pädagogischen Generationenbeziehung eingebettet bleibt: In seinen Erlebnisschilderungen werden immer wieder andere Erwachsene über Provokationen gleichsam aktiviert, um Auseinandersetzungen, Zustimmungen und Anerkennungen herauszufordern.

8. Zum Verhältnis von AdressatIn, Professionelle/r und Institution

Die hier eingenommene Perspektive auf die überdeterminierten Abkömmlinge der Lebensthemen von Kasimir enthüllen sicherlich nur einen kleinen – wenngleich meines Erachtens wichtigen – Fingerzeig auf die Sinnsetzungen und Konstruktionsleistungen seiner biographisch inkorporierten Erfahrungsmuster, die sich gegen ein objektiv-verallgemeinertes Erfassen sperren: Historische Zeiten, ähnliche soziale Strukturen und Erfahrungen werden unhintergehbar subjektiv gebrochen und behalten daher – bei aller sozialen Eingebundenheit – ihre Eigensinnigkeiten. Nun, solche wirkmächtigen Eigensinnigkeiten und Widerständigkeiten biographischer Verläufe und Sinnstrukturen sind in den Praxisfeldern der Sozialen Arbeit allzu vertraut. Aber noch immer nehmen die SozialberuflerInnen sie eher als störende Größe[11] wahr, als dass sie als Ansatzpunkte einer professionellen Praxis begriffen würden.

Diese unzureichende Wahrnehmung der biographischen Sinnhorizonte und Handlungsorientierungen durch die institutionelle Praxis kann allerdings weitreichende Folgen nach sich ziehen. Denn gescheiterte Interaktionserfahrungen können auf Seiten der BürgerInnen, die zum Fall Sozialer Arbeit geworden sind, Formen der Deautonomisierung steuern, die zu einer Stabilisierung der biographischen Konfliktlagen führen, statt zu einer sozialen Integration durch eine (Wieder-)Herstellung von Handlungsfähigkeit beizutragen. Wollen SozialberuflerInnen mit ihren Interventionen an die lebensweltlichen Relevanzsetzungen ihrer AdressatInnen anknüpfen, dann erfordert dies die Einbeziehung des Wissens der AdressatInnen in die jeweilig angebotene Hilfe und Unterstützung im Medium einer pädagogischen Beratung. Zudem haben sie ihre Bilder aufzuklären, die sie von den AdressatInnen haben, und »darin vor allem die Erwartungen an sie, die sich oft in institutionsgesicherten Traditionen und Routinen ebenso begründen wie im Erledigungsdruck der Praxis. Immer wieder bleibt die Figur des in die Einrichtung passenden, in ihr gleichsam funktionsfähigen Adressaten – des sozialpädagogisch geeigneten Menschen« (Thiersch 2006, 43). Dieser Hinweis macht deutlich, dass diese Anforderung nicht allein als eine individuell zu

[11] Störend sowohl in Bezug auf die institutionellen Abläufe und Regeln als auch in Bezug auf die konkreten Interventionen professioneller Praxis.

erbringende Leistung seitens der Professionellen zu erfüllen ist. Vielmehr sind auch die jeweiligen institutionell-organisatorischen Rahmen so umzuformen, dass diese hinreichend gesicherte Möglichkeitsräume zu eröffnen vermögen, in denen Biographizität (Alheit 1995) möglich wird (und zwar als Kompetenz, das »eigene Leben« im Spiegel gegenwärtiger Interaktion zu rekonstruieren und damit eine biographische Selbstverortung zu ermöglichen).[12] Dies hat auch Geltung für den Jugendmigrationsdienst[13], der junge MigrantInnen in ihren lebensweltlichen Verhältnissen begleiten will und dazu Angebote zum Verständnis von Situationen und Handlungsoptionen aushandeln muss.

Die im Folgenden zu verhandelnden Fragen nach den Möglichkeiten der Unterstützung von Migrantenjugendlichen im Kontext des Kanons, dass die angebotenen sozialpädagogischen Interventionen Anschluss an die Lebens- und Sinnwelt der AdressatInnen finden, sind umfassend. Ich beschränke mich in den folgenden Ausführungen auf einzelne Hinweise und Akzentuierungen, die sich entlang der Ausführungen einer Sozialpädagogin im Jugendmigrationsdienst eines saarländischen kirchlichen Trägers – ich nenne sie Frau Terhard – untersuchen lassen.

9. Aufgaben und Methoden des Jugendmigrationsdienstes

Der hier in Rede stehende Jugendmigrationsdienst der Caritas e.V. richtet sich an alle eingewanderten Jugendlichen und jungen Erwachsenen bis 27 Jahre mit dem Ziel einer Eingliederungshilfe. Eine wesentliche Aufgabe sieht die befragte Expertin in der sprachlichen, schulischen und beruflichen Eingliederung junger MigrantInnen. Entsprechend haben für sie die Vermittlung in Fördermaßnahmen wie Sprachkurse und Nachhilfeunterricht erste Priorität. Da die Gewährung von Sachleistungen an bestimmte Voraussetzungen geknüpft ist und eigens beantragt werden muss, sind beratende Informationen über Rechte zur Leistungsbeziehung sowie Unterstützung beim Ausfüllen von Formularen ein weiterer wesentlicher Sachbereich. Die Angebote erfolgen in Form von Einzelfallhilfen und Gruppenarbeit. Die *Einzelfallhilfe* richtet sich

---

[12] Damit wird der Erkenntnis Rechnung getragen, dass Institutionen stärker durch biographische Optionen der AdressatInnen aber auch der (berufs-)biographische Ressourcen der in ihnen agierenden Professionellen/Mitglieder abhängig sind, als bisher diskutiert (vgl. Hanses 2005).

[13] »Der unterschiedliche Rechtsstatus, den Migranten in Deutschland einnehmen, hat in der Vergangenheit dazu geführt, dass entlang des jeweiligen Rechtsstatus Sozialdienste für Migranten aufgebaut worden sind. So gab es die getrennten Sozialdienste für Ausländer, für Flüchtlinge und für Aussiedler. Die Praxis der sozialen Arbeit mit Migranten zeigt jedoch zunehmend, dass die jeweiligen Dienste überwiegend mit vergleichbaren Aufgaben konfrontiert sind. Von daher wurde es als sinnvoll erachtet, diese drei Dienste zu einem umfassenden Migrationsdienst der Caritas in Deutschland organisatorisch und konzeptionell zusammen zu führen und Migration als Querschnittsthema zu etablieren« (Leitbild des Deutschen Caritas Verbandes, 1997).

an Jugendliche und junge Erwachsene, die mit Fragen oder Schwierigkeiten zur Beratung bezüglich schulischer und beruflicher Fragen, persönlichen Anliegen, Gesundheits- und Wohnraumfragen, Beschaffung von Ausweisen und Urkunden (Zeugnisanerkennung), Geldangelegenheiten usw. kommen. Bei Bedarf werden die Eltern in die Beratung einbezogen. Die *Gruppenarbeit* umfasst im Wesentlichen offene Gruppennachmittage, Elternabende, Sprach- und Einführungskurse, Wochenendseminare, Fahrten und Besichtigungen, Eingliederungsfreizeiten. Zur Zeit des Interviews gibt es (nur) eine geschlechtshomogene, interkulturelle Sportgruppe für Jungen und eine ›Sozialgruppe‹, die diverse Seminare und Freizeitfahrten insbesondere für russlanddeutsche Jugendliche anbietet. Beide Gruppenangebote werden von einem russlanddeutschen Mitarbeiter geleitet. Des Weiteren hat die Institution eine *Vermittlungs- bzw. Verweisungsfunktion*. Neben der Zusammenarbeit mit Sprachkursträgern vermittelt Frau Terhard zwischen Jugendlichen und der Schulbehörde bzw. LehrerInnen, hilft bei der Suche nach Praktikumsstellen und/oder Ausbildungsplätzen in Betrieben, verweist bei Bedarf zu anderen Einrichtungen der Sozialen Arbeit und des Gesundheitswesens.

10. Strukturmerkmale ihrer beruflichen Praxis – eine Kritik

Frau Terhard stellt ihre Aufgaben als an *gesetzliche und institutionelle Bestimmungen* orientierte Aufträge dar. Ihre Handlungen sind auf einer rechtlich-verwaltungstechnischen Grundlage organisiert und gegebenenfalls als eine bürokratisch-rechtliche Verweisungspraxis an einen anderen Auftraggeber legitimiert. Das wesentliche Strukturmerkmal ihrer Handlungsvollzüge der obligatorischen Problembearbeitung lässt sich daher als *»Dominanz der Logik des Verwaltungshandelns«* charakterisieren. Dabei werden gesetzliche Regelungen mehr als Anweisungen und weniger in ihrer regulativen Funktion für sozialpädagogisches Handeln verstanden. Priorität hat das institutionalisierte Routineprogramm der Rechtsberatung sowie die Begleitung zu den Ämtern. Damit praktiziert und definiert sich Frau Terhard erkennbar über die Passung zum gegebenen Maßnahmengefüge.

Dieses Primat geht einher mit einem tendenziellen Ausblenden einer lebensweltlich-orientierten sozialpädagogischen Handlungslogik, womit die Chance verpasst wird, der skizzierten Eigenlogik der institutionell eingefahrenen Verwaltungsabläufe ein sozialpädagogisches Programm entgegenzusetzen, welches dem Respekt vor und der Anerkennung der lebensweltlichen Verhältnisse der AdressatInnen verpflichtet ist (Thiersch 2006, 44). Ihr Verständnis von einem typischen Fall jugendlicher AussiedlerInnen ist, dass diese bei der Einreise die Grundkenntnisse der deutschen Sprache nicht beherrschen, über unzureichendes Wissen von Integrationshilfen verfügen, von den zahlreichen bürokratischen Anforderungen der aufnehmenden Gesellschaft geradezu überrollt werden und zudem die vielfältigen deutschen Freizeitmöglichkeiten nicht kennen:

»Die sitze einfach nur irgendwo, trinken einen und reden was weiß ich, von alten Zeiten, aber das ma jetzt hier so verschiedene Dinge machen kann, so Tischtennis oder Tennis spielen geht, Joggen geht oder mit Skateboard rumfahren oder Fahrrad fahren. So was kenn die gar nit« (Zeile 624ff).

Diese wiederkehrende Aufzählungsfolge einer »-losigkeit« mag ja vordergründig die Belange der um Unterstützung in der Beratungsstelle nachsuchenden Personen widerspiegeln, gleichwohl werden diese Mängel als Charakterisierung der AdressatInnen genutzt. Zudem verweist die Hervorhebung der »-losigkeit« auf eine (Selbst-) Zuschreibung ihrer beruflichen Tätigkeiten: Sie erfüllt im Gang der Beratung und Informationsgabe eine »kompensatorische Funktion«. Frau Terhard zielt mit ihrem sozialberuflichen Tun einseitig darauf ab, die Mängel und Defizite der jugendlichen MigrantInnen zu beseitigen und verfolgt mithin eine technokratische Machbarkeitsidee.

Entsprechend ihrer Selbstbekundung liegen sozialkulturelle und milieuspezifische Kenntnisse, die biographische Besonderheiten ihrer AdressatInnen prozessieren, bei ihr nicht vor. Eine Nachfrage der Interviewerin, ob sie über sozialisatorische Vorerfahrungen und Lebensumstände der Jugendlichen in ihrem Herkunftsland Bescheid wisse, wird von ihr verneint:

»Nit so wirklich, nit so wirklich. Weil davon erzähle die eigentlich weniger, do wird eigentlich nit so, das wird eigentlich mehr verdrängt, das kommt vielleicht mal so en bißjen hoch, aber davon wird nicht viel von erzählt« (Zeile 452ff).

Die Entwicklung eines sozialpädagogischen Fallverstehens hätte aber ein Erkennen von sozialkulturell- und milieubedingten Sachverhalten zur Voraussetzung, um Deutungs- und Handlungsoptionen gemeinsam mit den jugendlichen AdressatInnen zu entwickeln. Solch ein Fallverstehen wäre aber zudem an die Auseinandersetzung mit der Eigenheit und Fremdheit des Anderen gebunden[14], die es wahrzunehmen, auszuhalten und zu respektieren gilt, ohne Angst abwehrend über sie hinwegzugehen oder sie gar zu pathologisieren. Demgegenüber zeichnen sich die Deutungsmuster von Frau Terhard nicht nur durch eine abstrakt allgemeine Unterstellung psychischer Konflikte bei jugendlichen Aussiedlern (»verdrängt«) aus, mit denen sie sozialkulturelle Konflikte, gleichsam zur Reduktion von Komplexität, privatisiert und psychologisiert. Sie legt in ihren Erzählungen zudem eine ethnozentristische Haltung offen, mit der sie die Komplexität des Lebens allzu vorschnell in die eigene Einstellung zur Lebenswelt einzufangen bemüht ist.

[14] Denn eine Begegnung mit einer fremden Kultur kann das eigene sonst selbstverständliche Gefühl von Orientierung und Sicherheit im zwischenmenschlichen Umgang erschüttern, Ängste vor einer Überflutung durch das Unbekannte, Fremdpsychische freisetzen und/oder zugleich verführende Faszination auslösen (Cogoy 2001, 356).

11. Passungsmomente der Interaktionsordnung zwischen Sozialpädagoge und Jugendlichem

Während Frau Terhard ihr sozialberufliches Tun vor allem in der Logik eines weitgehend routinisierten Verwaltungshandelns organisiert, werden von Herrn S., dem männlichen russlanddeutschen Sozialpädagogen des Jugendmigrationsdienstes, augenscheinlich offene Zugänge zu den jugendlichen AdressatInnen praktiziert. Diese passen jedoch nicht in die Darstellungsmuster institutionell-technokratischen Handelns der Informantin und kommen nur auf gezielte Nachfrage hin zur Sprache.

In den Erzählungen von Kasimir sind es aber gerade diese Angebote des Jugendmigrationsdienstes, die er als für sich positive Erfahrung herausstellt. Dabei kommt der Person des Pädagogen besonderes Gewicht zu. Seine Authentizität, seine Glaubwürdigkeit und sein Engagement weisen dieses pädagogische Geschehen für Kasimir offenbar als Besonderes aus. Für ihn sind die Freizeitfahrten sowie der Sport mit der Möglichkeit verbunden, sich auszutoben, Kräfte zu messen, ein besonderes Können (z. B. Angeln) unter Beweis zu stellen und dabei »sozialen« Status zu erwerben. Er favorisiert dabei Mannschaftsspiele wie Fußball und Basketball. Offenbar gehört der Sport (gemeinsam mit deutschen Jugendlichen) zu den wenigen sozialen Feldern, in denen er Vorstellungen von Männlichkeit wie Ehre, Mut, Stärke und Selbstbewusstsein verwirklichen und erfahren kann (vgl. Herwartz-Emden, Westphal 2002).

> »Basketball, mach ich in der Sportgruppe, beim Herr S., also de W. [=Vorname] vom Caritas-Verband ... Jo, find ich schon ganz cool, also, wenn der das mit Jugendlichen und dem Sport nicht machen würde, dann <hh>« (Zeile 486ff).

Kasimir spricht nicht aus, was denn (mit ihm) passieren würde, wenn Herr S. die Sportgruppe nicht anbieten würde. Aber die Dramaturgie der Rede drückt seine innere Beteiligung aus, sie deutet auf eine konflikthafte, negative Wendung, auf etwas Schweres hin. Ohne die Sportgruppe würde er in einen Spannungszustand geraten, der ihm den Atem pressen lässt. Insbesondere in der ersten Zeit in einem für ihn befremdlichen und beängstigenden anderen Land hatte Kasimir im Kontakt mit anderen Kindern in der Schule die Erfahrung gemacht, nicht willkommen zu sein, nicht verstanden und ausgeschlossen zu sein. Ohne dieses Freizeitangebot hätte er nicht nur das Vergangene verloren,

> »ich bin nach Deutschland komm, hab keine Freunde gehabt, unn irgendwie, unn war ganz allein« (Zeile 43f),

sondern wäre auch im Gegenwärtigen nicht wirklich angekommen, hätte gerade in der Anfangszeit nicht die wenigen Momente des Heimischseins und der selbstverständlichen Dazugehörigkeit erfahren können. Demnach fungieren die Aktivitätsangebote von Herrn S. als eine erste und noch immer verlässliche Brücke zwischen seiner vergangenen und der gegenwärtigen Lebenswelt. Aus den Erzählungen ist herauszuhören, dass Herr S. sich in der Gruppe als glaubwürdige erwachsene Autorität anbietet, mit der sich Kasimir identifizieren und sich parallel unter Gleichen und Ungleichen austauschen und sich somit im Anderen narzisstisch widerspiegeln kann.

Die besondere Dynamik und Dramatik der Adoleszenz entfaltet sich ja für Kasimir zusätzlich, weil die universelle Entwicklungsaufgabe der Adoleszenz bei ihm in eine Phase der Migration fällt, in der es um die Auseinandersetzung zwischen dem Eigenen (Ich) und dem Fremden (Nicht-Ich) geht, zwischen der Gruppe, der man angehört (drinnen), und der Gesellschaft, in die man eingewandert ist, um darüber eine Kontinuität zwischen Vergangenheit und Zukunft zu sichern. In diese entscheidende Übergangsphase seiner Migration – entscheidend in Bezug auf eine weitere ungestörte Ich-Entwicklung und den Erhalt seelischer Gesundheit (vgl. Grinberg, Grinberg 1990) – sind die Gruppenaktivitäten mit Herrn S. für ihn zu einem wichtigen Moratorium geworden: Sie stellen eine wachstumsförderliche ›Heimat‹ zur Lösung von infantilen Bindungen und zum Gewinn von neuen Bindungen, auch zu ›anderen‹ Erwachsenen dar. Kasimir kann die Begegnung mit Herrn S. für sich als Zugewinn von Handlungs- und Deutungsperspektiven erfahren und nutzen. Dabei hat offenbar nicht die Zweisprachigkeit des Sozialpädagogen *an sich* den tragenden Rang für eine Passung der Interaktionsordnung zwischen den beiden, sondern die mit der Sprache verbundenen inkorporierten Interaktionsformen. Diese beinhalten zentrale Elemente der russischen Heimat und folglich auch Aspekte bisher erlebter Vaterqualitäten. Es ist meines Erachtens begründet davon auszugehen, dass Kasimir an diese bekannte Version des Modells Mannsein ohne allzu große Loyalitätskonflikte und damit verbundene Schuldgefühle anknüpfen kann, womit für ihn der adoleszente Möglichkeitsraum einer Um- oder Neupositionierung (vgl. Apitzsch 2003) möglich wird.

12. Ausblick

Biographische Deutungsmuster besitzen für das Subjekt eine identitätsstiftende Funktion, die den Einzelnen in seiner sozialen Gruppe verorten und seine individuelle Biographie mit den gesellschaftlichen Handlungsanforderungen synthetisieren. Dies erklärt auch das oftmals krisenhafte Erleben von Identitätsveränderungen in biographischen Übergängen: Neue Erfahrungen, die MigrantInnen in ihrer Ankunftsgesellschaft intensiv machen (müssen), sind für sie nicht ohne weiteres unter ihre bisherigen Deutungsmuster subsummierbar, sodass sie, wollen sie verstehen und verstanden werden, gezwungen sind, ihren bis dahin gültigen alltäglich-gesellschaftlichen Wissensvorrat umzustrukturieren oder neue Schemata auszubilden – ein Prozess, der von Gefühlen wie Orientierungsmangel und Identitätsdiffusion begleitet sein *kann*. Insofern enthalten Wanderungsprozesse für die Betroffenen ein enormes Verlaufskurvenpotential. Und doch birgt ein möglicher Leidensprozess auch die Chance in sich, auf Grund von biographischen Ressourcen und kreativem Potential, diesen zu bewältigen und eine Reorganisation der Lebenssituation zu erlangen. Wollen SozialpädagogInnen diesen Reorganisierungsprozess unterstützen und zur (Wieder-)Herstellung und Erweiterung von Handlungs- und Orientierungsfähigkeit ihrer AdressatInnen beitragen, dann sind sie dazu aufgefordert, mit ihren Interventionen Anschluss an die Deutungsmuster und (fremden und/oder widerspenstigen) Sinnstrukturen ihrer AdressatInnen zu finden. Damit verbunden ist die Aufgabe, den jeweils einsozialisierten, alltäglich-gesellschaftlichen Wissensvorrat ihres Gegenübers wahrzunehmen, obgleich er different zu den eigenen sozialkulturell habitualisierten professionellen Deutungsmustern erscheint.[15] Dies erfordert von der Professionellen eine besondere Flexibilität und Offenheit im Umgang mit kultureller und/oder milieuspezifischer Andersartigkeit des Gegenübers, aber eben auch mit den eigenen eingefahrenen Welt- und Selbstverhältnissen. Es ist dies eine Weise der (Selbst-)Reflexion, mit der die Sozialberuflerin zur Ethnografin und zur Sozialforscherin in eigener Sache wird. Jene habitualisierte Haltung der Überwindung eigener stereotyper Standpunkte und Reaktionen einschließlich des Wissens um das Nichtwissen (vgl. Wimmer 1996) macht es der Professionellen idealiter möglich, die Differenz zum Anderen im pädagogischen Handeln offen zu halten und damit einen Bezug zur Adressatin herzustellen, der weder überwältigt, vereinnahmt noch ignoriert.

Literatur

Akashe-Böhme, F. (2000): In geteilten Welten: Fremdheitserfahrungen zwischen Migration und Partizipation. Brandes und Apsel: Frankfurt/M.

Alheit, P. (1995): »Biographizität« als Lernpotential: Konzeptionelle Überlegungen zum biographischen Ansatz in der Erwachsenenbildung. In: Krüger, H.-H., Marotzki, W. (Hrsg.): Erziehungswissenschaftliche Biographieforschung. VS-Verlag: Opladen, 276-307

Apitzsch, U. (1999): Migration und Traditionsbildung. Westdeutscher Verlag: Opladen

Apitzsch, U. (2003): Zur Dialektik der Familienbeziehungen und zu Gender-Differenzen innerhalb der Zweiten Generation. In: Schleifele, S. (Hrsg.): Migration und Psyche. Aufbrüche und Erschütterungen. In: Psychosozial 26, Nr. 93 (Heft 2), 67-80

Bischof, H. (1995): Sturm über Tschetschenien. Russlands Krieg im Kaukasus. Studie zur Außenpolitikforschung, Nr. 65, Friedrich-Ebert-Stiftung: Bonn

Bohnsack, R., Loos, P., Schäffer, B. (1995): Die Suche nach Gemeinsamkeit und die Gewalt der Gruppe. Hooligans, Musikgruppen und andere Jugendcliquen. Leske und Budrich: Opladen

[15] Womit allerdings nicht einer ethnisch-kulturalistischen Zuschreibung das Wort geredet werden soll, mit der Gefahr, dass alle Äußerungen und Sichtweisen der Hilfe suchenden MigrantInnen in einen gar kausalen Zusammenhang mit ihrer kulturellen Herkunft gestellt werden, wodurch eine kulturalistische Reduktion der Migrantin auf Dauer gestellt wäre.

Cogoy, R. (2001): Fremdheit und interkulturelle Kommunikation in der Psychotherapie. In: Psyche 55, 339-357
Devereux, G. (1967): Angst und Methode in den Verhaltenswissenschaften. Hanser: München
Devereux, G. (1974): Normal und anormal. Aufsätze zur allgemeinen Ethnopsychiatrie. Suhrkamp: Frankfurt/M.
Dörr, M. (1996): Beziehungsarbeit. Zur Fragwürdigkeit eines Modebegriffs im psychosozialen Bereich. Brandes und Apsel: Frankfurt/M.
Erdheim, M. (1982): Psychoanalyse für Gesunde. Gespräch mit Mario Erdheim. In: Heinrichs, H.-J. (Hrsg.): Das Fremde verstehen. Gespräche über Alltag, Normalität und Anormalität. Qumram: Frankfurt/M., Paris, 9-13
Erdheim, M. (1984): Die gesellschaftliche Produktion von Unbewußtheit. Suhrkamp: Frankfurt/M.
Goffman, E. (1996): Rahmen-Analyse. Ein Versuch über die Organisation von Alltagserfahrungen. Suhrkamp: Frankfurt/M.
Grinberg, L., Grinberg, R. (1990): Psychoanalyse der Migration und des Exils. Internationale Psychoanalyse: München, Wien
Hanses, A. (2005): Perspektiven biographischer Zugänge für eine nutzerInnenorientierte Dienstleistungsorgansisation. In: Oelerich, G., Schaarschuch, A. (Hrsg): Soziale Dienstleistung aus Nutzersicht. Reinhardt: München, 65-80
Herwartz-Emden, L., Westphal, M. (1997): Die fremden Deutschen: Einwanderung und Eingliederung von Aussiedlern in Niedersachsen. In: Bade, K.-J. (Hrsg.): Fremde im Land: Zuwanderung und Eingliederung im Raum Niedersachsen seit dem Zweiten Weltkrieg. IMIS-Schriften: Osnabrück, 167-212
Herwartz-Emden, L., Westphal, M. (2002): Integration junger Aussiedler: Entwicklungsbedingungen und Akkulturationsprozesse. In: Oltmer, J. (Hrsg.): Migrationsforschung und Interkulturelle Studien: Zehn Jahre IMIS. IMIS-Schriften: Osnabrück, 229-259
Hummrich, M. (2002): Bildungserfolg und Migration. Biographien junger Frauen in der Einwanderungsgesellschaft. Leske und Budrich: Opladen
King, V. (2006): Pädagogische Generativität: Nähe, Distanz und Ambivalenz in professionellen Generationenbeziehungen. In: Dörr, M., Müller, B. (Hrsg.): Nähe und Distanz. Ein Spannungsfeld pädagogischer Professionalität. Juventa: Weinheim, München, 59-72
Kothe-Meyer, I. (2003): Vernehmen und Erreichen – psychoanalytische Begegnung im transkulturellen Raum. In: Schleifele, S. (Hrsg.): Migration und Psyche. Aufbrüche und Erschütterungen. In: Psychosozial 26, Nr. 93 (Heft 2), 23-34
Leitbild des Deutschen Caritas Verbandes (1997): www.caritas.de
Lorenzer, A. (1972): Zur Begründung einer materialistischen Sozialisationstheorie. Suhrkamp: Frankfurt/M.
Lorenzer, A. (1986): Tiefenhermeneutische Kulturanalyse. In: König, H.-D., Lorenzer, A., Lüdde, H., Nagbol, S., Prokop, U., Schmid Noerr, G., Eggert, A. (Hrsg.): Kultur-Analysen. Fischer: Frankfurt/M., 11-98

Lüders, Ch., Meuser, M. (1997): Deutungsmusteranalyse. In: Hitzler, R., Honer, A. (Hrsg.): Sozialwissenschaftliche Hermeneutik. Leske und Budrich: Opladen, 57-79

Neukrich, C. (2004): http://www.sozialwiss.uni-amburg.de (März 2006)

Nohl, A.-M. (2001): Migration und Differenzerfahrung. Junge Einheimische und Migranten im rekonstruktiven Milieuvergleich. Leske und Budrich: Opladen

Scheifele, S. (2003): Migration und Psyche. Aufbrüche und Erschütterungen. In: Psychosozial 26, Nr. 93 (Heft 2), 7-13

Schütze, F. (1983): Biographieforschung und narratives Interview. In: Neue Praxis 3, 283-293

Thiersch, H. (2006): Nähe und Distanz in der Sozialen Arbeit. In: Dörr, M., Müller, B. (Hrsg.): Nähe und Distanz. Ein Spannungsfeld pädagogischer Professionalität. Juventa: Weinheim, München, 29-45

Wimmer, M. (1996): Zerfall des Allgemeinen – Wiederkehr des Singulären. Pädagogische Professionalität und der Wert des Wissens. In: Combe, A., Helsper, W. (Hrsg.): Pädagogische Professionalität. Untersuchungen zum Typus pädagogischen Handelns. Suhrkamp: Frankfurt/M., 404-447

Differenzen aushalten lernen

Grundsätzliches und Kasuistisches zur Entwicklung von interkultureller Sensibilität

Christian Büttner

Der Kommunikationswissenschaftler und Soziologe Milton Bennett beginnt seine Überlegungen zu seinem Konzept interkultureller Sensibilität mit der provokanten Beschreibung einer für die Menschheit offenbar typischen Fremdheitserfahrung: »Wir Menschen haben uns im Laufe der Evolution von extrem ihr Territorium verteidigenden Primaten zu Wesen mit einem langen Gedächtnis und gezügeltem Temperament entwickelt. Aus dem Erbe unserer Art folgt die Grundhaltung, fremde Gruppen zu meiden, wo wir können, oder sie zu töten, wenn wir die Begegnung mit ihnen nicht vermeiden können. Weil wir aber Menschen geworden sind, haben wir dieser Verhaltenslogik den freundlichen Aspekt hinzugefügt, der fremden Gruppe die Chance einzuräumen, sich unserer Lebensart anzupassen statt getötet zu werden« (Bennett 2002, 23; Übers. C.B.).

Was kann Psychoanalytische Pädagogik dazu beitragen, diese Freundlichkeit in Richtung auf Fremde weiter zu entwickeln? Welche Elemente pädagogischer Beziehungen helfen, die Differenz des Eigenen zum Fremden nicht nur auszuhalten, sondern produktiv zu nutzen und damit Konzepte von *Integration* zu leben, die über Anpassung hinausgehen? Ich werde zunächst den Bennettschen Ansatz interkultureller Sensibilität nachzeichnen, dann die Aspekte psychologischer und psychosozialer Entwicklung hinzufügen, die mir für eine pädagogische Handlungstheorie relevant erscheinen, und schließlich die gesellschaftlichen Begrenzungen anreißen, die den Arbeitskontext psychoanalytischer Pädagogik in interkulturellen Arbeitsfeldern bestimmen, in denen es um »Integration« gehen soll.

1. Integration und interkulturelle Kompetenz

Die Verwendung des Begriffs Integration im alltäglichen Sprachgebrauch signalisiert zweierlei: die aktive und die passive Komponente. Sie kann sowohl für den zu Integrierenden als auch für die Gemeinschaft gelten, in die hinein integriert werden soll. Allein schon an dieser doppelten Verwendung eines sprachlichen Ausdrucks lässt sich eine spezifische Konnotation ablesen, deren Bedeutungszusammenhang erst im Kontext einer sozialen Situation sichtbar wird. Hier zwei Beispiele zum alltagssprachlichen Gebrauch und der Konnotation des Begriffs »Integration«: Mehmet ist jetzt gut in die Klasse integriert. Die Klasse hat Mehmet integriert. Mehmet hat sich gut integriert.

Die in solchen Alltagsverständnissen enthaltenen Konzepte interkultureller Kompetenz sind weitläufig von der Hoffnung getragen, dass – neben gutem Willen – bewusste Anstrengung, kognitive Aufklärung von interkulturellen Missverständnissen oder verordnete Empathie *einseitig* zur Integration beitragen können oder diese gar nicht erst entstehen lassen (zur ausführlichen Diskussion des Begriffs vgl. Thomas 2003). Der Begriff »interkulturelle Kompetenz« als eine Fähigkeit, die Integration fördert, ist deshalb – ebenfalls weitläufig – mit der Vorstellung verknüpft, diese Verhaltenseigenschaft sei durch informelle Trainings und in relativ kurzer Zeit zu entwickeln.

Bennetts Überlegungen dagegen basieren auf einem *zweiseitigen* Konzept von Differenzerfahrungen in der Beziehung der eigenen Person zu anderen Menschen, das einen Rahmen für den Zusammenhang von Entwicklung, Sozialisation und Lernen bietet. Die Differenzerfahrungen geben Anhaltspunkte zur aktuellen Haltung eines Individuums zur zwischenmenschlichen Differenz (du bist wie ich, du bist anders als ich) und damit natürlich auch zum Stand seiner interkulturellen Sensibilität. Aus ihnen lassen sich pädagogische Zielvorstellungen, mit Vielfalt zu leben, ableiten, die mit Theorieelementen psychoanalytischer Pädagogik vermittelbar sind.

Bennett beschreibt Integration bzw. Desintegration mit Stufen einer polaren Skala, die von Verweigerung von Integration ausgeht, bis hin zu einer integrativen Haltung über die folgenden Stadien:

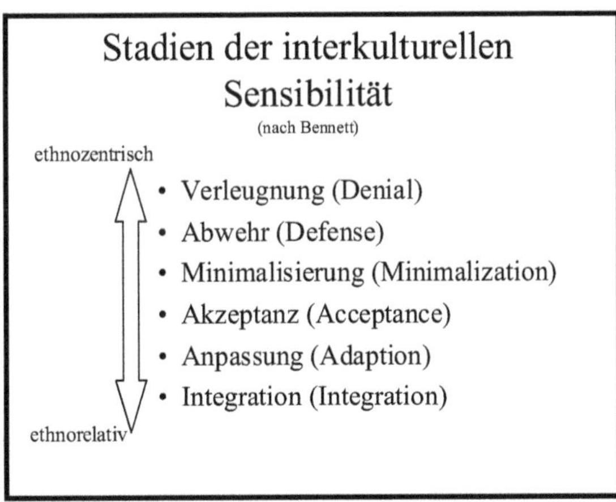

Zunächst die *Verleugnung des Unterschiedes*: Sie besteht in der Unfähigkeit, einen kulturellen Unterschied in der *eigenen* sozialen Gemeinschaft zu denken. Diese Stufe kann dann beobachtet werden, wenn gut gemeinte, aber ignorante oder naive stereotype oder übertriebene Aussagen zur Toleranz gemacht werden. Häufig sind sie von

Zuschreibungen begleitet wie »Intelligenzdefizit« oder »Persönlichkeit mit abweichendem Verhalten«. Sie unterliegen gegenüber den Fremden der Tendenz des Absprechens von Menschlichkeit. In diesem Stadium stehen keine Unterscheidungskategorien oder lediglich ganz allgemeine Begriffe für verschiedene Kulturen zur Verfügung. Man ist freundlich an der Oberfläche (leben und leben lassen), aber rassistisch, wenn man sich zu einem interkulturellen Kontakt gezwungen fühlt.

Dann die *Abwehr von Unterschieden*: Das Erkennen von kulturellen Unterschieden ist gepaart mit einer negativen Bewertung aller von der eigenen Kultur abweichenden Variationen, je größer die Differenz, desto negativer die Abwertung. Dieses Stadium ist gekennzeichnet durch ein dualistisches Wir-und-Die-Denken und häufig von negativen Stereotypen begleitet. Der Glaube an eine evolutionäre Entwicklung mit der eigenen Kultur an der Spitze und die Tendenz, andere als unterentwickelt wahrgenommene Kulturen bekehren zu wollen, gehören dazu. Hier stehen besser ausgearbeitete Kategorien für kulturelle Differenzen zur Verfügung, aber der ursprüngliche Weltblick ist durch eine schlechte Integration neuer Kategorien geschützt. Man fühlt sich gegenüber Fremden im Belagerungszustand und zur Verteidigung der Privilegien und der Identität genötigt. Häufig kann eine Absonderung in eine Kultur unter Gleichen beobachtet werden, es gibt eine potentielle Unterstützung von Elite- und Hass-Gruppierungen, verbunden mit einer exklusiven Verleugnung von Gleichstellung.

Minimalisierung der Differenz: Hierzu gehört das Erkennen und Akzeptieren der oberflächlichen kulturellen Differenz – wie z.B. bei Essgewohnheiten – mit der Einstellung, dass alle Menschen irgendwie im Grunde genommen gleich seien. Man betont die Ähnlichkeit von Menschen und die Gemeinsamkeit basaler Werte, hat aber die Tendenz, diese Gemeinsamkeit in ethnozentrischen Begriffen auszudrücken, wie z.B.: Solange alle Leute grundsätzlich wie wir sind, sollen sie sich auf ihre Art selbst verwirklichen.

Die eigene Weltsicht wird durch den Versuch geschützt, Differenzen unter vertraute übergeordnete Kategorien einzuordnen (tief im Innersten sind wir alle gleich). Sich universalistisch gebende Religionen werden aktiv unterstützt. Man akzeptiert institutionalisierte Privilegien.

Akzeptieren der Differenz: Das Erkennen und Wertschätzen kultureller Differenzen in Bezug auf Verhalten und Werte sowie die Akzeptanz kultureller Differenzen als eine sinnvolle Lösungsalternative für die Organisation menschlicher Existenz stehen hier im Vordergrund. Kultur wird als eine relative Variable begriffen. Die Fähigkeit, Phänomene im Rahmen ihres Kontextes zu interpretieren, wird ausdifferenziert. Die Differenzierungskategorien sind bewusst und ausgearbeitet. Die Entwicklung einer Metaebene der Betrachtung kultureller Differenzen, welche die eigene Kultur einschließt, schreitet voran. Neugier und das Beschaffen von Wissen über Kulturen – die eigene inbegriffen – sind Triebkräfte der Annäherungen an Fremdheit.

Anpassung an Unterschiede: Die Entwicklung von Kommunikationsfähigkeiten, die interkulturelle Kommunikation ermöglicht, ist abgeschlossen. Empathie oder das Wechseln von kulturellen Referenzsystemen werden effektiv genutzt, um über kulturelle Grenzen hinweg zu verstehen und verstanden zu werden. Das Wissen und das Verhalten sind mit bewussten Zielen verknüpft. Begriffe, die Grenzen bezeichnen, werden flexibler und durchlässiger. Die Kompetenz wächst, Zielperspektiven werden klarer. Empathie und die Fähigkeit, Machtsysteme in kulturellen Kontexten zu erkennen und darauf zu antworten, stehen zu Verfügung. Die Fähigkeit, Macht in fremden Kontexten angemessen auszuüben, kann genutzt werden.

Schließlich die *Integration der Unterschiede*: In diesem letzten Stadium findet eine Verinnerlichung bikultureller oder multikultureller Referenzsysteme statt. Eine Definition von Identität entsteht, die im Hinblick auf alle Kulturen »randständig« ist. Man kann sich selbst als jemand sehen, der sich in einem lebenslangen Lernprozess befindet. Begriffe, die Weltsichten beschreiben, werden als Konstrukte wahrgenommen, die durch ein selbstreflexives Bewusstsein entstehen (Kulturen und Individuen konstruieren sich selbst). Die Bildung und Aufrechterhaltung kultureller Gruppenaktivitäten mit gemischten Zusammensetzungen wird möglich, kulturell angemessenes Handeln kann bei gleichzeitiger Tendenz zu konsensualen Lösungen realisiert werden.

Besonders interessant ist Bennetts Überlegung, dass man mit einer »randständigen« Position innerhalb der eigenen Referenzgruppe bzw. -kultur gute Chancen hat, Differenzkategorien erarbeiten und nutzen zu können, mit denen das Fremde als etwas ebenso Differenziertes wie das Eigene wahrgenommen werden kann (z.B. »die Türken« sind in sich differenziert wie andere mit welchen Begriffen auch immer bezeichneten Menschengruppen auch). Man hat dann auch in Sprache fassbare Kategorien zur Verfügung, um Differenzen gegenüber Fremden in positiven Begriffskategorien beschreiben zu können. Eine Integration Fremder ohne die Reflexion der Position in der eigenen Kultur hält Bennett nicht für denkbar.

2. Der, die, das Fremde

Im Allgemeinen brauchen Menschen den Anderen, das Fremde, das Ausland, den Ausländer, um sich durch den Blick in den »Spiegel des Fremden« der eigenen Identität versichern zu können – dies gilt für beide Seiten (Inländer und Ausländer): Derjenige, der so erscheint wie ich, ist wie ich; derjenige, der anders aussieht, ist der Fremde. Die Vorstellungen, Meinungen, Mentalitäten und Einstellungen über Ausländer eilen dem Fremden voraus. Sie werden durch internationale, historische, politische, ökonomische Beziehungen und Gesetzgebungen gebildet – sie sind also hochgradig gesellschaftsabhängig: So ist es in Frankreich eher negativ besetzt, sich als ein Franzose aus z. B. Algerien in der dritten Generation in Frankreich darzustellen, denn dies verweist auf die ausländische Herkunft, was eine Integration erschweren kann. In den USA hingegen wird eine vergleichbare biographische Mitteilung als Hinweis auf eine weit zurückreichende amerikanische Identitätsbildung gesehen (vgl. Varro, Gebauer 1997).

Identitätsbildung und die Entwicklung einer Haltung zum Spiegelbild bzw. zur Differenz werden bereits in einem sehr frühen menschlichen Entwicklungsstadium grundgelegt. Am Beginn des Lebens außerhalb der Mutter bestimmt die Reaktion auf das Kind in allen seinen Äußerungsformen, wie es sich als soziales Wesen fühlt, und dementsprechend, was es als relevant bzw. irrelevant für Beziehungen erlernt. Die Erwartung des Kindes ist vermutlich zu allererst davon geprägt, sich in seinem Gegenüber in einem lebensbejahenden Sinne zu spiegeln, das heißt eine positive Reaktion auf seine der Welt zugewandten Impulse zu erfahren.

Dieser Vorgang der Spiegelung ist allerdings nur ein Versuch und eine erste einengende Erfahrung von Differenzierung insofern, als auch die Mutter bzw. die erste vertraute Person möglicherweise den gleichen Wunsch hat, sich im Säugling zu spiegeln, und erst zufrieden ist, wenn dieser die erwarteten Reaktionen zeigt (z.B. ein Lächeln, das Wort Mama usw.). Dies gelingt natürlich nicht immer, so dass Differenz als etwas erlebt werden kann, das aus der Perspektive des Kindes mit Unfreundlichkeit oder gar Feindseligkeit erlebt wird. Ein aufschlussreiches Beispiel zeigt, dass diese Spiegelungsphänomene interkulturell vergleichbar sind:

> Ein türkischer Vater war mit seinen beiden fünf und acht Jahre alten Söhnen auf dem Fußballplatz. Kurz nach der Wende war 1990 der türkische Sportverein 'Türkiyem Sport gegen die ehemalige DDR-Nationalmannschaft angetreten. Es war ein aufregendes Spiel, in dem »die« Türken gegen »die« Deutschen spielten. Beide Gruppen wurden von ihren Fans angefeuert. Plötzlich hörte der Vater seine Kinder »Deutschland, Deutschland« rufen. Überrascht verstummte er selbst und sagte dann: »Aber ihr müsst doch ›Türkiye, Türkiye‹ rufen.« Doch die Söhne schienen ihn nicht recht verstanden zu haben, denn sie riefen weiter »Deutschland, Deutschland« und jetzt dazu »Türkiye, Türkiye« jeweils im Wechsel. Der achtjährige Demir schaute ängstlich auf seinen Vater. Am Ende des Spieles hatte er nicht verstanden, dass nur eine der beiden Mannschaften gewonnen hatte. Er war nicht in der Lage zu begreifen, welche der beiden Sieger geworden war. Für den Vater zeigte sich ein identifikatorischer Konflikt seines Sohnes: Dieser unterstützte und identifizierte sich mit der falschen, der deutschen Fußballmannschaft. Der Vater dagegen identifizierte sich mit der türkischen. Seine Ich-Identität blieb orientiert an der türkischen Kultur, Gruppe und Tradition. In dieser Zugehörigkeit fühlte er sich wohl und hatte das Gefühl, zu Hause zu sein. Die türkische Fußballmannschaft und die türkischen Zuschauer spiegelten und bestätigten sein Erleben, seine Identität. So scheint trotz seines Status eines Migranten sein narzisstisches Gleichgewicht gesichert (vgl. Büttner, Kohte-Meyer 2002).

Wer – idealerweise – frei von dem Wunsch nach Spiegelung ist, d.h. in dem Anderen nicht sich selbst sucht, hat gute Chancen, den anderen zu erkennen, wie er wirklich ist – und sei es, dass er den Spiegelungswunsch im anderen entdeckt. Eltern eines behinderten Kindes haben z.B. die Kränkung zu verarbeiten, dass die Spiegelung des Kindes sie (unbewusst) mit ihren eigenen (realen oder phantasierten) Anteilen von Behinderung konfrontiert. Diese mit basalen Selbstwertgefühlen verknüpfte Konfrontation ist nur mit erheblichen Anstrengungen auszuhalten. Die erste Voraussetzung dafür ist einerseits eine Haltung, mit der man als Kind die Unterschiedlichkeit von zwei Personen aushalten gelernt hat, selbst dann, wenn zwischen ihnen eine Spannung besteht, und andererseits die Fähigkeit zur Übernahme einer dritten Position.

Die damit zusammenhängende zweite Voraussetzung für interkulturelle Sensibilität ist, dass man – um mit Bennett zu sprechen – die Identität des Dritten annehmen (nicht aufnehmen!) kann. Dieser Entwicklungsschritt wird mit dem Konzept der Triangulierung, der Einführung einer dritten, fremden Person (neben der Mutter) umschrieben. Der Wechsel von der Mutter zum Vater sollte so gelingen können, dass man die Trauer der Mutter aushält, weil man sie zum Vater hin verlässt, und umgekehrt. Dazu braucht es die Unterstützung von Mutter und Vater. Von der Mutter braucht es die Akzeptanz, dass man irgendwie verändert zu ihr zurückkommt, ohne dass sie an der Veränderung teilhat, und vom Vater verlangt es die Annahme und das Loslassen des Kindes hin zu seinem »Heimathafen«.

Die Triangulierung gehört – wenn sie zum Erfolg einer eigenen stabilen Existenz führen soll – zu den besonders schwierigen sozialen Lernaufgaben, die Menschen nach ihrer Geburt zu bewältigen haben. Der Aufbruch zum Dritten, in die »Fremde«, enthält die mit Regression bezeichnete Sehnsucht nach dem scheinbar paradiesischen Zustand in vollständiger Geborgenheit (der Dyade). Je nach Lebenslage paart sie sich nach und nach mit der Gewissheit, in der Neugier auf das Neue und noch Fremde (die dritte Position in der Kind-Mutter-Vater-Triade) möglicherweise in Gefahren zu geraten, von denen man nicht weiß, ob man sie auszuhalten imstande sein wird.

Bindungstheoretiker haben den Hinweis geliefert, dass ein wesentlicher Faktor der Psychodynamik zwischen Vertrautem und Fremdem das Verhältnis zwischen Neugier und der Suche nach Sicherheit ist:

> »Dem Bindungsbedürfnis steht das Explorationsbedürfnis des Säuglings gegenüber ... Obwohl das Bindungssystem und das Explorationssystem entgegengesetzten Motivationen entspringen, stehen sie wechselseitig zueinander in Abhängigkeit« (Brisch 1999, 38).

Die Neugier auf das Neue, Fremde kann in Angst umschlagen, die sichere Bindung ist dann so etwas wie ein Heimathafen für das Kind. Bindungen müssen allerdings zunächst hergestellt werden, bevor sie ihre Funktion erfüllen können. Es versteht sich von selbst, dass die Zugewanderten diese Bindungen eher dort vermuten, wo sie sich in ihrem Gegenüber spiegeln können, also in ihresgleichen.

Für die Aufnehmenden und die Aufzunehmenden gilt deshalb gleichermaßen: Die Aufnehmenden können nicht erwarten, dass sie sich – um in der Spiegel-Metapher zu bleiben – in den Aufzunehmenden spiegeln können, die Aufzunehmenden können dies ebenso wenig. Vielmehr muss man im günstigsten Fall von beiden erwarten können, dass sie gegenüber dem ihnen Fremden für ganz verschiedene Arten von Spiegelbildern (oder anders ausgedrückt: des feedbacks) offen sind – einerlei, ob es sich dabei um das Kind und den Dritten, den Vater oder um Migranten und Einheimische handelt.

Das ist nicht selbstverständlich. Zum einen sind die Vorstellungen und Konzepte der Aufnehmenden zur theoretischen Beschreibung individueller und sozialer Entwicklung Ergebnis einer (sprachlich vermittelbaren) Selbstreflexion, also einer Rückschau und Rückbesinnung auf das Eigene. Zum anderen befinden sich Aufzunehmende am Beginn ihrer Ankunft in einem starken Regressionsdruck, weil ihnen fast alles fehlt, was ihnen Sicherheit geben könnte. Die gemeinsam erlebte Regression in der Gruppe der Fremden kann nicht nur bindungsfördernd wirken, sie kann auch kognitive Inhalte von Lernaufgaben mit affektiven Impulsen verknüpfen. Folgende Szene aus einem muttersprachlichen Orientierungskurs für neu ankommende Migranten wurde von der Kursleiterin eher als eine amüsante Glosse berichtet, als dass sie auf ein tieferes Verständnis für interkulturelle Problematiken schließen ließ:

> »Es gab eine Szene, die find ich irgendwie so lustig deshalb, nicht lustig, nein, ich fand sie eigentlich auch so interessant, ja weil die waren in der Stadtbücherei und ich weiß nicht, wann das vorher aufgekommen war, es war in irgendeiner Stunde vorher, da konnte ich mich erinnern, da ging es um die Frage, eine Teilnehmerin hatte schon einen Deutschkurs gemacht, und da war eine andere Schülerin oder Mitteilnehmerin in dem Kurs und die kam aus Eritrea. Sie wusste nicht, wo Eritrea lag, noch wie es auf Türkisch heißt und dann hat sie das irgendwie interessiert. Dann hat sie das nicht losgelassen, dass wir, also der gesamte Kurs in der Bücherei an den Globen (lacht) und an irgendwelchen Atlanten dabei waren, Eritrea zu suchen, ja alle, zwei da, drei da, um ein bisschen zu finden. Ich hatte das Gefühl, das war dann eine gemeinsame Aktivität, die dann auch was mit Suchen zu tun hatte (lacht), wo bin ich und ich weiß auch was. Eritrea kennen wir alle nicht und das ist dann eben so dieses spielerische Sich-Irgendwo-Wiederfinden, das damit zu tun hatte, dass dieses Bedürfnis anscheinend da war, es waren eben alle interessiert und wollten wissen, wo das ist und waren überrascht, wo es dann wirklich war, weil wir es überall woanders vermutet hatten. Da haben sich die Beziehungen ein bisschen entwickelt zwischen den Leuten, die sich da verstanden hatten, die haben sich ganz gut unterhalten und wollten einfach wissen, was der eine macht, der andere macht. Die waren da auch ganz zufrieden und erfreut« (Büttner u.a. 2004, 26).

3. Differenz in informellen Gruppen

Aggression und Feindseligkeit, die zum Zwang zur Anpassung oder zur Ausstoßung/Vernichtung des Fremden führen, werden über die Familie und die Triangulierung hinaus vor allem in dem sozialen Konstrukt Gruppe vermittelt und gelebt. Die Rolle des Andersartigen, des Fremden, des Außenseiters in Gruppen oder – allgemeiner – desjenigen, gegen den sich die übrigen Teilnehmer abgrenzen oder der sich gegen die Gruppenmitglieder abgrenzt, wird oft von Menschen übernommen, deren spezifische Merkmale in der Gruppe als andersartig wahrgenommen werden, etwa durch normative Abweichungen oder die äußere Erscheinung, z.B. die Hautfarbe. Der

Gruppenleiter bzw. die pädagogische Fachkraft in institutionalisierten Gruppen und der Außenseiter befinden sich dabei in einer ganz ähnlichen Gefühlslage, weil sie in einer besonderen Position zur Gruppe stehen. Durch die Aufmerksamkeit, die jemand erhält, der sich am Rand der Gruppe befindet oder dorthin abgedrängt wird, kann es z.B. leicht zu einem Machtkampf zwischen beiden um die Abhängigkeit von den Gefühlen der Gruppe kommen. Wie können diese Phänomene in einen Sinnzusammenhang mit dem Differenzkonzept gebracht werden?

Die Soziodynamik einer Gruppe im Hinblick auf Differenz kann man aus verschiedenen Blickwinkeln betrachten, zunächst: die Gruppe als Entwicklungsaufgabe. Während der psychischen Entwicklung des Kindes aus der Familie in die Kultur hat die Gruppe die Rolle eines Übergangsmediums. Differenzerfahrungen, die vor allem auf die Spiegelungs-, Individuations- und Triangulierungsprozesse im familiären Beziehungssystem zurückgehen und mehr oder weniger isoliert von außerfamiliären Beziehungssystemen, also *privat*, organisiert waren, werden im *öffentlichen* Raum als Gruppenerfahrungen ermöglicht (z.B. im Kindergarten, der Schule oder auf der Straße). Die Differenz bekommt dabei den Charakter eines wesentlichen Aspekts von Identitätsbildung: Ich bin nicht nur anders als Vater und Mutter, ich bin überhaupt anders: Ich bin ich. Die Gruppe (z.B. in Bildungsinstitutionen) kann sich deshalb zu einem spannungsreichen Gegenpol zum familiären System entwickeln.

Wenn es auf der einen Seite wichtig sein kann, dass die Gruppe anders (different) als die Familie ist, so ist ebenso wichtig, dass innerhalb der Gruppe so etwas wie ein homogener Identitätskern vorhanden ist, in dem sich die Gruppenmitglieder zur Vergewisserung ihrer Identität spiegeln können. Je mehr die Gruppenmitglieder darauf angewiesen sind, symbiotische Merkmale der Spiegelung darin wieder zu finden, desto homogener müssen die Merkmale des Kerns oder der Gruppenmitte sein und desto weniger Varianz kann zugelassen werden. Differenz wird in Gruppen mit starkem Teilnehmerbedürfnis nach Verschmelzung also weniger akzeptiert als in Gruppen, die ihren Zusammenhalt aus der Heterogenität des Gruppenmittelpunktes gewinnen, zugleich aber auch vermutlich in diesem labiler sind.

Deutlich kann dieser Druck zur unbewussten Verpflichtung auf Indifferenz in der so genannten Latenzphase der Entwicklung werden, wenn sich Mädchen und Jungen häufiger mit ihresgleichen als mit dem anderen Geschlecht zusammenfinden. Gleichwohl wird das andere, das Fremde gebraucht, um sich der Homogenität im Inneren der Gruppe zu versichern. Wenn sich dann später in der Pubertät und Adoleszenz die Geschlechter einander zuwenden, treten als mögliche Gruppenmittelpunkte Symbolisierungen einer Differenz zum familiären Mittelpunkt an die Stelle der Geschlechterdifferenzierung. Die Öffnung hin zu Heterogenität und Differenz drückt sich in den ersten Versuchen aus, den Partner zu finden, der die eigenen Sehnsüchte und Wünsche (z.B. nach Verschmelzung, d.h. Aufhebung jedweder Differenz) spiegeln könnte. Die am Beginn der Pubertät sich andeutende Grandiosität kann sich steigern bis zu der Vorstellung, man selbst sei der Mittelpunkt der Welt und alle anderen müssten sich in der eigenen Person oder im Ich-Ideal spiegeln. Auf die Verführbarkeit, Homogenitätsangebote zur Umsetzung solcher grandioser Phantasmen in den entsprechenden gesellschaftlichen Organisationsformen, subkulturellen oder kriminellen Milieus habe ich schon vor längerer Zeit hingewiesen (vgl. Büttner 1985).

Im Hinblick auf die konstruktive Auseinandersetzung mit Differenz (im Sinne von Integration) scheint sich inzwischen herauskristallisiert zu haben, dass diese erst am Ende eines langen und beschwerlichen Weges steht:

> »In der ersten Dimension geht es um Werturteile über den Anderen. Wie schätze ich den Angehörigen der fremden Kultur ein? Fühle ich mich angezogen oder abgestoßen? In der zweiten Dimension steht die Annäherung an den Anderen im Mittelpunkt. Hier ist die Fähigkeit zu kommunikativem Handeln gefragt. Suche ich den Anderen, wünsche ich seine Nähe, identifiziere ich mich mit ihm, assimiliere ich ihn, oder unterwerfe ich mich ihm in der Euphorie für das Fremde? Schließlich geht es in der dritten Dimension darum, ob und wieweit ich den Anderen kenne und wie substantiell meine Kenntnis des Anderen ist. Dabei geht es nicht immer um ein unmittelbares Verhalten zum Anderen« (Wulf 1999, 67).

Die späteren Entwicklungen, die man als erwachsener Mensch durchlebt, stehen im Zeichen der gesellschaftlich angebotenen Lebensmöglichkeiten von Homogenität und Differenz und im Wechselspiel zwischen familiären Erfahrungen und den gesellschaftlich-normativen Erwartungen von Differenz. Sie stimmen möglicherweise dann überein, wenn sie traditionell geprägt und eher eng sind, sie führen wahrscheinlich dann zu Konflikten, wenn Vorstellungen von Vielfalt auf die verschiedenen Varianten einer ethnozentrischen Haltung treffen.

Mario Erdheim hat sich ausgiebig mit den verschiedenen Varianten des Verhältnisses von Familie, Gruppe und Kultur auseinandergesetzt. Seiner Auffassung nach ist es vor allem der Antagonismus von Familie und Kultur, der die Entwicklung des Individuums vom privat organisierten Leben familiärer Homogenität zu gesellschaftlicher Vielfalt maßgeblich beeinflusst (vgl. Erdheim 1997).

Der Antagonismus wird vor allem beim Übergang von der Familie zur Kultur in Gruppen virulent. Dort nämlich schneidet sich der familiäre mit dem gesellschaftlichen (Mehrfamilien-)Raum (vgl. Erdheim 1990). Was heißt dies für pädagogische Gruppen, in denen eine psychoanalytisch-pädagogische Haltung zum Tragen kommen könnte?

4. Differenz in formellen Gruppen

Die meisten pädagogischen Gruppen muss man wohl als »Zwangsgruppen« in der Weise ansehen, dass eine Institution eine bestimmte Form der Gruppe vorgibt, die »angefüllt wird« mit Klienten, sei dies eine Schulklasse, sei dies ein Fortbildungsseminar oder eine Konfirmandengruppe. Zusammengefasst werden diese Gruppen durch das »Thema«, nicht durch die wechselseitige Wahl der Gruppenmitglieder, wie dies etwa in der Freizeit bei Cliquen oder loseren Formen von informellen

Gruppenbildungen der Fall ist. Höchstwahrscheinlich gelten aber die Probleme mit Differenz auch für formelle Gruppen wie Vereine und Organisationen, in denen Menschen sich in größeren sozialen Bezügen ihren Hobbys oder bestimmten Aufgaben widmen. Auch dort ist das bindende Element nicht in erster Linie die persönliche Beziehung, sondern das Gruppenthema.

Die Abhängigkeit Einzelner von dem Netzwerk der Gruppe ist vielleicht eine der am meisten verkannten Eigenschaften des Mediums Gruppe überhaupt. Das Verhalten von Gruppenmitgliedern, das Leitungen am meisten zu schaffen macht, nämlich Widerspenstigkeit, Revolte oder Aggression, wird ja in der Regel als individueller Widerstand, als individuelle oder gar pathologische Reaktion interpretiert. An ihm jedoch wird sichtbar, dass auch das aggressive und widerspenstige Verhalten kein von den übrigen Teilen der Gruppe isoliertes Verhalten ist, sondern in ganz unterschiedlicher Qualität in das Netz eingewoben sein kann,

- sei es, dass ein Gruppenmitglied den Widerstand der Gruppe agiert (der an den übrigen Gruppenmitgliedern nicht sichtbar wird),
- sei es, dass die Gruppe einem Gruppenmitglied den Auftrag zum Widerstand gibt (wiederum ohne dass dies sichtbar wird) oder
- sei es, dass in der Gruppe in Form von zwei sich »bekämpfenden« Gruppenmitgliedern eine Ambivalenz zum Ausdruck kommt, die ein unentschiedenes Problem im Netzwerk der Gesamtgruppe ausdrückt.

Die wechselseitige Abhängigkeit der Gruppenmitglieder und der Gruppenleitung drückt sich in diesem Konzept darin aus, dass im Prinzip das aktive Gruppenmitglied im (unerkannten) Zusammenhang mit den passiven handelt und dass die Gruppenleitung, indem sie das aktive Gruppenmitglied anspricht, immer auch die Gesamtgruppe anspricht. Mit anderen Worten: Alles, was ein Gruppenleiter im Hinblick auf ein einzelnes Gruppenmitglied tut oder sagt, ist auch von Bedeutung für die übrigen Gruppenmitglieder, und umgekehrt steht alles, was ein einzelnes Gruppenmitglied in der Gruppe sagt oder tut, in einem Zusammenhang mit einem Zustand in der Gruppe, der alle Gruppenmitglieder einschließlich der Leitung betrifft.

Aus solchen Überlegungen leitet sich auch die Erkenntnis ab, dass nicht jeder Mensch zu jeder Zeit in gleicher Weise gruppenfähig bzw. integrationsfähig ist, etwa weil er nicht in ausreichendem Maße über die Fähigkeit verfügt, die entsprechenden Signale wahrzunehmen. Und Gruppen, die nicht über eine Mindestanzahl von bindungsfähigen Mitgliedern verfügen, werden auch so lange instabil bleiben, bis die Gruppenmitglieder mit Unterstützung – z.B. durch das »Hilfs-Ich« des Gruppenleiters – aus dem Nährboden einer freundlichen, zugewandten Haltung nach und nach in der Gruppe eigene Ich-Kräfte für die Bindungsfähigkeit entwickeln und zur weiteren Entwicklung der Gruppe nutzen können.

Man kann sich leicht vorstellen, dass Gruppen für vielfältigste Stresssituationen wie besondere Leistungsanforderungen, Bedrohungen von außen oder Belastungen aus gruppeninternen Problemen und natürlich der Integration von Fremden umso besser gerüstet sind, je heterogener sie sind, je mehr Funktionen und Möglichkeiten in der Differenz ihrer Mitglieder also zur Verfügung stehen. Je unterschiedlicher die Gruppenmitglieder, desto leistungsfähiger kann in diesem Sinne eine Gruppe sein – abhängig davon, ob die Heterogenität der Gruppenmitglieder die notwendigen Bindungen zu einem Gesamtorganismus zulassen und fördern. Ob dies möglich ist oder nicht, hängt wiederum davon ab, inwieweit heterogene Anteile in Gruppen als dissoziierte Anteile wahrgenommen werden und damit wechselseitig in Konkurrenz geraten können oder ob sie als wichtige Teilaspekte eines Gesamtganzen gesehen werden.

Dies ist vor allen Dingen bei als negativ wahrgenommenen Funktionen in der Gruppe ein großes Problem: Dort, wo Aggression, Destruktion und Angst als unerwünschte Teile von Gruppe wahrgenommen werden, geraten sie leicht in Konkurrenz zu den unbeschwerten und leistungsfähigen Teilen einer Gruppe, und beide Teile verlieren dadurch ihre wechselseitigen Möglichkeiten füreinander.

Solche Spaltungen in polare Tendenzen in der Gruppe (die aus einem Organismus mit sich ergänzenden Anteilen einen zweigeteilten Organismus mit sich bekämpfenden Anteilen machen), sind in besonderem Maße abhängig von der Haltung der Leitung gegenüber der Gruppe. Ist diese Haltung integrativ, d.h. versucht sie, die guten und die bösen Anteile einer Gruppe zu halten und in ein Gesamtbild von Gruppe zu integrieren, dann gibt es gute Chancen, die jeweiligen Funktionen in den entsprechenden Situationen zur Verfügung zu haben. Ist die Haltung der Gruppenleitung eher desintegrativ, sind dauerhafte Spannungen in der Gruppe unvermeidlich. Vor allem gelingt es weder zu sehen, dass in dem aggressiven Teil des Organismus Gruppe auch die guten Anteile enthalten sind (die unter dem Aspekt der Aggression nur nicht zum Vorschein kommen), noch dass in dem leistungsfähigen Teil auch die (meist ungeliebten) aggressiven Anteile stecken, die ebenfalls nicht zum Vorschein kommen, weil eben der andere Teil der Gruppe sie in seiner Funktion als aggressiver Teil übernimmt.

Die formelle Forderung nach Homogenität, wie sie an die Gruppenmitglieder im Hinblick auf das gesamte Spektrum oder einzelne Aspekte, etwa des Verhaltens, gestellt wird, kann dazu beitragen, die aggressiven Spannungen in Gruppen soweit zu erhöhen, dass die Gruppe gewissermaßen in eine Notsituation gerät. Die objektiven Differenzen können nur bedingt ohne größere psychische Kosten geleugnet werden. Wie sich ein pädagogischer Prozess dann gestaltet, hängt wahrscheinlich von den Kompensationsmöglichkeiten ab, die den Gruppenmitgliedern zur Verfügung stehen.

5. Der Pädagoge als Entwicklungshelfer

5.1 Setting

Gruppenleiter tun also gut daran, Differenz als etwas Positives zu sehen. Das kann schon damit anfangen, dass man seine Hoffnungen aufgibt, alle könnten oder müssten das Gleiche erwarten, tun oder lernen. Gruppenleiter, die sich für die Lernfortschritte der Gruppenmitglieder besonders verantwortlich fühlen, können hier leicht in eine erste Falle nicht nur interkultureller Verwicklungen, sondern pädagogischer Beziehungsprobleme überhaupt geraten: Will ich mich in *dem* Verhalten des Klienten spiegeln, das ich als Erfolg meiner Bemühungen wahrnehme? Bin ich in meinen Erwartungen offen für Differenz, kann also auch Lernergebnisse hinnehmen oder gar positiv bewerten, die anders sind, als ich es erwartet habe?

Diese Erwartungen betreffen interkulturelle Lernbeziehungen wahrscheinlich kompromissloser als Lernbeziehungen zwischen Einheimischen. Während die Differenzen in einheimischen Beziehungen *relativ* gewertet werden können, sind sie in interkulturellen möglicherweise *absolut*. Mit anderen Worten: Der pädagogische Erfolg kann durch die unüberbrückbare Differenz (etwa der Hautfarbe) leicht zunichte gemacht oder radikal entwertet werden (du sprichst zwar perfekt Deutsch, aber du kannst niemals Deutscher so wie ich werden, weil ich dich als Asiaten oder Afrikaner identifiziere).

Eine wesentliche Erschwernis der interkulturellen Kommunikation (und damit der Integration) liegt selbstverständlich in der Sprachbarriere, die von dem einen oder anderen verlangt, sich wenigstens in dieser Hinsicht anzupassen – vor allem im Verhältnis von denen, die ihre Sprache schon vor langer Zeit gelernt haben, zu denen, die sie aktuell lernen. Bereits der erste Schritt in interkulturellen Begegnungen entscheidet über den »roten Faden« möglicher Integration: Wer verlangt von wem die sprachliche Anpassung bzw. wer wird sie aus eigenem Antrieb erbringen? Je nach Grad der Anpassungsleistung wird sich die Kommunikation leichter oder schwerer gestalten. Sie ist jedoch kein Kriterium für den Grad interkultureller Schwierigkeiten, die sich aus der Beziehung der Kommunikationspartner ergeben können. Nicht nur bei Einheimischen reicht sprachliche Verständigung nicht aus, um Differenzen wechselseitig verhandelbar zu machen (siehe deutsch-deutsche Verständigungs- und Integrationsprobleme), auch im Verhältnis von Einheimischen zu Migranten ist Sprache nur eine von vielen, vielleicht sogar weniger wichtigen Voraussetzungen, sich über interkulturelle Differenzen konstruktiv auszutauschen. Dazu ein Beispiel aus meinen Fortbildungserfahrungen:

> Wann immer wir in Workshops zu interkultureller Sensibilität mit Mitarbeitern von Sozialen Diensten nachgefragt haben, die Beschaffung von Dolmetschern stellte kein Problem dar. Wenn die deutschen Sachbearbeiter bei Rollenspielen in die Rolle der Migranten schlüpften, waren sie durchaus fähig, sich in das reduzierte oder gar fehlende Sprachvermögen von Migranten einzufühlen und damit (erfolgreich) zu agieren. Z. B.: Ein Türke kommt mit seinem Bruder zu einer Sachbearbeiterin, um von ihr einen Mietzuschuss zu erhalten. Der Mann kann aus gesundheitlichen Gründen nicht arbeiten, und die Frau arbeitet seiner Auffassung nach zu Hause als Hausfrau. Die Sachbearbeiterin geht auf diese Interpretation der Frauenrolle nicht ein, sondern will der Frau eine Arbeit am Flughafen vermitteln, ohne zu registrieren, dass sich mit Flughafen für die Migranten die Assoziation »Abschiebung« verbindet. Der Bruder versucht verzweifelt in der Kommunikation zu vermitteln, die Sachbearbeiterin erlebt dies aber als eine Eskalierung, gerät dadurch in eine Kampfposition und lässt letzten Endes die Klienten mit Gewalt aus ihrem Büro schaffen. Alle drei Rollenspieler sind

Einheimische. Die ausländischen Teilnehmerinnen und Teilnehmer des Workshops, die gegenüber der Workshopleitung die gleiche Teilnehmerposition hatten, beurteilen (unaufgefordert) sowohl die Konfliktdarstellung als auch die Spielleistung der »Türken« als *authentisch*.

Entscheidender als Sprache scheint der erste Augenblick zu sein, in dem sich – vorsprachlich – entscheiden muss: Steht vor mir ein Freund oder ein Feind? Dieses »Abchecken« oder besser unbewusste Wahrnehmen einer fremden Person wird augenscheinlich von kulturellen Merkmalen mitbestimmt (etwa wie Körperzeichen bewertet werden). Wenn man sich – auf Grund welcher Fehlinterpretation auch immer – erst einmal verletzt hat, ist die Beziehung belastet und es bedarf einer Versöhnung, um sie konstruktiv weiterzuführen. Dies ist erfahrungsgemäß gerade für die Professionellen besonders schwierig, weil sie sich »auf der sicheren Seite« wähnen. Als Angehöriger der einheimischen Institution/Organisation fühlen sie sich meist a priori legitimiert, von dem anderen eine Entschuldigung zu verlangen, anstatt sie selbst zu geben. Hier wieder ein Beispiel aus einer Fortbildungsveranstaltung mit Polizeibeamten und Migranten. Berichtet wurde dort zunächst ein Fallbeispiel:

Eine Schwarzafrikanerin stammt aus Kenia (Vorurteil: dort ist die Polizei nicht demokratisch) und kann bei einer Kontrolle ihren Pass nicht vorweisen. Sie wird festgenommen und auf das Revier gebracht. Dort sagt sie aus, dass sie mit einem deutschen Mann verheiratet sei, dass zwei Kinder auf sie warteten und dass ihr Pass zu Hause liege. Sie wird, obwohl sie eigentlich von einer Frau durchsucht werden müsste, von einem Mann durchsucht. Ihr wird kein Grund für die Kontrolle genannt. Sie wird drei Stunden festgehalten.

Die Diskussion der Fallschilderung fokussierte immer wieder die Frage, ob das Verhalten der Beamten korrekt gewesen sei. Dabei formierten sich folgende Positionen:

Die eine Gruppe bestand aus Polizisten, die den Vorgang und ihre Kollegen verteidigten. Jede Fesselung sei mit Fluchtgefahr begründbar und der Polizist sei danach rechtlich sogar verpflichtet, eine Fesselung durchzuführen, da er sonst im Falle einer geglückten Flucht zur Verantwortung gezogen werde. Die Fesselung dürfe außerdem als Bestandteil der »Eigensicherung« durchgeführt werden. Eine genaue Überprüfung von Personalien dauere manchmal vier und mehr Stunden.

Die Migranten empörten sich alle über den geschilderten Fall, sie bildeten die zweite Gruppe. Sie gestanden zwar den Polizisten das Argument der »Eigensicherung« als Fesselungsgrund zu (»bisher habe ich geglaubt, das sei nur Schikane«), beanstandeten aber die Dauer der Festnahme und die Untersuchung einer Frau durch männliches Personal. Sie hinterfragten des weiteren, warum die Polizisten der Angabe der Betroffenen, sie sei Deutsche, nicht geglaubt hätten. Einige vermuteten, dass, wenn die Betroffene weißer Hautfarbe gewesen wäre, ihr geglaubt worden wäre und die Festnahme selber schon rassistisch motiviert gewesen sei.

Die dritte Gruppe bestand aus einigen Polizisten, die wiederum die Rechtfertigungen der Kollegen kritisierten, den Vorgang als krassen Verstoß einstuften und keine Legitimierung für diesen Fall gelten lassen wollten. Sie wiesen diesen Fall als »immer mal wieder vorkommenden Einzelfall« aus, verwahrten sich aber vor der Kritik, die Polizei sei generell rassistisch. Es wurde von ihnen erwähnt, dass man gegen dienstliche Vergehen rechtliche Schritte unternehmen könne und diese auch Konsequenzen für die Beamten hätten. Vollkommen unverständlich und von schlechtem Stil zeugte ihrer Meinung nach, dass nach allem Vorgefallenen der Betroffenen kein Wort der Entschuldigung entgegen gebracht wurde (aus dem Protokoll des teilnehmenden Beobachters: Büttner, Eilles-Matthiessen 2000).

Um Fremden ohne das Risiko einer unbeabsichtigten Verletzung zu begegnen, haben Menschen vielfältige vorsprachliche Übergangsrituale entwickelt, die helfen sollen, die bei der Begegnung mit Fremden nur schwer kontrollierbaren Affekte zu binden. Im Zusammenhang damit kann die Vorstellung eines intermediären Raumes der Begegnung hilfreich sein, in den beide Kommunikationspartner gewissermaßen von gegenüberliegenden Türen aus eintreten, um sich in der Art eines Transits bzw. eines transkulturellen Raumes zu begegnen (vgl. Kohte-Meyer 1993). In vielen pädagogischen Institutionen existieren solche realen Vorräume, deren Möglichkeiten in der beschriebenen Hinsicht jedoch ungenutzt bleiben. Man könnte auch mit einer Metapher beschreiben, dass Pädagogen am Beginn der Gestaltung von Beziehungen häufig eher »mit der Tür ins Haus fallen«, als den Prozesse sensibel zu gestalten. So halten es z.B. viele Pädagogen für selbstverständlich, dass der Klient ihnen vertrauen kann (»du brauchst doch keine Angst zu haben«). Umgekehrt wird die Frage aber gar nicht gestellt, ob auch sie dem Klienten vertrauen.

Die weitere Entwicklung der Beziehung wird davon abhängen, ob der Pädagoge den Klienten aus der Beziehung zu ihm sich entwickeln lassen kann, und zwar in einer Richtung, die pädagogisch nur schwer kontrollierbar ist. Neben der häufig anzutreffenden Überschätzung pädagogischer Effekte spielen hier auch narzisstische Motive eine große Rolle: Welche Bedeutung habe ich für meine Klienten? Möglicherweise wird diese umso größer eingeschätzt, je eindeutiger der Klient zur Spiegelung benutzt wird.

Auch in pädagogischen Arbeitsbeziehungen zu Kollegen kann sich die Problematik der Differenz zeigen. Pädagogische Einrichtungen legen in der Regel Wert auf ein verbindliches Konzept, alle gehen in der gleichen Weise vor. Kollegialität wird meist verbunden mit Vorstellungen von Kooperation, nach denen Andere so handeln, wie man selbst es tun oder von sich erwarten würde. Abweichungen verursachen oft eine Folge von Auseinandersetzungen, die über wechselseitige Abwertung bis zur Trennung führen können, ohne dass man hätte ausprobieren können, inwieweit Andersartigkeit von Vorteil für die Klienten wäre. Was in politischen Verhältnissen angestrebt wird, die »friedliche Koexistenz«, scheint für pädagogische Verhältnisse nicht tragbar: Wenn kollegiale Andersartigkeit zu dicht an die eigene Person rückt, mobilisiert sie den Anpassungsdruck oder die Feindseligkeit, die den Abstand wieder herzustellen versucht.

5.2 Arbeitskontext

Neben dem Setting spielt der Arbeitskontext eine wesentliche Rolle für die Bedeutung der Differenz in pädagogischen Verhältnissen. Dies lässt sich z. B. an der Organisation traditioneller Beschulung ablesen: Die Bildungsangebote sind dort auf Jahrgangsklassen bezogen, alle Schüler eines bestimmten Alters sollen das Gleiche lernen. Binnendifferenzierung ist nicht in erster Linie dazu da, den Einzelnen auf seinem individuellen Entwicklungsniveau abzuholen, sondern zu selektieren. Die pädagogische Unterstützung in individuellen Lernwegen ist eher die Ausnahme als die Regel.

Prüfungsleistungen, wie sie typischerweise in Bildungsinstitutionen gefordert werden, gehen von den gleichen Grundannahmen aus: Alle werden demselben Maßstab unterworfen, obwohl man schon lange weiß, dass Objektivität in der Leistungsbeurteilung eine Illusion ist. Selbst bei mathematischen Prüfungsinhalten, bei denen man ein Höchstmaß der Unabhängigkeit von der Person eines Prüfers erhofft, spielen Beziehungselemente eine Rolle. Erst mit der Anonymisierung – etwa bei Klausuren nach dem Prinzip des Zentralabiturs – scheinen Differenzen zur Selektion verobjektivierbar zu sein. Diese Art des Umgangs mit Klienten entzieht sich jedoch vollständig einer pädagogischen Beziehung. Pädagoge und Klient sind einer »dritten Macht« unterworfen, ihre gemeinsame Handlungsfähigkeit ist in dieser Situation auf Null reduziert. Nicht zufällig zählen Prüfungssituationen zu den besonders beängstigenden Momenten in Biographien. Dort wird man »nackt und bloß« mit Anforderungen konfrontiert, bei denen jede Hilfe verweigert ist, es geht ausschließlich um die Differenzen zwischen den Mitkonkurrenten.

In kollegialen Arbeitsbeziehungen kann sich Differenz ebenfalls zu einem gravierenden Problem ausweiten. Die Verpflichtung auf ein gemeinsames Konzept enthält ja auch die Hoffnung, dass jeder zu einem korporativen Ideal das Gleiche beitragen möge. Jemand, der zu wenig macht, zu unzuverlässig ist oder sonstwie von den durchschnittlichen Erwartungen abweicht, zieht sich leicht den Unmut der Kollegen zu. Umgekehrt erwecken allzu leistungsfähige Kollegen den Neid der Mittelmäßigen und können besonders Kollegen mit »nagenden« Minderwertigkeitsgefühlen dazu bringen, diese mit subtilen Mitteln aus dem Kollegium herauszudrängen, in dem sie sie mit Mitteln demontieren, die allgemein als Mobbing bezeichnet werden. So berichtet z.B. Regina Clos vom Scheitern eines ihrer Ansicht nach geglückten Versuchs, psychoanalytische Pädagogik in einer Sonderschule zu realisieren, der auf den Widerstand ihrer Kolleginnen stieß (vgl. Clos 1987).

Arbeitsverhältnisse sind in der Regel hierarchisch organisiert, d.h. sie drücken Differenz als eine Organisation von Machtverhältnissen aus. Entgegen der Hoffnung, eine »höhere Position« sei mit größerer Professionalität verbunden, erweisen sich Vorgesetzte in den »Niederungen« dessen, über das sie zu bestimmen haben, oft als besonders inkompetent, was die Folge hat, dass diese Differenz in den Bereich eines institutionellen Tabus verschoben wird. Von Vorgesetzten Hilfe zu erwarten, wenn man von anderen für kompetenter gehalten wird, kann sich deshalb als besonders gefährlich erweisen, weil damit die fachliche Legitimation von Machtpositionen bedroht erscheint. Auch hier ist aus der Sicht der unmittelbar die pädagogische

Dienstleistung Erbringenden schwer nachzuvollziehen, warum man von Vorgesetzten nicht die gleiche Qualifikation der Professionalität erwarten kann bzw. soll wie von seinesgleichen.

All diese Voraussetzungen zum Umgang mit Differenz betreffen Einheimische und Fremde gleichermaßen, sie lassen sich aber gegenüber den Fremden hemmungsloser inszenieren. Selbst gut gemeinte Integrationsversuche können in diesem Zusammenhang zum Gegenteil dessen führen, was man sich gewünscht hatte:

> Ein Verkehrsunfall zwischen einem Ausländer und einem Deutschen, der den Unfall verursacht hat: Der hinzugerufene Polizeibeamte vermutet, dass er von dem Deutschen (schon allein sprachlich) eine schnellere und klarere Auskunft bekommen werde als von dem Ausländer (der Deutsch nur schwer verständlich spricht, ihm deshalb eine anstrengende Übersetzungsarbeit abverlangt und möglicherweise in den Augen des Beamten allzu wortreich artikuliert). Er fragt daher zunächst den Deutschen, was aber der Ausländer als Kollaboration wahrnimmt und sich schlecht behandelt bzw. »über den Tisch gezogen« fühlt, wohingegen der Beamte dem Ausländer ja gerade durch eine detaillierte Aufklärung des Sachverhaltes entgegen kommen möchte.

Da in den meisten pädagogischen Settings der unmittelbare Arbeitskontext aus Gruppen- und Intergruppenbeziehungen besteht und vom Berufsbild her Gruppenarbeit mit den Klienten vorausgesetzt wird, sind Pädagogen damit konfrontiert, wie sich ihre Position zur Differenz nach der Klientenseite ebenso wie nach der Seite ihres kollegialen Arbeitskontextes hin auswirkt.

5.3 Voraussetzungen ethnorelativer Handlungsoptionen

Differenzerfahrungen können dort besonders belastend werden oder sein, wo enge Beziehungen die Interaktionspartner dazu drängen, sich für die einen oder anderen kulturellen Identitätsanforderungen zu entscheiden. Dies trifft nicht nur für Migranten zu, sondern in stärkerem Maße für deren Kinder, die in der neuen und für die Eltern meist fremd bleibenden Heimat aufwachsen. Sie fühlen sich einerseits ihrer familiären Herkunft verpflichtet oder werden von Familienmitgliedern bedrängt, sich ethnisch-familiär loyal zu verhalten. Andererseits begreifen sie die neue Heimat als ihre Lebenswelt und müssen oder wollen auch ihr gegenüber loyal sein bzw. bleiben.

Dass es um viel weiter gehende Merkmale von Differenzerfahrungen zwischen der familiären Herkunft und der aktuellen Lebenswelt geht, zeigt eine Studie zur Selbstvergewisserung von Jugendlichen mit Migrationshintergrund (vgl. Badawia 2002). Mit der Metapher des »dritten Stuhls« versuchen sie zum Ausdruck zu bringen, dass für sie die Auflösung der Spannung aus diesen Differenzerfahrungen in einem dritten Weg einer – wie es Fakhri Khalik (1998) nennt – synthetischen Identität besteht. Mit der Metapher des dritten Stuhls eröffnet sich für die Jugendlichen eine Handlungsoption, die sie von dem Dilemma sich widersprechender Loyalitäten befreit, den

Interaktionspartnern allerdings etwas ganz ähnliches abverlangt wie Kinder ihren Eltern: Ich bin nicht wie Vater, und ich bin nicht wie Mutter, ich bin ich, etwas Neues, etwas Anderes.

Es bleibt das Problem der Kontaktaufnahme, des ersten Eindrucks. Überall dort, wo sich Menschen begegnen, ohne zu wissen, was sie erwartet, beinhaltet der erste Moment der Begegnung die (für viele Menschen bange) Frage: Wie wird sich die Beziehung entwickeln, freundlich oder feindselig? Hans-Georg Trescher und Urte Finger-Trescher erläutern im Zusammenhang mit der »Optimalstrukturierung« für pädagogisches Handeln die Funktion des »Haltens« und der Dreiecks-Struktur, die es dem Kind ermöglicht, »gut« und »böse« als gleichermaßen akzeptable Gefühlsqualitäten für jede Art von Beziehung zu integrieren anstatt abzuspalten (etwa mit dem Mittel der Projektion):

> »Das Kind kann seine gute Beziehung zum Vater aufrechterhalten und damit auch sein positives Selbstbild, wenn es in einem Konflikt mit der Mutter von Hass und ›bösen‹ Gefühlen überschwemmt wird. Diese werden gleichsam neutralisiert. Ich- und Selbstrepräsentanz bleiben unbeschädigt, der Hass auf die ›böse‹ Mutter und die Liebe zur ›guten‹ Mutter werden nun nicht mehr als alternierende, einander ausschließende Erlebnisdimensionen erfahrbar, sondern als Anteile der libidinösen Beziehung dieses Kindes zu dieser bestimmten Mutter erlebt« (Trescher, Finger-Trescher 1992, 96).

Leider muss man davon ausgehen, dass dieses idealtypische Modell in der Lebenswirklichkeit nur in seltenen Fällen anzutreffen ist. Besonders ängstliche Kinder, denen noch keine oder nur sehr geringe Rationalisierungsmöglichkeiten, etwa über die kognitive Beschäftigung mit interkulturellen Differenzen, zur Verfügung stehen, werden durch die Beschwichtigung, keine Angst (vor ihren »bösen« Gefühlen) haben zu müssen und ihrem Gegenüber trauen zu können, meist noch ängstlicher bzw. misstrauischer. Eine interessante methodische Variante, den Zwischenraum zwischen einem solchen Kind und einem Erwachsenen zu überbrücken, ist von Winnicott mit der Schnörkelmethode beschrieben worden:

> »... ich mache irgendeine Art impulsiver Linienzeichnung und fordere das Kind, mit dem ich das Interview durchführe, auf, etwas daraus zu machen, und dann zeichnet es einen Schnörkel für mich, damit ich meinerseits etwas daraus machen kann« (Winnicott 1960, 201).

Der Schnörkel (oder auch die Gestalt der Linie), der vom Interaktionspartner aufgegriffen und/oder weitergeführt wird, schafft eine Art vorsprachlicher, symbolischer Kommunikation. Diese Methode »gebiert« möglicherweise nicht nur abstrakte Verbindungen, sie kann auch Anhaltspunkte darüber geben, wie sich die Beziehung weiterentwickeln wird. Sie ist im Zusammenhang mit dem Übergang zum Fremden deshalb von Vorteil, weil sie in der Herstellung von Beziehung nicht-sprachliche Kompetenzen voraussetzt. Sie stellt einen intermediären Raum dar und ist in der

Gestalt der Zeichnung gleichzeitig ein Bindungsangebot, vergleichbar einem Übergangsobjekt.

Die Zusammenführung der Konzepte Differenz, dritte Position und Übergangsobjekt ermöglicht Handlungsoptionen, welche die eigene Position, die fremde Position und ein gemeinsames Drittes enthalten: Differenz und die Notwendigkeit, im Dialog zu einer Synthese zu finden, wenn die Partner interkultureller Begegnungen sich nicht auf Anhieb und gemeinsam dem einen oder anderen Referenzsystem zuordnen lassen.

Teilt man Bennetts eingangs beschriebene Befürchtung, dass die Menschen nicht nur in historischen Zeiträumen, sondern auch hier und heute mehr dazu neigen, das Fremde, das Differente zur Anpassung zu zwingen oder unerbittlich zu bekämpfen, als sich mit ihm um eine von beiden Seiten aktiv gestaltete Integration zu bemühen, dann macht es auch in den alltäglichen interkulturellen Begegnungen wenig Sinn, eine multikulturelle Synthese zu suchen. Umgekehrt kann eine solche Synthese wahrscheinlich umso besser gelingen, je mehr man in den Rahmenbedingungen pädagogischer Arbeit von »Kolonialisierungsversuchen« abrückt – so gut begründet diese auch sein mögen. Das Anlegen der von Bennett beschriebenen interkulturellen Kriterien etwa an die Forderung westlicher Industriestaaten, die nicht-demokratische Welt möge sich demokratisieren, notfalls mit Hilfe von Krieg, macht deutlich, dass es für interkulturelle Integration nicht nur persönlicher, sondern auch und gerade politischer Anstrengungen bedarf.

Am Anfang steht der Dialog zwischen dem vertrauten und dem fremden Klienten oder der Gruppe – mit welchen Mitteln auch immer. Daraus folgt, dass die anfängliche Sprachlosigkeit und die Unbewusstheit überwunden werden müssen, und wenn Ängste »den Mund verschließen«, wäre es förderlich, Räume zu schaffen, in denen von den pädagogischen Fachkräften *und* den Klienten sowohl diese Angst als auch der Kontext verstanden werden können, mit dem die Angst begründet wird. Aloys Leber hat in seinem Konzept des fördernden Dialogs diese Haltung pädagogischer Professionalität so formuliert:

> »Verstehen heißt, aus der Teilhabe an der vom Partner gestalteten Szene wahrzunehmen, was der andere emotional bei ihm auslöst, und gleichzeitig über entsprechende ›lebenspraktische Vorannahmen‹ allmählich herauszufinden, um welche frühen Erlebniskonstellationen, um welche Lebensthematik, um welches Leiden es sich handeln könnte. Die Antwort, der Beitrag des helfenden Partners besteht dann darin, das, was er selbst in Bezug auf seine Person verstanden hat, in eine Antwort im Rahmen des Dialogs einzubringen. Dabei kommt es darauf an, dass er vorsichtig abschätzt, was er dem Anderen hier und jetzt zumuten darf, damit dieser auch das aufnehmen und für sein eigenes Problemverständnis, ja für die Problemlösung verwenden kann, er etwas weniger Angst hat, sich weniger schämen muss, sich mit seinen Kränkungen und bisher geheimen Wünschen zu konfrontieren wagt und, was er an Überwältigendem bisher aus seinem bewussten Erleben ausgeschlossen hat, allmählich zulassen und bemeistern lernt« (Leber 1991, 56).

Die Gestaltung des Dialogs, Trialogs bzw. der Kommunikation in Gruppen setzt voraus, dass man sich wenigstens seiner Rolle hinsichtlich der Differenzwahrnehmung bewusst ist, selbst wenn man dem Ideal der ethnorelativen Haltung nicht genügen kann. Je mehr man aber versucht, auf den Prozess der Gruppe Einfluss zu nehmen, etwa im Hinblick auf eigene Integrationsziele und den Weg dorthin, desto mehr bietet man der Gruppe bewusst oder unbewusst an, dass man sich im Hier-und-Jetzt nach normativen und damit ethnozentrischen Kriterien zu verhalten hat. Auch hier ist die Balance zwischen einer die Kommunikation der Gruppenmitglieder untereinander fördernden Haltung und der ethnorelativen Forderung gefragt, Differenzen in Gruppen akzeptieren zu lernen – selbst wenn dabei Beziehungen zwischen Menschen entstehen, die sich letztlich »nur« respektieren.

Ein letzter Gedanke betrifft die kulturellen Referenzsysteme. Sie sind ja nicht nur etwas mehr oder weniger abstrakt Gesellschaftliches. Sie schlagen sich höchst konkret in den professionellen Rahmenbedingungen pädagogischer Einrichtungen und den Erinnerungen und Erwartungen der zugewanderten Menschen nieder, in Leitlinien, Konzepten, Arbeitsanweisungen oder Plänen bzw. Einstellungen und Haltungen gegenüber Kindern und Jugendlichen. Diese sind immer direkt oder indirekt auf politische Vorgaben bezogen, die nicht unmittelbar am Ort der Pädagogik geändert – wenngleich abgemildert – werden können. Welche Art von Integration mit welcher Belastung durch Differenz möglich ist, bestimmt sich nicht allein nach den Personen, sondern auch und gerade durch die zugelassenen oder verbotenen Verhältnisse des Eigenen zum Fremden. Die »Arbeit am Rahmen« ist deshalb ebenso wichtig wie die Arbeit an der eigenen Person.

Literatur

Badawia, T. (2002): Der dritte Stuhl. Iko-Verlag für Interkulturelle Kommunikation: Frankfurt/M.

Bennett, M. (2002): In the wake of September 11. In: Leenen, R. (Ed.): Enhancing intercultural competence in police organizations. Waxmann: Münster, 23-42

Brisch, K. (1999): Bindungsstörungen. Von der Bindungstheorie zur Therapie. Klett-Cotta: Stuttgart

Büttner, Ch. (1985): Mit den Wölfen heulen. In: Jahrbuch der Kindheit, Bd. 1. Beltz: Weinheim, 129-140

Büttner, Ch., Eilles-Matthiessen, C. (2000): Polizei in einer multikulturellen Gesellschaft. Das Frankfurter Trainingskonzept des EU Projektes »NGOs and Police Against Prejudice«. In: Polizei & Wissenschaft 2/2000, 39-51

Büttner, Ch., Kohte-Meyer, I. (2002): Am wichtigsten die Sprache ... Erkundungen zur Bedeutung von Sprache im Migrationsprozess. HSFK-Report 11/2002

Büttner, Ch., Kunz, Th., Nagel, H. (2004): Ankommen in Frankfurt. Orientierungskurse für Zuwanderer. HSFK-Report 8/2004

Clos, R. (1987): Wer braucht eine Monsterschule? In: Reiser, H., Trescher, H.-G. (Hrsg.): Wer braucht Erziehung? Impulse der Psychoanalytischen Pädagogik. Grünewald: Mainz, 19-38

Erdheim, M. (1997): Die gesellschaftliche Produktion von Unbewußtheit. Fischer: Frankfurt/M.

Erdheim, M. (1990): Aufbruch in die Fremde. Der Antagonismus von Kultur und Familie und seine Bedeutung für die Friedensfähigkeit der Individuen. In: Steinweg, R., Wellmann, Ch. (Hrsg.): Die vergessene Dimension internationaler Konflikte: Subjektivität (Friedensanalysen 24). Suhrkamp: Frankfurt/M., 93-123

Khalik, F. (1998): Migration und Identität. In: Büttner, Ch., Finger-Trescher, U., Grebe, H. (Hrsg.): Brücken und Zäune. Interkulturelle Pädagogik zwischen Fremdem und Eigenem. PsychosozialVerlag: Gießen, 121-132

Kohte-Meyer, I. (1993): »Ich bin fremd, so wie ich bin.« Migrationserleben, Ich-Identität und Neurose. In Streeck, U. (Hrsg.): Das Fremde in der Psychoanalyse. Erkundungen über das »Andere« in Seele, Körper und Kultur. Pfeiffer: München, 119-132

Leber, A. (1991): Zur Begründung des fördernden Dialogs in der psychoanalytischen Heilpädagogik. In: Iben, G. (Hrsg.): Das Dialogische in der Heilpädagogik. Grünewald: Mainz, 41-61

Thomas, A. (2003): Interkulturelle Kompetenz – Grundlagen, Probleme, Konzepte. In: Erwägen – Wissen – Ethik (EWE) 14 (Heft 1), 137-150

Trescher, H.-G., Finger-Trescher, U. (1992): Setting und Holding-Function. Über den Zusammenhang von äußerer Strukturbildung und innerer Struktur. In: Finger-Trescher, U., Trescher, H.-G. (Hrsg.): Aggression und Wachstum. Grünewald: Mainz, 90-116

Varro, G., Gebauer, G. (1997): Zwei Kulturen – eine Familie. Paare aus verschiedenen Kulturen und ihre Kinder, am Beispiel Frankreichs und Deutschlands. Leske und Budrich: Opladen

Winnicott, D. W. (1960): Reifungsprozesse und fördernde Umwelt. Fischer: Frankfurt/M. 1984

Wulf, Ch. (1999): Der Andere: Perspektiven zur interkulturellen Bildung. In: Dibie, P., Wulf, Ch. (Hrsg.): Vom Verstehen des Nichtverstehens. Ethnosoziologie interkultureller Begegnungen. Campus-Verlag: Frankfurt/M., 61-75

Ethnopsychoanalytische Erfahrungen in Guatemala:

Über das Lehren und Lernen von interkultureller Kommunikation und die Bedeutung der Ethnopsychoanalyse für die Pädagogik

Elisabeth Rohr

Guatemala erscheint Fremden als Inbegriff eines exotischen und paradiesisch anmutenden Landes, bevölkert von bunt gekleideten Mayas, die einem lächelnd und freundlich auf den allseits beliebten Touristenpfaden in Antigua, am Atitlansee oder in Tikal begegnen. Von Touristen und der Weltöffentlichkeit wenig wahrgenommen wurde dagegen ein 36 Jahre währender Bürgerkrieg[1], der erst 1996 mit einem durch die Vereinten Nationen initiierten Friedensabkommen zu Ende ging. Seit dieser Zeit engagiert sich die seit vielen Jahren in Guatemala tätige Gesellschaft für Technische Zusammenarbeit (GTZ) in besonderem Maße mit einem differenziert angelegten entwicklungspolitischen Programm, um die Guatemalteken in ihrem schwierigen und konfliktreichen Friedens- und Versöhnungsprozess zu begleiten und zu unterstützen (Duque 2005). In einem multiethnisch[2] und multilingual[3] geprägten Land zu arbeiten, das noch heute unter den Langzeitfolgen eines brutalen Krieges leidet und dessen Bevölkerung in großen Teilen als traumatisiert anzusehen ist, bedeutet auch in der konkreten Projektarbeit mit vielfältigen Nachwirkungen des Krieges konfrontiert zu werden. Denn nicht nur in den zumeist multiethnisch und international zusammengesetzten Projektteams spiegeln sich die sozialen Verwerfungen, die der Krieg erzeugt

[1] In Guatemala spricht man von einem bewaffneten Konflikt und nicht von einem Bürgerkrieg, um zu verdeutlichen, dass die kriegerische Aggression von der Armee und nicht von der Bevölkerung ausging. Die Bilanz dieses Krieges: mehr als 150.000 Tote, 1 Million Vertriebene, 45.000 Verschwundene und 626 Massaker. Er hat unsägliches Leid über die Menschen gebracht, wobei die Langzeitfolgen heute allenthalben zu spüren und zu erleben sind und zwar in Form von familialer Gewalt, bestialischen Morden an Frauen, einer extrem angestiegenen Kriminalität, einer hohen Anzahl von Lynchmorden etc. (Informationsdienst: Fijáte, Nr. 328 vom 16. Feb. 2005).

[2] Die Bevölkerung Guatemalas besteht zu über 60% aus indianischen Völkern, aus über 30% sogenannten Ladinos (Mestizen) und einigen wenigen sogenannten Weißen (spanischen Nachfahren) und einigen Schwarzen an der Küste zu Belize.

[3] Alleine innerhalb der überwiegend Maya-stämmigen indianischen Bevölkerung werden 22 verschiedene indianische Sprachen gesprochen.

hat, wider, sondern vor allem auch in der Arbeit vor Ort, wo es nicht immer gelingt und auch nicht möglich ist, klar zwischen Opfern und Tätern zu unterscheiden[4] und der Friedens- und Versöhnungsauftrag überdies vorsieht, sowohl mit Tätern wie mit Opfern zu arbeiten (Duque 2005).

Eine der vielleicht größten Herausforderungen in diesen Projekten liegt jedoch in der Tatsache begründet, dass in Guatemala wenige Traditionen multiethnischer und d.h. interkultureller Kooperations- und Kommunikationsformen existieren. Schließlich waren alle Beziehungen zwischen der indianischen Bevölkerungsmehrheit und den sogenannten Ladinos (Mestizen) bis weit ins 20. Jahrhundert hinein nicht nur kolonialistisch, sondern zugleich von einer bis an die physische Vernichtung heranreichenden ausbeuterischen Gewalt geprägt. Erst seit Kriegsende sind durch massiven internationalen Druck der vielen im Land tätigen Non-Government-Organizations (NGO) indianische Bevölkerungsgruppen in den politischen, sozialen, pädagogischen und psychosozialen Wiederaufbau- und Versöhnungsprozess eingebunden worden. Interkulturelle Kooperation und Kommunikation ist von daher eine neue und ungewohnte Erfahrung in Guatemala, obwohl der Begriff »Interkulturalität« mittlerweile fast schon zu einem geflügelten Wort mutiert und zu politisch wohlfeiler Rhetorik verkommen ist, die ohne größere Widerstände selbst konservativen Regierungsmitgliedern frei und flüssig aus der Feder und der Rede rinnt und doch, trotz alledem, vielfach ein Fremdwort geblieben ist.

Diesem Ziel, interkulturelle Kommunikation zu verbessern und Möglichkeiten zu bieten, sich intensiver damit auseinander zu setzen und sich interkulturelle Kompetenz anzueignen, diente auch der Workshop, den ich auf Einladung der GTZ im Januar 2005 in Guatemala durchführte.

Etwa 15 GTZ-Mitarbeiterinnen und Mitarbeiter nahmen daran teil, darunter Frauen und Männer aus europäischen wie zentralamerikanischen Ländern, wobei die Mehrheit allerdings aus Guatemala selbst kam und aus Ladinos und aus Angehörigen verschiedener indianischer Völker bestand.

1. Kulturelle Imagines in der Begegnung mit Fremdem

Die grundlegende und auf einigen zentralen Thesen der Ethnopsychoanalyse aufbauende Idee des Workshops war die Vorstellung, die kulturellen Übertragungen[5] der Teilnehmerinnen und Teilnehmer als Ansatzpunkt eines interkulturellen Lernprozesses zu nutzen. Ziel war es mithin, Manifestationen kultureller Übertragungsmuster in

---

[4] So haben sich indianische Witwen aus Überlebensnot mit Männern liiert, die bekanntermaßen im Dienste der Armee an Massakern beteiligt waren, und nun beantragen beide Entschädigung. Mit solchen Fällen sind Projektmitarbeiter ständig konfrontiert.

[5] Damit gemeint sind unbewusste Bilder, aus historischen und sozialen Erfahrungen gespeist, die sich in der Begegnung durch gegenseitige Zuschreibungen manifestieren und Interaktion wie auch Kommunikation weitestgehend bestimmen (Vgl. Nadig 1986).

den jeweils unterschiedlichen kulturspezifischen Umgangsformen zwischen Weißen und Mestizen, Mestizen und Indigenen und zwischen Angehörigen der eigenen Ethnie erkennbar werden zu lassen, zu thematisieren und zu reflektieren (Nadig 1986, 50).

Begonnen wurde – nach den anfänglich üblichen Preliminarien eines Workshops – mit einer theoretischen Einführung in das Thema der interkulturellen Kommunikation und zwar fokussiert auf die Frage: »Wie und warum entstehen Konflikte in der interkulturellen Kommunikation?« Ausgehend von den ethnopsychoanalytischen Überlegungen Devereux' (1976) und Nadigs (1986) standen im Mittelpunkt der theoretischen Erläuterungen die analytische Betrachtung der »Begegnung mit dem Fremden« und die in dieser Begegnung auftauchenden Emotionen. Devereux (1976) hatte ja als einer der ersten darauf verwiesen, dass die Konfrontation mit Fremdheit paradoxe Empfindungen von Angst und Faszination auslöst (vgl. Rohr 1983). Er begründete dies mit dem Hinweis, dass jede Kultur das gleiche psychische Material auf verschiedene Weise behandelt: »Die eine unterdrückt es, eine andere begünstigt seine offene, manchmal sogar übermäßige Ausprägung, wieder eine andere duldet es als zuverlässige Alternative, sei es für alle, sei es nur für eine bestimmte über- oder unterprivilegierte Gruppe usw.« (1976, 67). Die Konfrontation mit Fremdem zwingt deshalb dazu, Material zu beobachten, das in der autochthonen Kultur (Familie, Ethnie etc.) verdrängt wird. »Diese Erfahrung löst nicht nur Angst aus, sondern wird zugleich als ›Verführung‹ erlebt« (Devereux 1976, 67). Das Auftauchen von Angst und Verführung in der Begegnung mit Fremdem (d.h. nicht nur mit kulturell Fremdem, sondern mit allem, was unvertraut, neu und unbekannt ist) ist dabei zugleich als Hinweis auf regressive Prozesse zu verstehen, die Devereux zufolge nicht nur für Wahrnehmungsverzerrungen, sondern vor allem für Störungen bei der Wahrnehmung und Deutung von Daten, Situationen und Mitteilungen verantwortlich zu machen sind. Denn »der Mensch reagiert auf die Stummheit der Materie mit Panik« (Devereux 1976, 55). Anders formuliert heißt dies: Nichtverstehen und das damit verbundene Erleben von Beziehungslosigkeit löst panikartige Reaktionen aus. Diese Panik verleitet dann in der Folge dazu, auf phantasierte, magische, halluzinatorische oder schlichtweg erfundene Antworten und Deutungen zurückzugreifen, um Angst und überwältigenden Gefühlen des Nichtverstehens zu entkommen.

Ausprägungen dieser Panikreaktionen sind kulturell in allen Gesellschaften in unterschiedlicher Form verankert, oftmals eingebettet in einen gesellschaftlich legitimierten Rassismus, in offene oder versteckte Diskriminierung, in Xenophobie, auch in subtil verborgenen, latenten Vorurteilen und generell in kulturspezifischen Imagines. Aus diesen Panikreaktionen lassen sich kulturspezifische Umgangsformen mit dem jeweils fremden Anderen und damit auch kulturelle Übertragungsmuster heraus destillieren.

Mit diesen kulturspezifischen Imagines sollten sich die Workshopteilnehmer nun in einer Kleingruppenarbeit beschäftigen und vertraut machen, ihre Ergebnisse auf Flipchart festhalten und später im Plenum präsentieren. Die Anweisung sah vor, dass in den Kleingruppen eine Verständigung über »kulturspezifische Imagines« der jeweils anwesenden Anderen stattfinden sollte, wobei auf Figuren aus populären

Liedern sowie auf umgangssprachliche Begriffe, Aussagen, Metaphern und Bilder zurückgegriffen werden konnte.

Die Arbeit in den Kleingruppen erwies sich als außerordentlich produktiv und zugleich in hohem Maße lustvoll. Seiten um Seiten füllten sich mit Begriffen, Wortspielen und bildreichen Metaphern, die Einfälle nahmen kein Ende, und immer wieder wurde noch eine weitere Ausdrucksweise gefunden, die unbedingt auf das Flipchart gebannt werden musste. Große Heiterkeit breitete sich allenthalben aus, so als sei es ein außerordentlich befreiender Akt, über die ansonsten eher verpönten und sozial tabuisierten Bilder und Ausdrücke sprechen zu dürfen, sich ohne Rückhalt, ohne Hemmung und ohne Angst vor Sanktionen, quasi in aller Öffentlichkeit, darüber zu verständigen und sie sogar schriftlich zu fixieren, um sie dann unter erneutem Gelächter allen Anwesenden zu präsentieren und im Detail zu erläutern.

Deutlich wurde am Schluss, dass viele der z.B. von indianischen Völkern in Guatemala für Ladinos und Weiße gebrauchten Begriffe diesen selbst nicht vertraut und auch die für Deutsche benutzten Bilder diesen nicht bekannt waren. Die Metaphern reichten dabei von »ihr seid wie Kartoffeln ohne Salz« für Deutsche über »sei kein Indio« bis hin zu »du arbeitest wie ein Neger« für die Beschimpfung von Ladinos untereinander. Unbekannt war auch, dass Mayas andere indianische Völker gerne als »Lacandona« (ein in Yucatan lebendes Maya-Volk, das als rückschrittlich gilt) beschimpfen, wenn es gilt, andere herabzusetzen und sich selbst als Überlegene darzustellen. Aus diesen ausnahmslos derogativen Bildern – die Deutschen waren fade, indianischer Abstammung zu sein schien eine Schande, und Schwarze waren langsam und faul – erschlossen sich entsprechende kulturelle Übertragungsmuster und damit verbundene kulturspezifische Umgangsformen: Deutschen musste man demzufolge überhaupt erst einmal Leben und Vitalität einhauchen, um sie als vollwertige Menschen anerkennen zu können, und indianische Völker und Schwarze galten den Bildern zufolge als rückständig, und ihnen musste deshalb sowohl Anstand und Moral, wie auch Fleiß und Zielstrebigkeit beigebracht werden. Mit einem Wort, sie galt es zu zivilisieren, bevor sie als Menschen anerkannt und behandelt werden konnten. Diese kulturellen Imagines prägten nicht nur die Wahrnehmung, sondern zugleich das Verhalten, das sich sowohl in einer spezifischen Erwartungshaltung wie auch in einem spezifischen Habitus niederschlug. Die Vorstellung von den faden Deutschen erzeugte z.B. eine Haltung lauter zu sprechen, mehr zu gestikulieren, Witze zu machen, zu provozieren, also generell zu versuchen, sie aus der Reserve zu locken.

An der Analyse dieser kulturellen Imagines und Begriffe, die natürlich auch in Guatemala weder ständig im Munde geführt werden, noch den Alltagsdiskurs beherrschen, konnte leicht deutlich gemacht werden, wie sehr diese Vorstellungen die Begegnung mit dem jeweils Anderen unbewusst beeinflussen und in Teilen sogar bestimmen. Dabei ließen die Bilder keinen Zweifel daran, dass es sich hier nicht nur um interkulturelle Übertragungen handelte, sondern auch um soziale Diskriminierungsmuster, die in der gleichen ethnischen Gruppe, im gleichen sozialen Milieu zur Anwendung kamen. Sie gewinnen allerdings besonders in der interkulturellen Situation auf Grund unterschwelliger rassistischer Konnotationen eine dramatisierte Bedeutung, sind aber in jeder als fremd oder als unvertraut erlebten Situation latent immer vorhanden. Dies gilt z.B. auch für die pädagogische Praxis, wo professionelle Standards sozialpädagogischer oder sozialarbeiterischer Erziehungsvorstellungen oft nur schwer vermittelbar sind an ein Klientel, das sich nicht nur durch die entsprechenden pädagogischen Interventionen bevormundet fühlt, sondern darüber hinaus auch konfrontiert sieht mit unausgesprochenen bürgerlichen Moralansprüchen, die ihm schon immer fremd waren und es, trotz aller pädagogischen Bemühungen, auch bleiben. Spielen also in vielen der gutgemeinten sozialpädagogischen Handlungsanweisungen vielleicht ähnlich unbewusste »kulturelle« Übertragungen eine Rolle, so wie sie in den zuvor beschriebenen Bildern über die »unanständigen« Indigenen und die »faulen« und »langsamen« Schwarzen zum Ausdruck kamen?

2. Wahrnehmungsstörungen und Wahrnehmungsverzerrungen

Im Workshop in Guatemala ging es nun in einem nächsten Schritt darum, sowohl die theoretischen Erläuterungen zur interkulturellen Kommunikation wie auch die aus der Gruppenarbeit resultierenden Erfahrungen weiter zu vertiefen. Dazu sollten sich die Workshopteilnehmer in drei Gruppen über Erlebnisse aus ihren jeweiligen Arbeitsbereichen verständigen, die sie nachhaltig irritiert hatten, weil es zu gravierenden Missverständnissen und Fehleinschätzungen auf Grund von Wahrnehmungsstörungen und Wahrnehmungsverzerrungen gekommen war. Jeweils ein Beispiel aus jeder Gruppe sollte exemplarisch und ausführlich erzählt und später in Form einer supervisorischen Reflexion mit der Gesamtgruppe bearbeitet werden.

Diese drei Fallbeispiele möchte ich nun im Detail darstellen, um sie anschließend einer ethnopsychoanalytischen Interpretation und Auswertung zu unterziehen und an ihnen exemplarisch die Nutzbarmachung der Ethnopsychoanalyse für den psychoanalytisch-pädagogischen Verstehensprozess deutlich machen.

2.1 Erstes Fallbeispiel: Arbeitserfahrungen in Chile

Eine schon länger für die GTZ tätige Europäerin erzählt, wie sie vor vielen Jahren und nachdem sie im Auftrag der Vereinten Nationen schon fünf Monate in Chile arbeitete und lebte, am Jahrestages des Putsches gegen Allende in eine riesige Menge von Pro-Pinochet-Demonstranten geriet, welche die Straßen blockierten und sie fast davon abhielten, bis zu ihrem Büro vorzudringen. Endlich dort angekommen, stürmt sie in ihr Büro und schreit laut, voller Empörung: »Es gibt so viele Pinochistas!« Eisiges Schweigen schlägt ihr entgegen und sie begegnet einer versammelten Phalanx entsetzter und feindseliger Blicke. Sie erstarrt, bleibt unschlüssig stehen, fühlt sich plötzlich sehr verunsichert und weiß die Situation nicht zu deuten. Schließlich flüstert eine der anwesenden Frauen, ihre Sekretärin, leise und verschämt: »Ich bin hier die Einzige, die keine Pinochista ist.«

Die UN-Mitarbeiterin realisiert mit einem Schlage eine für sie relativ schreckliche Wahrheit: Bis zu diesem Zeitpunkt waren ihr, trotz aller engen und auch guten

Zusammenarbeit, die politischen Einstellungen ihrer Mitarbeiterinnen nicht nur gänzlich verborgen geblieben, sondern sie war wie selbstverständlich davon ausgegangen, dass in Chile nach wie vor eine Mehrheit Pinochet gegenüber äußerst kritisch eingestellt war, so wie es auch für sie selbst galt. Die Einsicht in die Tatsache, dass bis auf eine sämtliche ihrer Mitarbeiterinnen »Pinochistas« waren, kam für sie wie ein Schock, der sie tief erschütterte und sie an ihrer UN-Mission zweifeln ließ. Sie brauchte Monate, um diese Erkenntnis zu verdauen und damit leben und arbeiten zu lernen. Doch schließlich half ihr die Entdeckung dieser Wahrnehmungsverzerrungen, politische und gesellschaftliche Realitäten zu erkennen, die ihr bisher entgangen waren, und zwang sie dazu, sich damit auseinander zu setzen, so schmerzhaft dies auch war. Denn im Nachhinein wurden ihr nun viele Bemerkungen ihrer Mitarbeiterinnen bewusst, die ihr allesamt rätselhaft vorgekommen waren und die sie nicht einzuordnen wusste. Nun aber gelang es ihr, Hintergründe zu erkennen und deutlicher als bisher die Zielsetzungen ihres Auftrags klar und unmissverständlich zu formulieren. Diese neu gewonnene Klarheit und diese neuen Realitäten halfen ihr letztlich, ihre Arbeit effektiver zu gestalten und der Realität angemessenere Arbeitsbeziehungen zu ihren Mitarbeiterinnen aufzubauen.

2.2 Das zweite Fallbeispiel: Ein Ladino in einer indianischen Schule

Ein Ladino und angehender Lehrer hatte vor vielen Jahren entschieden, aus politischer Überzeugung und um seinen antirassistischen Einstellungen auch Taten folgen zu lassen, sein Referendariat in einer indianischen Schule auf dem Land zu absolvieren. Er fühlte sich dort auch sehr wohl, kam mit der indianischen Schülerschaft und den Eltern sehr gut klar und war schließlich stolz, das Referendariat so erfolgreich abgeschlossen zu haben. Zum Abschied schenkten die Kinder ihm ein Fest, das sie selbst organisierten und zu dem auch die Eltern eingeladen waren. Von ihm erbaten sie, außer seiner Teilnahme, nur einen kleinen Beitrag in Form eines Vortrages, eines Gedichtes, eines Liedes, was auch immer er anzubieten habe. Ihm fiel zunächst nichts ein, doch dann dachte er an ein Gedicht, das er auf seiner letzten Geburtstagsfeier im Kreise seiner Familie und seiner Freunde vorgetragen und das bei den Gästen unerwartet viel Beifall hervorgerufen hatte. Dieses Gedicht, so dachte er, würde er auch bei seinem Abschiedsfest vortragen.

Der Tag des Abschieds kam, die Kinder waren aufgeregt, hatten alles vorbereitet, alle Eltern kamen, es nahte der Augenblick für seinen Auftritt. Er trat vor die versammelten Schülerinnen und Schüler, vor die Eltern und begann mit seinem Gedicht. Alsbald bemerkte er ungläubiges Entsetzen in den Gesichtern vor ihm, manche Eltern schienen förmlich in ihren Sitzen zu erstarren, dann standen die ersten auf und verließen den Saal, bis schließlich alle gingen und nur noch die Kinder da saßen, mit tief gesenkten Köpfen. Niemand wagte, ihm in die Augen zu schauen. Leise gingen dann auch die Kinder, eines nach dem anderen. Er stand dort alleine, tief bestürzt, während ihm langsam dämmerte, was er angerichtet hatte.

Das Gedicht handelte von einem indianischen Liebespaar, das sich im Park traf und dessen offensichtliche Verliebtheit Strophe für Strophe immer weiter in den Schmutz gezogen wurde, bis die beiden schließlich wie Tiere erschienen, die in wilder Gier und in aller Öffentlichkeit übereinander herfielen, ohne in der Lage zu sein, ihre Triebe zu zügeln und Anstand zu wahren.

Obwohl dieser Vorfall nunmehr schon mehr als 20 Jahre zurücklag, war die Scham geblieben und die Frage, wie ihm das damals nur hatte passieren können. Seine Wahrnehmungsstörung war, ohne Zweifel, massiv gewesen und hatte dazu geführt, dass er die jeweils unterschiedlichen kulturellen Kontexte, in denen er das Gedicht vortrug, innerlich nicht mehr zu differenzieren wusste. Er fühlte sich wohl in der indianischen Gemeinde, so wohl, als sei er hier zu Hause und unter Freunden. Dies war nicht zuletzt seiner politischen Überzeugung und auch seinem tief empfundenen Wunsch geschuldet, als Ladino den gesellschaftlich legitimierten Rassismus persönlich nicht zu dulden und dort, wo es in seiner Macht stand, diesen auch aktiv zu überwinden bzw. etwas dagegen zu setzen. Deshalb war er ja schließlich in diese indianische Gemeinde gegangen, um dort sein Referendariat zu absolvieren und damit auch zu zeigen, dass er anders war als die Mehrheit der Ladinos und auch bereit war, für seine Überzeugungen einzutreten und entsprechend zu handeln.

Wie nun deutlich wurde, hatte ihn dieser Vorfall deshalb so erschüttert, weil er erkannte, dass ein von rationalen und ethisch ehrenwerten Motiven gesteuertes Verhalten alleine nicht ausreicht, um den allgegenwärtigen Rassismus in seinem Land zu überwinden, sondern dass dazu auch schmerzhafte, subjektive Auseinandersetzungen mit und Reflektionen über den eigenen, verinnerlichten, jedoch unbewussten Rassismus von Nöten sind. Dies würde z.B. bedeuten, keine rassistisch konnotierten Gedichte, Lieder oder Witze zu verbreiten oder vorzutragen, sich außerdem im Freundes- und Familienkreis gegen manifeste rassistische Äußerungen, gleich welcher Provenienz, zur Wehr zu setzen und damit nicht nur Konflikte, sondern auch Ablehnung und Kritik zu riskieren.

Darüber hinaus gelang es ansatzweise herauszuarbeiten, dass es wohl seine narzisstisch genährten Größenphantasien waren, die ihm hier einen Streich gespielt hatten. Er wollte, wie an seinem Geburtstag auch, gefeiert werden, dieses Mal wegen seiner »Heldentat« als Ladino in eine indianische Schule gegangen zu sein und wegen eines Gedichtes, das alle erheitern und zum Lachen bringen sollte. Doch der erwartete Lohn, von allen geliebt und bewundert zu werden, verkehrte sich ins Gegenteil. Dass ihm sein Auftritt so gründlich misslang, hatte von daher damit zu tun, dass am Schluss seiner »Mission«, als die Anspannung langsam abfiel, plötzlich und unerwartet gänzlich »unehrenhafte« Motive ans Tageslicht traten, die sein Handeln wohl in erheblichem Maße mitbestimmt hatten: Unterhalb seines Wunsches, indianische Schülerinnen und Schüler zu unterrichten und damit einen Beitrag zur Überwindung des Rassismus zu leisten, zeigte sich nun am Ende der ganz und gar narzisstische Wunsch, als Held zu erscheinen.

Weil aber dieser unbewusste Wunsch mit seiner manifesten und antirassistisch motivierten Einstellung kollidierte, brachte das Gedicht, vorgetragen in einer falschen Situation, die gesamte Konstruktion zum Einstürzen.

Die Analyse seiner zeitweise mit dem Mut der Verzweiflung vorgetragenen Wahrnehmungsstörungen hatte zwar – wie er eingestand – unbequeme Erkenntnisse zutage gefördert, jedoch zugleich dazu angeregt, sich konsequenter mit den eigenen subjektiven Realitäten und den verinnerlichten kulturellen Imagines und Übertragungen zu beschäftigen, um sich nicht nur auf der diskursiven Ebene, sondern auch in konkreten Arbeitszusammenhängen in Zukunft »politically correct« verhalten zu können. Das aber war ein weitaus schwierigerer Schritt als zunächst erwartet, doch ein Schritt, der sich lohnen würde und eine Herausforderung, der er sich stellen wollte.

Wie bereits im ersten Fall führte auch hier die Aufdeckung von Wahrnehmungsstörungen und Wahrnehmungsverzerrungen zu einem beträchtlichen, wenngleich schmerzhaften Realitätsgewinn. Ging es im ersten Fall um eine ideologisch konnotierte »Verblendung«, so war es im zweiten Fall ein latent existierender Rassismus, die sich jeweils unterhalb der Ebene des Bewusstseins tief eingenistet hatten und die als Fehlhandlung, verbunden mit heftigen Empfindungen der Scham, zum Ausdruck kamen. In beiden Fällen erwiesen sich die Wahrnehmungsverzerrungen somit als Quelle der Erkenntnis, die dazu aufforderte, sich mit den eigenen unbewussten ideologisch bzw. rassistisch geprägten Übertragungen zu konfrontieren, um in Zukunft situationsangemessener interagieren und kommunizieren zu können.

2.3 Nun zum dritten Fallbeispiel: Auf dem Weg zu einer Versammlung

Eine Gruppe von Sozialarbeiterinnen und Sozialarbeitern hatte sich gemeinsam mit Mitarbeitern von Minugua (UN-Friedensüberwachungsmission für Guatemala) auf den Weg gemacht, um in einer entfernten indianischen Gemeinde an einer Versammlung teilzunehmen. Sie alle kannten diese Gemeinde nicht und fuhren mit ihrem Pickup in die Berge hinein, bis sie schließlich zu einem Dorf kamen, wo eine größere Volksmenge sie schon am Ortseingang erwartete und freudig begrüßte. Sie wunderten sich über den überaus freundlichen Empfang und das Feuerwerk, das zu ihren Ehren entfacht wurde und die große Versammlung vor der Kirche, doch dann ließen sie sich willig zu einer festlich gedeckten Tafel führen, wo leckerste Speisen und Getränke auf sie warteten. Besondere Ehre wurde vor allem auch dem blonden und ganz in schwarz gekleideten Holländer zuteil, der in ihrer Gruppe war. Ihm begegnete man mit besonderer Ehrfurcht. Irgendwann aber kam ihnen diese Inszenierung doch höchst seltsam vor, und so fragten sie schließlich nach dem Namen des Ortes, in dem sie sich gerade befanden und wo man sie so fürstlich bewirtete. Zu ihrem Entsetzen stellte sich heraus, dass sie in dem falschen Ort gelandet waren, wo man just an diesem Tag den neuen Dorfpfarrer erwartete und geglaubt hatte, ihn in dem blonden Holländer auch gefunden zu haben.

Sie machten sich schleunigst mit ihrem Pickup aus dem Staub, da sie befürchteten, die Rache der Dorfbewohner könnte sie noch verspätet treffen, nachdem sie es sich hatten so gut gehen lassen mit all den köstlichen Speisen und Getränken. Doch peinlich war es ihnen auch und sie fragten sich seither immer wieder, wie ihnen dieses Missgeschick nur hatte passieren können.

Wie im Verlaufe des weiteren Gespräches nun deutlich wurde, war ihnen nicht ganz wohl gewesen bei der Vorstellung in die Berge zu fahren und sich auf die Suche nach einem Ort zu machen, den keiner von ihnen kannte. Auf einsamen Wegen kam es gerade in letzter Zeit immer wieder zu häufigen Überfällen, und so fuhren sie mit einer gewissen Angst im Nacken immer tiefer in die Berge hinein, ohne genau zu wissen, ob sie je heil ankommen und diesen Ort auch finden würden. Welche Erleichterung bedeutete es deshalb für sie, in einen Ort zu kommen, wo sie so überaus freundlich willkommen geheißen wurden. Alle Ängste fielen mit einem Schlage von ihnen ab, und dann gab es auch noch so viele Köstlichkeiten zu essen! Voller Freude und voller Dankbarkeit machten sie sich über die Tafel her und ließen es sich schmecken. Das Gefühl, die Angst überwunden zu haben, gut angekommen und außerdem so überschwänglich begrüßt worden zu sein, schien wie ein einziger Traum. Den hatten sie auch nicht vor, sich so schnell nehmen zu lassen. Also wurden alle leisen Zweifel, vor allem auch die hin und wieder aus dem Nichts auftauchenden Fragen, ganz weit nach hinten ins Gedächtnis verbannt, um sich umso lustvoller den Genüssen der Tafel zu widmen. Es kostete sie deshalb schon wahrhaft Mühe und große Anstrengung, wie sie eingestanden, der Realität wieder zum Zuge zu verhelfen und schließlich doch noch nach dem Namen des Ortes zu fragen.

Hier wie auch in den beiden anderen Fallbeispielen wurden die Wahrnehmungsverzerrungen jeweils aus Angst und einer beträchtlichen Portion Verführung geboren: Die politischen Realitäten in Chile waren weniger erhaben als erwünscht und gedacht, sogar relativ beängstigend, der verinnerlichte Rassismus der Ladinos mächtiger als die politische Gesinnung und schließlich die Angst vor dem unbekannten Ort und den gefährlichen Wegen größer und stärker als eingestanden. Verführerisch war es deshalb in allen Fällen eben nur das wahrzunehmen, was noch gut zu verkraften schien und was der eigenen bewussten, inneren Haltung entsprach, denn dann geriet man nicht in Konflikte. Verführerisch bzw. angenehm war außerdem die Vorstellung, sich wie im ersten Fall unter Gleichgesinnten statt unter politischen Gegnern zu befinden, sich wie im zweiten Fall als die große Ausnahme unter den ansonsten rassistisch eingestellten Ladinos zu betrachten und sich wie im dritten Fall, feiern und verköstigen zu lassen, statt Fragen zu stellen und sich weiter auf unbekannte Wege mit vielen dort lauernden Gefahren zu begeben. Angst und Verführung waren somit in allen drei Fällen wichtige Indikatoren für misslingende und zum Teil fehlerhaft verlaufende Interaktions- und Kommunikationsprozesse. Diese aber ließen sich gar nicht verhindern – das wäre schlicht unrealistisch und käme einer frommen Illusion gleich – sondern sie galt es stattdessen als wichtige Quelle von Erkenntnis anzuerkennen und zu nutzen.

3. Schlussfolgerungen

Angst und Verführung lassen sich als Grundkonstanten einer jeden sozialen Situation verstehen. Ganz gleich wie professionell eine Beratungs-, Supervisions- oder Therapiesituation auch gestaltet sein mag, Angst, Verführung und Regression tauchen immer auf, wenn auch in jeweils sehr unterschiedlicher Gestalt. Ethnopsychoanalytische Erfahrungen in fremden Kulturen machen darauf aufmerksam, dass es keinerlei Erkenntnisfortschritt bringt, wenn Angst und Verführung und die damit verbundene Regression abgewehrt werden, z.B. durch methodologisch begründete Perfektionsansprüche, durch technische, organisatorische oder administrative Tricks und Manöver, durch Intellektualisierung, durch Exotisierung, durch Idealisierung oder ihr Gegenteil. Es hat sich vielmehr als weitaus gewinnbringender erwiesen, wenn es gelingt, die Angst partiell zuzulassen, wenn Verführung nicht gänzlich abgelehnt werden muss und wenn ein gewisses Maß an Regression (im Dienste des Ich) erlaubt ist. Nur dann können sich kulturelle Übertragungen entfalten, so dass sie für die ethnopsychoanalytische Forschung bzw. für die psychoanalytisch-pädagogische Theorie und Praxis fruchtbar zu machen sind. Ethnopsychoanalytische Forschungserfahrungen bedürfen dabei keiner großen Übersetzungsleistungen, um sie anderen Feldern einer psychoanalytisch orientierten Erkenntnissuche zu erschließen. Denn das Fremdkulturelle beinhaltet lediglich eine zusätzliche Dimension und eine relativ dynamisch wirkende kulturelle Dramatisierung einer sozialen Situation, wobei kulturelle Differenzen und Besonderheiten, wie im Brennglas fokussiert, vergrößert erscheinen. D.h. Wahrnehmungsverzerrungen und Störungen der Wahrnehmung treten in fremdkulturellen oder auch in interkulturellen Situationen schärfer hervor als in anderen sozialen Situationen im Rahmen der eigenen Kultur. Denn die erlebte kulturelle Differenz, das Nichtverstehen und die Unmöglichkeit wie gewohnt in Beziehung zu treten, verschärfen Angst und Verführung, da regressiven Tendenzen hier mehr Raum als in der eigenen Kultur geboten wird. Doch auch in der eigenen Kultur und im Rahmen einer jeden psychoanalytisch und pädagogisch geprägten Situation lohnt es sich, auf kulturelle Übertragungen sowie auf Wahrnehmungsverzerrungen und Wahrnehmungsstörungen zu achten, die allerdings oftmals nur schwer zu erkennen sind, weil die eigene Kultur teilweise blind macht gegenüber den eigenen kulturellen Eigenheiten und Prägungen. Die sich als Irritationen bemerkbar machenden »Befremdlichkeiten« in einer pädagogischen Situation lassen sich jedoch immer und grundsätzlich als wichtige Hinweise auf latente und ins Bewusstsein drängende, aber noch nicht verstandene Erkenntnisse verstehen, die analysiert und reflektiert dazu beitragen, sich einer vielleicht als schmerzhaft oder als unangenehm erachteten Einsicht anzunähern. Wahrnehmungsverzerrungen lassen sich, wie bereits betont, niemals verhindern, ebenso wenig wie Störungen der Wahrnehmung oder kulturelle Übertragungen. Also bleibt nur, sich ihrer auf professionelle Art und Weise als Quelle der Erkenntnis zu bedienen. Denn sie sind allgegenwärtig und prägen auch unser professionelles Verhalten und unsere in einer pädagogischen Situation entstehenden Empfindungen.

An den drei Fallbeispielen hoffe ich jedoch deutlich gemacht zu haben, dass Erkenntnisfortschritte in psychosozialen Arbeitsfeldern weder moralisch noch ideologisch zu erzwingen sind, sondern dass es zunächst gilt, bereitwillig den Irrungen und Wirrungen von Wahrnehmungsverzerrungen und kulturellen Übertragungen zu folgen, bis sie sich in Gestalt von Irritationen Ausdruck verschaffen und sich dann einer verstehenden Reflektion erschließen. D.h. auch, dass sich kulturelle Übertragungen in Form von Gegenübertragungen manifestieren dürfen, Angst, Verführung und Regression dürfen sein und zwar auch in professionellen Situationen, ansonsten gelingt weder eine Einsicht in abgespaltene Emotionen noch eine Einsicht in unbewusst gemachte Aspekte subjektiver und gesellschaftlicher Realität der jeweiligen Gesprächspartner.

Literatur

Adler, M. (1993): Ethnopsychoanalyse. Das Unbewußte in Wissenschaft und Kultur. Schattauer: Stuttgart, New York

Devereux, G. (1976): Angst und Methode in den Verhaltenswissenschaften. Ullstein: Frankfurt/M., Berlin, Wien

Devereux, G. (1978): Ethnopsychoanalyse. Die komplementaristische Methode in den Wissenschaften vom Menschen. Suhrkamp: Frankfurt/M.

Duque, V. (2005): De Victimas del Conflicto a Promotores de Cambio: Trabajo Psicosocial y Reconciliación en Guatemala. Vortrag auf der Internationalen Konferenz: »From Dealing with the Past to Future Cooperation. Regional and Global Challenges of Reconciliation.« January 31 – February 2, 2005, Berlin.

Nadig, M. (1986): Die verborgene Kultur der Frau. Ethnopsychoanalytische Gespräche mit Bäuerinnen in Mexiko. Fischer: Frankfurt/M.

Paz, O. A. (2004): La Tortura. Efectos y afrontamiento. Ecap: Guatemala

Reichmayr, J. (1995): Einführung in die Ethnopsychoanalyse. Geschichte, Theorien und Methoden. Fischer: Frankfurt/M.

REMHI (Recuperación de la Memoria Histórica), ODHAG – Menschenrechtsbüro des Erzbistums Guatemala (Hrsg.) (1998): Guatemala. Nie wieder – Nunca más. Bericht des Interdiözesanen Projekts Wiedergewinnung der geschichtlichen Wahrheit. Misereor: Aachen

Rohr, E. (1993): Angst und Faszination. In: Jansen, M.M., Prokop, U. (Hrsg.): Fremdenangst und Fremdenfeindlichkeit. Stroemfeld: Frankfurt/M., 133-162

Rohr, E. (1995): Der weibliche und der männliche Blick. Die Wahrnehmung des Fremden und das Geschlecht der Forscherin und des Forschers. In: Heinemann, E., Krauss, G. (Hrsg.): Geschlecht und Kultur. Beiträge zur Ethnopsychoanalyse. ISKA: Nürnberg, 129-174

Rohr, E. (1997): Die Herausforderung des Fremden – Überlegungen zur Supervision interkultureller Arbeitszusammenhänge. In: Treber, M., Burggraf, W., Neider, N. (Hrsg.): Dialog lernen. Konzepte und Reflexionen aus der Praxis von Nord-Süd-Begegnungen. IKO-Verlag für Interkulturelle Kommunikation: Frankfurt/M., 256-269

Rohr, E. (2000): Das Begehren der Forscherin. In: Eisenbach-Stangl, I., Stangl, W. (Hrsg.): Das äußere und innere Ausland. Fremdes in soziologischer und psychoanalytischer Sicht. WUV: Wien, 75-94

Rohr, E. (2003): Interkulturelle Kompetenz. Ein gemeinsamer und gegenseitiger Lernprozeß in einer sich globalisierenden Welt. In: Wege zum Menschen 55 (Heft 8), 507-526

Rohr, E. (2005): Innovative Methoden interkulturellen Verstehens. In: Biesinger, A., Fuchs, O., Kießling, K. (Hrsg.): Solidarität als interkultureller Lernprozeß. LIT-Verlag: Münster, 127-138

Ross, M.H. (1995): La Cultura del Conflicto. Las diferencias interculturales en la práctica de la violencia. Ediciones Paidos: Barcelona, Buenos Aires, México.

Sanchez Airas, E. (2001): Guatemala y Mozambique. Ante el Reto de la Paz. Un análisis comparativo de los procesos de mediación. Publicación de la Universidad Landívar: Guatemala

Sanford, V. (2003): Violencia y Genocidio en Guatemala. F&G Editores: Guatemala.

Santa Cruz Mendoza, S. (2004): Insurgentes. Guatemala, la paz arrancada. Santiago de Chile

Die Psychohistorie von Lloyd deMause als Schlüssel zur Organisationskultur

Silke Seemann und Heidi Möller

1. Einleitung

Das Thema »Kultur in Unternehmen« hat nach wie vor Konjunktur. Schmidt (2005) führt dieses Interesse darauf zurück, dass wir uns in einem bedeutsamen gesellschaftlichen Übergang befinden. Sogar der betriebswirtschaftliche Diskurs wendet sich von der Dominanz des Materiellen ab – über eine stetig steigende Bedeutung von »intangible goods« zu einer Dominanz des Wissens und generell zu einer Dominanz des Symbolischen (Schmidt 2005, 71). In der Managementtheorie werden zunehmend marktorientierte durch ressourcenorientierte Modelle ersetzt. Bei der Errechnung des immateriellen Vermögenswertes eines Unternehmens wird insbesondere die »kollektive Problemlösungs-Kompetenz« der Organisation bewertet (North 2001, 21). Die Qualität dieser »kollektiven Problemlösungs-Kompetenz« wird maßgeblich durch die Unternehmenskultur geprägt (Willke 2005, 74). Das mag Grund genug sein, sich in Zukunft noch intensiver mit dem Thema Unternehmenskultur auseinanderzusetzen. Da diese nur implizit erschließbar ist (s.u.), bieten sich methodologische Zugänge der Psychoanalyse an.

Der folgende Beitrag beschreibt (neben einem theoretischen Input) die Heranführung einer Gruppe von Studierenden der Betriebswirtschaft an psychoanalytische Textinterpretation sowie an eine Methode, die der Erschließung von Organisationskultur dient. Ein erfreulicher, wenn auch hürdenreicher Weg, die Psychoanalyse jenseits analytischer Ausbildungsinstitute in universitäre Kontexte einzubetten.

Im Rahmen des FWF Forschungsprojektes »Rethinking Business Ethics«[1] und mit Unterstützung des Tiroler Wissenschaftsfonds für das Forschungsprojekt »Lohnt sich ethisches Verhalten? – Eine empirische Studie in Tiroler KMU's« konnten im Sommersemester 2005 an der Universität Innsbruck Forscherinnen[2] und Studierende der betriebswirtschaftlichen Fakultät unter Leitung von Dekan Stefan Laske und seiner wissenschaftlichen Mitarbeiterin Silke Seemann gemeinsam forschungsgeleitete

[1] Der FWF – Fonds zur Förderung der wissenschaftlichen Forschung – ist Österreichs zentrale Einrichtung zur Förderung der Grundlagenforschung. Das diesem Artikel zugrunde liegende Forschungsprojekt trägt die Projektnummer FWF P 16531 G04.

[2] Anm. der Redaktion: Im vorliegenden Artikel wird meist die weibliche Form verwendet. Darin ist sowohl die männliche als auch die weibliche Form einbezogen.

Lehre realisieren. Die Vorlesungen wurden durch die Vorträge von sechs Professoren der Universität Innsbruck bereichert, die Seminare durch Beiträge von Karl Homann und Heidi Möller. Die Studierenden wurden aktiv in die Forschung miteinbezogen, und sie erhielten im Rahmen der Lehrveranstaltungen Gelegenheit zur Reflexion. Die Verknüpfung von Forschung, Lehre und Praxis erzeugte erstaunlichen Mehrwert, sowohl für Studierende und Forscherinnen als auch für die beteiligten Unternehmerinnen und deren Mitarbeiterinnen. Letztere wurden in die Vorlesungsreihe eingeladen, die aus diesem Grund jeweils am Abend stattfand. Die Studierenden, im Folgenden Forscherinnen genannt, arbeiteten jeweils zu dritt in Gruppen, welche die Aufgabe hatten, Unternehmen zu akquirieren, die interessiert und willens waren, sich einer Fremdperspektive auf ihre Unternehmenskultur und der Frage zu stellen, inwieweit sich Unternehmensethik in Alltagshandlungen finden lässt. Die Ergebnisse der Arbeiten der jungen Forscherinnen sind Bestandteil der oben genannten Forschungsprojekte. Die Resultate wurden den Unternehmen und den Mitarbeiterinnen, die in die Erhebungen einbezogen waren, im Rahmen einer eintägigen Schlussveranstaltung präsentiert. Dort kam es zu einem intensiven Austausch aller Beteiligten.

Ethik ist ein implizites Phänomen (Foerster 1993, 49) und lässt sich nicht explizit über ein klassisches Interview erfragen. Storytelling als Erhebungsmethode ist im betriebswirtschaftlichen Kontext eingeführt (Frenzel u.a. 2004). Woran es mangelt, ist die Kompetenz in der systematischen Auswertung verbaler Daten durch adäquate Analysemethoden. Aus diesem Grund wurde Heidi Möller als Expertin für tiefenhermeneutische Verfahren angefragt. Sie entwickelte für die besonderen Anforderungen eines hochkomplexen Forschungsgegenstandes in Kombination mit unerfahrenem Forschungsnachwuchs ein neues Analyseverfahren, das in diesem Artikel dargestellt wird.

2. Zum Begriff der »Organisationskultur«

Der »kulturelle Ansatz« gilt heute als einer der wichtigsten Zugänge zur Analyse von Organisationen. Diese werden von Wissenschaftlerinnen und Praktikerinnen vor allem als »Kulturen« begriffen. Damit eröffnen sich neuartige Möglichkeiten des Verständnisses organisatorischer Zusammenhänge.

Der Begriff »Organisationskultur« wird seit den 80er Jahren in der betriebswirtschaftlichen Organisationstheorie verwendet. Organisationen werden als »spezifische Miniaturgesellschaft« (Schreyögg 1990) verstanden. Sie schaffen ihre eigene Realität, die sich vor allem in spezifischen kognitiven Strukturierungsmustern, Werthaltungen, Handlungsmustern und Interaktionprozessen ausdrückt. »Unternehmenskultur« bezeichnet ein von Menschen geschaffenes Phänomen, das über gewisse Zeiträume von mehreren Individuen als kollektives Sinnsystem entfaltet wird (Schreyögg 1996, 16). Gagliardi (1995, 7) fasst es folgendermaßen: »Unter ›Organisationskultur‹ verstehen wir ein kohärentes Set von Techniken, Wertvorstellungen und professionellen Praktiken bei innerorganisatorischen Interventionen.« Für die Mitglieder von Organisationen bleiben die kulturellen Muster im Wesentlichen implizit. Sie unterlegen das Handeln wie selbstverständlich. Als kollektive Orientierungsmuster bilden sie ein gemeinsames Weltverständnis.

Wir unterscheiden sichtbare und schwer erschließbare Merkmale voneinander. Letztere sind allerdings nur durch Interpretationsprozesse erfassbare Phänomene (Schein 1984).

Organisationskulturen sind folgende Aspekte inhärent:

(1.) *Anthropologie*: Die Kultur einer Organisation wird in Weltbildern, anthropologischen Prämissen über menschliches Handeln, Wahrheitsvorstellungen der Organisationsmitglieder, Annahmen über Kontext und die Organisationsumwelt, Annahmen über zwischenmenschliche Interaktion und humanitäre Fragen deutlich.

(2.) *Normativität*: Die Kultur einer Organisation setzt sich aus dem Regelwerk für die Mitarbeiterinnen, den Wertvorstellungen und Verhaltensstandards, der Ge- und Verbotsstruktur zusammen. Sie beinhaltet auch den Umgangstil mit Kolleginnen und Klientinnen.

(3.) *Symbolsysteme*: Die oben genannten Faktoren schlagen sich in Symbolsystemen nieder. Sie manifestieren einen Verhaltenskodex: Kleiderordnung, Raumgestaltung, typische Äußerungsformen, Rituale (z.B. Begrüßungsrituale oder eine spezifische Feierkultur). Sie zeigen sich in Mythen, Geschichten und Legenden, die über Gründerfiguren, Mitarbeiterinnen, Krisen und Ereignisse der Gegenwart und Vergangenheit erzählt werden. Diese Narrationen gelten als identitätsstiftend: Denn solange Geschichten erzählt werden, lebt eine Kultur (vgl. Petzold 1993).

Aus den Teilstücken bildet sich ein sogenannter »Kulturkern« (Sackmann 1983) heraus, der in die konzeptionelle Festlegung und in die manifeste Standardisierung einfließt. Als organisationskulturprägende Faktoren lassen sich die Branchenspezifität, das Organisationsumfeld, die Unternehmensgeschichte und das Organisationsziel nennen. Auch die Art der Aufgabenerfüllung, die Berufsgruppenzugehörigkeit und das Klientel spielen eine wichtige Rolle.

3. Zur Erfassung kollektiver Sinnsysteme

Bei der Analyse von Organisationskulturmustern rückt man ab von nur empirisch beobachtbaren und quantifizierbaren Aspekten der Organisation. Die Verwendung objektiver organisationsanalytischer Muster ist an ihre Grenzen gestoßen. Für den latenten Teil des organisatorischen Musters steht wenig methodisches Inventar zur Verfügung. Organisationskulturen lassen sich auch bei größerer methodischer Palette nicht perfekt analysieren. Sie sind nur in Form prozessualer Diagnostik und durch Sinnverstehen annäherungsweise begreifbar: »Die Fülle des Daseins einer Unternehmung kann nur mit holistischen, interpretativen und interaktionellen Forschungsmodellen erfasst werden« (Gagliardi 1995, 7).

Organisationskulturmuster sind nur dialogisch erschließbar, nur interpretativ zugänglich. Es handelt sich um subjektive Phänomene, von denen sich die Forscherin anrühren lassen muss, um die Wahrnehmung zum Thema machen zu können. Die viel beschworene Feldkompetenz der Forscherin ist an dieser Stelle weniger zentral als ihre Sinnerfassungskapazität bezüglich des Fremden, auf das sie in einer Organisationskultur trifft. Eine »gute« Forscherin macht aus, was sie, über das Rationale hinaus, an Bedeutung sprachlicher und nicht sprachlicher Äußerungen der Organisationsmitglieder wahrnehmen kann. Sie sollte die Wirkung der fremden Kultur auf sich und ihre Wirkung auf die fremde Kultur ernst nehmen und sich auf diese Weise in einen fortlaufenden Deutungsprozess begeben.

Dabei möchten wir die Bedeutung des Faktenwissens über unterschiedliche Kulturen nicht schmälern. Dennoch scheint uns das Wichtigste zu sein, dass Forscherinnen maximal in die Welt der Organisationsmitglieder einzutauchen vermögen, um sich dann wieder in die exzentrische Position zu begeben, indem sie das ihnen neu begegnende System aus der Distanz wahrzunehmen, zu strukturieren und zu verstehen suchen (vgl. Willke 1991). Es geht in der Analyse von Organisationskulturen um einen Wechsel zwischen Involvierung und Distanznahme: sich einzulassen auf die Geschichten der Mitglieder der Organisation, wieder aus diesen Geschichten herauszutreten und mit den zur Verfügung stehenden Mitteln des Erkennens analytisch klar zu blicken. Petzold (1988) beschreibt diese Haltung als partielles Engagement. Es beschreibt ein Beteiligtsein, ohne verstrickt zu werden, das von Respekt dem zu Untersuchenden gegenüber getragen ist. Für gute Kenntnisse über Organisationen und ihre Grundmuster können Neugier und Staunen, Verunsicherung und Zweifel hilfreich sein. Wenn wir nicht mehr in Frage stellen, Vieles für selbstverständlich nehmen, ergeben sich keine neuen Perspektiven. Es entsteht sonst eine Systemblindheit, die dem Erkenntnisinteresse abträglich ist.

Zur Analyse von Organisationskulturmustern gilt es, eine gleichschwebende Aufmerksamkeit einzunehmen, die der Haltung in der »psychoanalytischen Kur« ähnelt. Diese erscheint uns deshalb so wichtig, da einige Gefahren des allzu Vertrautseins damit gemieden werden können: »... man fixiert das eine Stück besonders scharf, eliminiert dafür ein anderes und folgt bei dieser Auswahl seinen Erwartungen und Neigungen. Gerade dies darf man aber nicht; folgt man bei der Auswahl seinen Erwartungen, so ist man in Gefahr, niemals etwas anderes zu finden, als man bereits weiß; folgt man seinen Neigungen, so wird man sicherlich die mögliche Wahrnehmung fälschen. Man darf nicht darauf vergessen, dass man ja zumeist Dinge zu hören bekommt, deren Bedeutung erst nachträglich erkannt wird.« So heißt es in Freuds »Ratschläge(n) für den Arzt bei der psychoanalytischen Behandlung« (Freud 1912, 377).

Ähnliches beschreibt Weick (1995) in der Selektion von Deutungsmustern als retrospektive Wahrnehmung in Organisationen. Er nimmt an, dass »die kompliziertesten Organisationen besser überleben, weil sie ihre Handlungen und Vorstellungen im Nachhinein auf eine Linie bringen« (Weick 1995, 276). Er geht davon aus, dass ein großer Teil der Sinngebung im Selektionsprozess als ein Schreiben von Geschichten im weitesten Sinne verstanden werden kann. »Mehrdeutigkeit wird beseitigt, wenn die

Gestaltung mit einer Geschichte beliefert wird, welche sie hervorgebracht haben könnte«, denn Bedeutung wird stets im Nachhinein auferlegt (Weick 1995, 278f). Insofern denunziert Weick Unternehmensstrategien im Wesentlichen als kollektive Abwehrmuster von Organisationen. Organisationsmitglieder unterlegen ihrem individuellen Handeln eine für sinnvoll erachtete Strategie, um Angst zu reduzieren. Das bewusste Denken führt zu Rationalisierungen, welche die zugrunde liegenden Konfliktmuster verbergen.

Organisationskulturanalyse darf den bisherigen Ausführungen folgend nicht zu sehr theoriegeleitet sein. Zwar reduziert eine kognitive Vorbereitung die Belastung der Kontaktnahme, aber sie nimmt unter Umständen eine wichtige Durchgangsphase fort, die viele Möglichkeiten der Erkenntnisgewinnung enthält. Die Beraterin befindet sich – folgen wir Wellendorf – zunächst »in einem prinzipiellen und fundamentalen Zustand des Nichtwissens … Was es für eine psychoanalytisch orientierte Arbeit mit Institutionen braucht, ist das, was Bion (1970) einmal ›negative capability‹ genannt hat. Er meint damit ›die Fähigkeit eines Menschen, sich in Unsicherheit, rätselhaften Geheimnissen und Zweifeln zu befinden, ohne irritiert nach Fakten zu suchen‹. Sie ist Voraussetzung dafür, dass wir über die Institution etwas Neues – das heißt etwas, was keiner der Beteiligten bisher wahrgenommen und gewusst hat – lernen« (Wellendorf 1996, 179). Daraus folgt, zunächst die Sinne zu schärfen für das Übersehene, Vermiedene und Verleugnete des Systems. Zu beratende Systeme vorschnell in eine vermeintliche Klarheit drängen zu wollen, speist sich aus der Unfähigkeit der Forscherinnen, die notwendige Anfangsverwirrung zu ertragen. Klarheit kann nur das Ergebnis eines zumeist beschwerlichen gemeinsamen Suchprozesses und nicht dessen Voraussetzung sein. Erst allmählich wird es möglich, sich in die Tiefe der institutionellen Konfliktdynamik und der informellen Strukturen etc. vorzuarbeiten. Es braucht Zeit, bis Organisationsmitglieder es wagen können, Abwehrprozesse und Tabuierungen so zu lockern, dass »Dinge zur Sprache kommen, die bisher der Zensur zum Opfer gefallen sind« (Wellendorf 1996, 183).

Dieser unbewussten Zensur unterliegt nicht nur die Organisation, sondern auch die Forscherin. Deshalb kann Organisationsanalyse nicht ausschließlich im Zählen und Messen bewältigt werden. Vielmehr ist Devereux (1974, 126) zu folgen: »Es macht Sinn, zu sehen« und nicht vorschnell bedrückendes, herausforderndes und/oder ängstigendes Erkenntnismaterial abzuwehren. Je nachdem, um welche Organisation es sich handelt, werden dabei auch archaische Konflikte angesprochen, welche die persönliche Abwehr aktivieren. Im Laufe eines gelungenen Organisationsanalyseprozesses lässt sich die persönliche Abwehrschwelle herabsetzen, welche die Wahrnehmung der Forscherin einengt. Die methodische Selbstreflexion wird bei Leithäuser und Volmerg (1988) demgemäß auch zum Hauptgegenstand des Forschungsprozesses. Die Methode der Selbstreflexion kommt einer kritischen Hermeneutik der Selbsterkenntnis gleich: »Das Selbst verfremdet sich, stellt sich sich selbst gegenüber, objektiviert sich, macht sich damit zum Gegenstand der Analyse und gelangt auf diese Weise zu Erkenntnissen von seiner Beschaffenheit, Genese und unbewussten Einbettung in die soziale Lebenssituation, wie sie ihm innerlich sind. Ein entscheidender Aspekt in diesem Prozess der Selbsterkenntnis ist, dass das Selbst (Ich) sich selbst gegenüber Distanz, einen Spielraum gewinnt, der es ermöglicht, sich von verschiedenen Gesichtspunkten aus wahrzunehmen, verschiedene Haltungen sich selbst gegenüber einzunehmen und auszuprobieren« (Leithäuser, Volmerg 1988, 214f). »Nur dann, wenn Tiefenhermeneuten keine hoch verdichteten Ergebnisprotokolle publizieren, sondern bereit sind, die Selbstanalyse ihrer eigenen Erlebnisstruktur zu enthüllen, über die vermittelt sie den literarischen Text deuten und begreifen, erreicht das Verfahren eine Transparenz, die intersubjektive Nachvollziehbarkeit gewährleistet und begründet« (Haubl 1991, 223).

3.1 Methodische Perspektiven

Ein bewährter Zugang zur Erfassung kultureller Muster in Organisationen sind qualitative Interviews. Dabei ist zu beachten, dass jede Form der Fragestellung sinnkonstituierend ist. Daraus folgt, dass je offener die Interviewform gestaltet werden kann, desto eher können unerwartete, bisher nicht wahrgenommene Inhalte sicht- und wahrnehmbar werden. »›Unerhörtes‹ hört man nur, wenn man offen ist für das, was kommt« (Frenzel u.a. 2004, 16). Je weniger die Forscherin sich mit rational gestaltenden und strukturierenden Methoden in den Erhebungsprozess einbringt, desto eher hat das »Unerhörte« eine Chance sich abzubilden.

Die offenste Form des Zuhörens ist gegeben durch die Aufforderung, eine Geschichte zu erzählen. Und wenn, wie Weick und andere deutlich gemacht haben, die Sinngebung in Organisationen durch die Form des Geschichtenerzählens bewältigt wird, dann liegt es nahe, genau diese Geschichten zu sammeln. Die Methode des Storytelling eignet sich aus mehreren Gründen für eine umfassende Datenerhebung. Nicht nur, dass ausführliches Kontextwissen mitgeführt und damit erschließbar wird (Frenzel u.a. 2004, 9), es ist darüber hinaus auch zu berücksichtigen, dass »Geschichten sowohl interne als auch externe Zensoren umgehen und Ansichten und Gefühle zum Ausdruck bringen können, die durch bloßes Gespräch nicht zugänglich wären«[3] (Gabriel, Griffith 2004, 114). »Geschichten werden als emotional und symbolisch aufgeladene Narrative gesehen ... sie bereichern und erweitern die sinnhafte Bedeutung von Tatsachen«[4] (ebd., 115). Das komplexe und zumeist unbewusste System von Interaktionen, Beziehungen und Kommunikationen, die spezifischen »Wirklichkeitsmodelle« und »Kulturprogramme« (Schmidt 2005, 80) einer Organisation finden sich in Geschichten wieder und werden in und durch diese entwickelt. In Geschichten wird – für die Erzählerin zumeist implizit – immer das »Zusammenhangswissen« mitgeführt. In der Auswertung der Stories wird dieses Wissen für die Forscherinnen erschließbar.

»Durch das Erzählen von Menschen aus unterschiedlichen Perspektiven und die Verdichtung der Ergebnisse durch die Analyse werden der Kern und die

---

[3] Im Original: »Stories are able to evade censors, both internal and external, and express views and feelings which may be unaccectable in straight talk« (Anm. A.F.).

[4] Im Original: »Stories are seen as emotionally and symbolically charged narratives ... they enrich, enhance and infuse facts with meaning« (Anm. A.F.).

Zusammenhänge der Unternehmenskultur sichtbar« (Frenzel u.a. 2004, 75). Damit tatsächlich »der Kern« erreicht wird, ist das Setting beim Sammeln der Geschichten von Bedeutung. Es ist wünschenswert, möglichst unterschiedliche Perspektiven innerhalb der Organisation zu Wort kommen zu lassen. Die Rahmenbedingungen müssen gewährleisten, dass die Erzählerinnen ausreichend Vertrauen aufbauen können. Eine spezifische Form des Storytelling, die »arbeitsbiographische Erzählung« (Frenzel u.a. 2004, 59), hat sich als besonders zielführend erwiesen. Die Erzählerin folgt dabei ihrer Biographie, bezogen auf den Werdegang im Unternehmen, und benennt wichtige Schlüsselereignisse. Diese Schlüsselereignisse werden wiederum als Geschichten erzählt, damit das wichtige Kontextwissen mitgeführt wird. Eine Aufzählung von Ereignissen in Berichtsform sollte vermieden werden. Gegebenenfalls setzt die Forscherin wiederholt Erzählanstöße. Werden diese Erzählungen übereinander gelegt, so ergibt sich ein Muster, aus dem auch mentale Modelle, normative Gefüge und je nach Fragestellung vieles mehr herausgelesen werden kann.

Zur Erschließung dieser Muster möchten wir an dieser Stelle eine Auswertungsmethodik vorstellen, die sowohl gegenstandsangemessen als auch mit der eben skizzierten Methode des Storytelling kompatibel ist. Wir nehmen Anleihen bei der Fantasy-Word-Methode des Psychohistorikers Lloyd deMause.

3.2 Die Psychohistorie

DeMause bietet im Feld der Sozialhistoriker mit einem Verständnisrahmen, der auf psychoanalytischen Theorien basiert, eine Alternative zur klassisch soziologischen Perspektive. Er widmet sich der »Rekonstruktion der Lebensgeschichte des historischen Subjekts« (Ende 1989, 9) und nähert sich so der Frage der historischen Motivierung gesellschaftlicher Phänomene. »Die zentrale Methode der Psychohistorie besteht darin, Ursachen motivationaler Muster vorausgegangener persönlicher Ereignisse und ihre Re-Strukturierung innerhalb der Erwachsenengruppe festzustellen. ... Nicht nur das Irrationale in der Geschichte ist psychohistorischer Erklärung zugänglich; die ganze Geschichte, ihre Höhen und Tiefen, Integration wie auch Auflösung, hat Kindheitsdeterminanten und Gruppendynamiken zur Ursache« (ebd., 90f). Im Rahmen der Psychohistorie wird zum Beispiel untersucht, inwieweit die Gemeinsamkeiten traumatischer Erlebnisse sich als historisch relevant erweisen. So kann die Frage gestellt werden, welche Wirkung die traumatischen Gefühle jüdischer Kinder hatten, die im 13. Jahrhundert einem groß angelegten Ausrottungsmassaker entkommen konnten und sich später wieder in jüdischen Gemeinden zusammenfanden. De Mause betont, dass die materielle Realität in erster Linie als Resultat bewusster oder unbewusster Entscheidungen zu betrachten ist. Dabei ist für ihn das gemeinhin als »psychisch« Beschriebene von Menschen und Gruppen maßgeblich an der Ausgestaltung dieser Entscheidungen beteiligt. Dessen genauere Untersuchung führt zur »Psychologie der Gesellschaft« und der Möglichkeit, sich dem »Warum« anzunähern. Neben der Untersuchung der Geschichte der Kindheit sind die Arbeiten zum

Phänomen der Gruppen- und Nationenphantasien zunehmend das Interessenfeld der Psychohistorie.

3.2.1 Die Phantasieanalyse nach Lloyd deMause

Der schwer zugängliche Forschungsgegenstand zwang deMause, sich der Entwicklung von Arbeitsmethoden zu widmen, die diesem Gegenstand angemessen sind. Auch er betont die Notwendigkeit des bewussten Eintauchens in die eigene Psyche im Zuge des Forschungsprozesses. Er betrachtet den Menschen als »homo relatens« (deMause 1989, 17), als ein Wesen, das sich über Beziehung und Liebe definiert. Für die Psychohistoriker ist die Veränderung von Geschichte somit die Wirkung der Beziehung von Menschen, die als »homo relatens« agieren. Die Psychohistorie verfügt über eine Methodologie der Entdeckung, welche die Probleme der historischen Motivation in einer Mischung aus historischer Dokumentation, klinischer Erfahrung und dem Einsatz der Emotionen der Wissenschaftlerin als dem entscheidenden Forschungsinstrument für die anstehenden Entdeckungen zu lösen sucht. Darum sieht deMause Empathie und subjektives Engagement als prägende Qualitäten seiner Forschungsarbeiten (Ende 1989, 8). Er weist darauf hin, dass Forscherinnen, die über diese Qualitäten nicht verfügen, die Anwendung seiner Methoden nicht angeraten ist. »Nichts wird jemals ›dort draußen‹ entdeckt, bevor es nicht erst hier drinnen empfunden wurde« (ebd., 89).

Durch die Übertragung der psychoanalytischen Methoden auf Fragen der Psychodynamik »größter Gruppen« (deMause 1989, 17) wird es möglich, Antworten jenseits des stets aktiven Über-Ichs der Einzelnen zu finden. »Wir alle wissen etwas – und dennoch weiß es keiner … Für alle Gruppenphänomene gibt es psychologische Erklärungen: Menschen handeln in Gruppen nur deshalb anders als Individuen, weil sie ihre psychischen Konflikte anders abspalten, nicht weil irgendeine ›gesellschaftliche‹ Macht Einfluss auf sie ausübt. Mit dem Verschwinden des unsterblichen Gebildes ›Gesellschaft‹ offenbaren sich alle Gruppenwerte als vorläufig und sind bei jeder Generation einem Wandel unterworfen; was nun problematisch zu sein scheint, ist nicht Wandel, sondern Dauerhaftigkeit« (ebd., 90f). »Gruppenphantasien werden gebildet, um Individuen die Möglichkeit zu geben, Rollen zu spielen und sich damit gegen Kindheitsphantasien schützen zu können. ›Führer‹ sind z. B. Persönlichkeiten, die in der Lage sind, die bizarren projizierten Identifikationen von Gruppenphantasien in sich aufzunehmen« (ebd., 94).

Das handlungsleitende Unbewusste der Gruppe, das dem Bewusstsein des Individuums direkt nicht zugänglich ist, ist Ziel der Forschung von Lloyd deMause. Damit sind seine Methoden auch für Untersuchungen zur Unternehmenskultur, also zu Hintergrundüberzeugungen und Verhaltensnormen relevant, die in die Geschichten der Organisation »eingewoben« sind. DeMause bietet mit der Phantasiemethode ein Auswertungswerkzeug, das diesen Zugang ermöglicht.

Da unsere Entdeckungen über äußere Bedingungen in ihrer Gesamtheit davon abhängig sind, in welchem Maße wir unsere Abwehr gegen die Erkenntnisse dessen, was wir bereits die ganze Zeit tun, durchbrechen (ebd., 49), ist das Ziel der

Phantasiemethode, emotional identifikatorische Fähigkeiten in wissenschaftlicher Weise auf jeder Stufe des Forschungsprozesses einzusetzen und so einen abwehrreduzierten Prozess zu gestalten. »Zähmungs- und Neutralisierungsbemühungen« (Duerr 1978, 152) durch objektivistische Methodik können in diesem Zusammenhang als Abwehrmanöver bezeichnet werden. Dadurch verzichten Forscherinnen auf das »Eintauchen in die Fremde, (was; Anm.d.V.) auf das Engste mit der eigenen Lebensgeschichte verbunden« ist (Erdheim 1984, VIII).

Arbeitet man mit der Methode der »Phantasieanalyse«, werden historisches Material oder Bandaufzeichnungen von Reden, Vorträgen oder Sitzungen von Mitgliedern einer Organisation zunächst auf ihren offensichtlichen Gehalt hin gelesen, um herauszufinden, was die Person über die »realen« Ereignisse zu sagen beabsichtigte. Dann wird das Material noch einmal mit Konzentration auf die stark emotional geladenen Worte hin gelesen. Dabei gilt es, vollkommen umzuschalten, um den Phantasiegehalt zu erfassen. Es werden lediglich Metaphern, Redewendungen, körper- und gefühlsbetonte Ausdrücke, Wiederholungen und symbolische Begriffe aufgenommen, um diese dann auf ihren thematischen Gehalt hin zu überprüfen. Der Phantasiegehalt macht kaum zehn Prozent des Inhalts aus und kann mit Hilfe von acht Regeln herausgearbeitet werden (deMause 1989, 163ff):

1. Verzeichnen Sie alle Metaphern und Redewendungen, unabhängig vom Zusammenhang.
2. Verzeichnen Sie jede Körpersprache, alle Anklänge von starken Gefühlen und heftigen emotionalen Zuständen.
3. Verzeichnen Sie jeden wiederholenden, unüblichen oder grundlosen Gebrauch von Worten.
4. Verzeichnen Sie alle offensichtlich symbolischen Begriffe.
5. Lassen Sie alle Negationen unberücksichtigt.
6. Lassen Sie alle Subjekt-Objekt-Relationen unberücksichtigt.
7. Notieren Sie alle offenkundigen Reaktionen, Gelächter, Augenblicke der Entspannung, Unterbrechungen, Nebenbemerkungen, angespanntes Schweigen u.s.w.
8. Notieren Sie alle längeren Perioden ohne Bildersprache.

3.2.2 Ein Auswertungsbeispiel

Eine Rede Ronald Reagans, die auf diese Weise durch deMause ausgewertet wurde, liest sich dann wie folgt:

> »...pushed ... creep ... out of control ... control ... control ... control ... tightening ... strangling ... misery ... misery ... misery ... misery ... dropping ... births ... relief ... shrinking ... shrink ... fell ... fallen ... children ... controlling ... children ... grandchildren ... immoral ...«

DeMause schreibt mit diesen Worten eine neue Geschichte: »Feelings of *strangling*, being *pushed* and general *misery* seem to be the problem. All the *misery* is blamed on *out-of-control, immoral children*. As usual, we blame our own out-of-control growing childhood selves for our troubles« (deMause 2002, 121).

Mit Hilfe dieser Technik entstehen neue Verbindungen und Themen. Eine Untersuchung der Phantasieworte offenbart etliche Bilder und Themen, an die man zuvor nicht dachte (deMause 1989, 163ff). Mit gleichschwebender Aufmerksamkeit dem erhobenen Material gegenüber sollte die Forscherin möglichst durch keinerlei Muster des Aufmerkens eingeschränkt sein (vgl. Leithäuser, Volmerg, 1988). Ohne einschränkende Scheuklappen, was auch theoretische Abstinenz bedeutet, soll den Phänomenen Rechnung getragen werden. Durch die paradoxe Haltung der »Neutralität« (also durch möglichst wenige Vorannahmen geleitet) ist es möglich, dass der Blick nicht an den Tatsachen fixiert bleibt, sondern die unbewussten Prozesse Raum greifen können. Die gleichschwebende Aufmerksamkeit der Forscherin ermöglicht ein Auftauchen der flüchtigen und schnell wieder entschwindenden Phänomene des Unbewussten. Das Unbewusste, das sich im Wesentlichen in Prozessfiguren abbildet, ist schwer eindeutig zu ordnen.

In der psychoanalytischen Textinterpretation wird versucht, zu den verborgenen, latenten Sinngehalten vorzudringen. Die Interpretation muss also aus dem Text heraus – in der Sprache des Textes – entwickelt werden. Dabei will die psychoanalytisch orientierte Tiefenhermeneutik auch Zugang zu den aus der Sprache ausgeschlossenen unbewussten Gehalten des Textes gewinnen, die das sprachliche Geschehen gleichsam als seine Unterwelt bewegen. Hierzu finden auch die aus der Interaktion gewonnenen Daten, das Übertragungs-Gegenübertragungs-Geschehen zwischen Forscherin und Erzählerin ihre Bedeutung.

Auch Nadig (u.a. 1991) sieht wie deMause die einzige Möglichkeit, einen authentischen Bezug zu der Struktur des Materials zu finden, in der Nutzung der eigenen Subjektivität, wie sie emotional und rational auf das Material reagiert. »Das bedeutet, dass sich die Forscherin bei der Auswertung auf das Material einlässt und sich erlaubt, irritiert, abgestoßen, erstaunt und erfreut darauf zu reagieren. Diese emotionale Bewegung muss sie festhalten und im Zusammenhang als Ausdruck kultureller Strukturen zu verstehen suchen« (Nadig u.a. 1991, 16).

3.3 Adaption der Phantasieanalyse für Organisationsforschung

Tiefenhermeneutische Zugänge zu Texten stellen hohe Anforderungen an die Forscherinnen. Zudem versuchten wir, die sperrige psychoanalytische Methodologie in einem Feld zu implementieren (BWL), das üblicherweise wenig mit dieser Theorie in Kontakt kommt. Wir mussten die Gefahr der Überforderung und des daraus resultierenden Widerstandes bannen. Von daher war es naheliegend, über Variationen im Auswertungsvorgehen nachzudenken. Mit der Gruppe junger Forscherinnen haben wir diese neuen Wege beschritten, die sich als außerordentlich wirkungsvoll herausstellten und im Rahmen der Rückspiegelung in den Unternehmen mit Erstaunen über die Tiefe des Wissens der Forscherinnen durch die Interviewpartnerinnen quittiert wurden.

In einem Forschungsprojekt zu Fragen der praktischen Ethik in Organisationen war es notwendig, die jeweilige Organisationskultur zu erfassen. Wir suchten den Zugang – wie oben beschrieben – über arbeitsbiographische Interviews. Diese wurden transkribiert und – wie deMause vorschlägt – zunächst auf ihren offensichtlichen Gehalt hin untersucht. Die Interviews wurden gelesen und alle Worte oder Wortgruppen markiert, die einen emotionalen Stimulus auslösten. Anschließend wurden Wortlisten der markierten Begriffe erstellt. Es war beabsichtigt, sich von dem ursprünglichen Transkript zu lösen, um eine möglichst unvoreingenommene Haltung einzunehmen (Möller 1997). »Eine tiefenhermeneutische Lektüre muss die historisch durchgesetzte Entsinnlichung des Lesens unterlaufen. Denn das ›volle Erlebnis‹ eines Textes rührt nicht allein von dessen schriftsprachlichen Sprachhandlungen her, sondern mehr noch von der durch sie ›angespielten‹ Inszenierung und deren Habitus« (Haubl 1991, 222). Nachdem die Worte herausgeschrieben wurden, löste man sich ganz von den Interviews und ließ nur die Worte auf sich wirken, bis sich eine Gestalt daraus formte. Dann wurde anhand der Wortliste eine Geschichte geschrieben und in der jeweiligen Kleingruppe erzählt.

In unserem Beispiel arbeiteten jeweils drei Nachwuchsforscherinnen an sechs arbeitsbiographischen Erzählungen, die sie in den von ihnen beforschten Unternehmen oder Organisationen aufgenommen hatten. Es waren Führungskräfte, Mitarbeiterinnen und in zwei Fällen auch die Unternehmerinnen befragt worden.

Jede arbeitsbiographische Erzählung wurde von jeder Forscherin gelesen und wie oben geschildert bearbeitet. Die Gruppe kam dann zusammen und erzählte sich gegenseitig die Geschichten. Dabei wurden wieder Schlüsselbegriffe gesammelt, um in einem weiteren Prozess daraus wieder Geschichten zu schreiben, die dann ebenfalls ausgewertet wurden, bis eine Meta-Meta-Geschichte entstand (siehe Abb. 1, S. 115).
Es wurde also für jede arbeitsbiographische Erzählung zunächst eine Wortliste angefertigt und aus dieser dann eine neue Geschichte erzählt. Aus diesen Geschichten wurden dann wieder Wortlisten herausgearbeitet und zu einer Geschichte verdichtet, bis am Ende alle Wortlisten eine einzige Geschichte darstellten. Es zeigte sich, dass die entscheidende Forschungskompetenz jene ist, dass die Forscherinnen es wagen, sich weit genug von den Transkriptionen zu entfernen und sich der Gestalt zu überlassen, die durch die Wortlisten und deren emotionale Resonanzen entsteht. Die so gebildete Meta-Meta-Geschichte stellt die Basis der weiteren Analyse dar.

4. Ein Beispiel

Untersuchungsobjekt war ein im 19. Jahrhundert gegründetes Familienunternehmen. Die Gründerfamilie hat noch immer die Mehrheit der Aktien und auch die Unternehmensleitung wird zu einem großen Teil durch Mitglieder dieser Familie besetzt. Die Strategie ist auf Export und Innovation ausgerichtet. Es wird zu 100 Prozent in

Österreich produziert und die ca. 300 Mitarbeiterinnen kommen aus der unmittelbaren Region. Etwa ein Drittel der Mitarbeiterinnen ist in der Verwaltung tätig, zwei Drittel in der Produktion. Ziel der Untersuchung war es, eine vertiefte Analyse der Kommunikationskultur zu erlangen. Es wurden, wie oben beschrieben, sechs arbeitsbiographische Erzählungen gesammelt und in der beschriebenen Weise aufbereitet. Das Ergebnis ist eine Meta-Meta-Geschichte, die hier wiedergegeben wird.

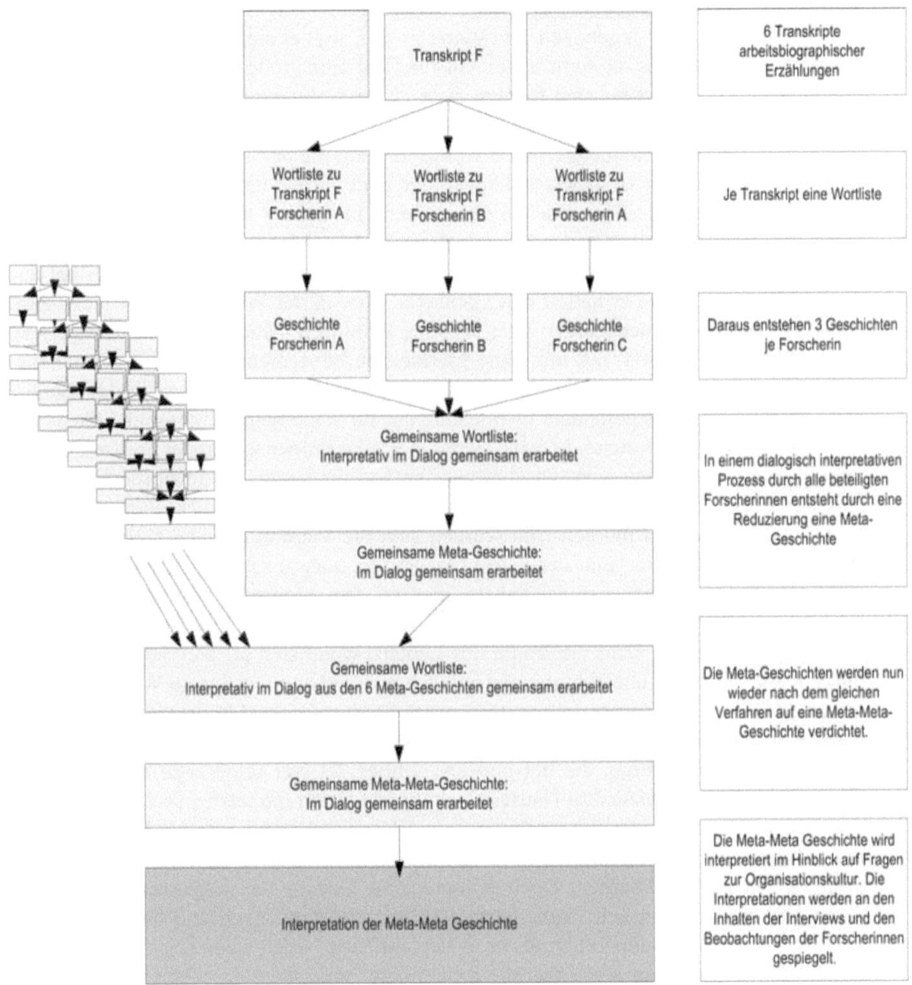

Abbildung 1: Prozess der Phantasieanalyse

4.1 Die Meta-Meta-Geschichte

Er war in die Wüste gegangen, um sein letztes Abenteuer zu erleben. Doch es hatte sich in den letzten Tagen alles zu einem Spiel mit dem Leben entwickelt. Er wusste, wenn er überleben wollte, musste er in den nächsten zwölf Stunden auf Wasser stoßen. Nur ein Wunder konnte ihn mehr retten. Zeit seines Lebens hatte er immer einen Job gemacht nur des Geldes wegen. Ein typischer Bürojob, an dem er nie Gefallen finden konnte. Er arbeitete für seine Familie. Er wollte immer das Beste für seine Frau und seine Tochter. In ihre Jugendzeit investierte er das, was er sich selbst von seiner Zeit des Erwachsenwerdens erträumt hatte. Alles lief auf eine große Karriere seiner Tochter hinaus. Doch sie entschied sich für ihre erste große Liebe, einen mächtigen Mann mit großem Vermögen, an dessen Seite sie sich den Traum, den Armen und Kranken auf dieser Welt helfen zu können, erfüllen wollte. Er kam nie darüber hinweg, seine Tochter so schnell verloren zu haben und sie an der Seite ihres Mannes, der sich mit ihr in der Medienlandschaft sonnte, sehen zu müssen. Er wusste aber auch, dass nur ihr Mann ihr die Möglichkeit bieten kann, sich an Hilfsprojekten in großen Dimensionen zu beteiligen, und er wollte versuchen, glücklich zu sein, wenn seine Tochter es bei ihrer Aufgabe war. Auch er hatte Fehler gemacht. Hier in der Wüste, das war nicht sein erstes Abenteuer, immer wieder hatte er seine Familie im Stich gelassen und sich in neue Abenteuer gestürzt, nur um seine Eitelkeit zu befriedigen. Er hatte immer neue Herausforderungen abseits seines Berufslebens gesucht und diese auch in den Bereichen des Extremsports gefunden. Er brauchte das für seine Selbstbestätigung, die er im Alltag nicht erlangen konnte. Er kalkuliert das Risiko immer so, dass er sich nur zu einem kleinen Prozentsatz wirklich in Gefahr befand. Er liebte seine Familie über alles und wollte sie nicht in Trauer stürzen. Doch jetzt hatte er sein Glück überstrapaziert. Er saß fest, spätestens morgen früh würden sich die Tiere auf seinen Körper stürzen und den letzten Teil von ihm vergessen machen. Er musste schmunzeln: Hatte er sich nicht oft gewünscht, lieber in der Sahara oder auf dem Mount Everest als Held umzukommen, als in seinem Bürostuhl vor lauter Ärger über seinen Chef einer Herzattacke zu erliegen? Wäre es nicht die Ironie des Lebens, wenn sich all die vielen Tage hindurch seine Wünsche und Träume nie erfüllt hätten, während sich sein Wunschgedanke nun erfüllen würde, wenn es um die Art des Sterbens ginge? In diesem Moment erwachte er aus seinem Traum und wusste sofort, wo er sich befand. Er war zu Hause, neben ihm lag seine Frau, die tief und fest schlief. Es war seine erste Nacht – nach über sechs Monaten wieder zu Hause. Noch einmal liefen die letzten sechs Monate, in denen er sich nach seiner Pensionierung auf Weltreise befand, wie ein Film vor ihm ab. All die schönen Erlebnisse und Eindrücke zogen an ihm noch einmal vorbei und erfüllten ihn mit Dankbarkeit. Doch er hatte seine Familie nie vergessen und irgendwann gab er der Sehnsucht nach seiner Tochter und Frau nach und beendete seine Weltreise ein halbes Jahr früher, als er es geplant hatte. Auch wenn sein Leben immer bescheiden und nur auf seine Familie ausgerichtet war, wusste er jetzt umso besser, dass er sich für das Richtige in seinem Leben entschieden hatte. Er schmiegte sich enger an den Körper seiner Frau und war in den Stunden dieser Nacht wahrscheinlich der zufriedenste Mensch.

4.2 Die Auswertung der Meta-Meta-Geschichte

Die Forscherinnen ließen die Geschichte auf sich wirken und nahmen Bezug auf alles, was sie innerhalb der Organisation wahrgenommen oder wovon sie Kenntnis erlangt hatten. All diese Phänomene setzten sie wieder in Bezug zu den Originaltranskripten. Hier einige Auszüge aus ihrer Arbeit:

> Bei genauerem Studium unserer Meta-Meta-Geschichte entstehen vor unseren inneren Augen drei Bilder, die den Kommunikationstand in unserem Unternehmen abbilden. Der Mann, der in die Wüste geht, spiegelt für uns das Unternehmen wider, bei dem die informellen Informationsquellen versiegt sind. Hier sehen wir den Wunsch der Mitarbeiterinnen nach mehr Information über das eigene Unternehmen, über die Arbeiten, über die Kolleginnen und über Pläne und Visionen der Organisation. Die existenzielle Bedeutung dieses Mangels wird im Symbol des Wassers, das in der Wüste über Leben und Tod entscheidet, untermauert. Zwei Auszüge aus den Interviews unterlegen unsere Interpretation:
>
> »*Und oft die Kommunikation und die Information im Unternehmen – von der ersten Ebene zur zweiten Ebene funktionierts wunderbar, aber dann nach unten, also die anderen, also die brauchen nix wissen. Aber i denk mir immer, wenn i de mehr und mehr informier und sog: Jetzt hamma a große Aktion oder mir hom des und des vor – i moan de überlegen sich des ja, denken da ja mit und sein dadurch a motiviert.*« Und: »*Es passiert einfach nicht strukturiert, sagen wir mal so. Wenn, dann informell, bei informell wissen wir eh, das ist dann so, es kann sein, dass ich zufällig Informationen kriege, aber das muss dann einfach nicht sein, also das ist jetzt nicht irgendwie geregelt, wer kriegt welche Informationen fix.*«
>
> Das zweite Bild zeigt den Wunsch des Mannes, wieder mit seiner Familie verbunden zu sein. Auch hier sehen die Studierenden den Momentzustand des Unternehmens, das sich durch die lokale Spaltung voneinander separiert und auch den Mitarbeiterinnen keinen kommunikativen Kontakt zum jeweils anderen Unternehmensteil gewährt. Der Konflikt von Separation versus Zugehörigkeit einzelner Subsysteme durchzieht das Leben des Unternehmens.
>
> »*Da hammer überhaupt keinen Zugang, also was de tuan oder welche Menschen damit verbunden sein, durch des, dass die räumliche Trennung, hamma da überhaupt ... des des merkt ma immer so, wenn ma Weihnachtsfeiern oder so was haben, äh, ja do des isch a andere Welt – andere Welt.*«
>
> Die dritte Metapher, die aus der Geschichte heraussticht, ist die des Mannes, der abseits seines Arbeitsumfeldes um Anerkennung durch verschiedene Abenteuer ringt. Die Flucht aus den Mühen der Ebene des Büroalltages hinein in die narzisstische Kompensation des Extremsports führt zu einer Vernachlässigung der Wertschätzung der Mitarbeiterinnen vor Ort. Hier sehen wir den Grund für die

fehlende Anerkennung der Mitarbeiterinnen in dem Unternehmen. Die Auszüge aus den Interviews lassen den Wunsch nach »richtig kommunizierter« Anerkennung deutlich werden. Die fehlende Gratifikation durch die Unternehmensführung führt zur Mobilisierung von geschwisterlichen Selbsthilfeaktionen:

»*- i sag immer des is a Anerkennung für den Mitarbeiter selber und i hob des, vor über 20 Jahren hab i des amal gsagt – hamma immer [unser Produkt] gschenkt kriag – i moan – äh, sicher is naheliegend, aber des is wie, wenn i am Metzger a Stange Wurscht schenk zu Weihnachten. Des kannsch nimmer segn, oder? Des kann man einfach nimmer segn.*« Und: »*Wieso hamma des tan, damit sie des a verstehen, weil viele produzieren da unten [Produkte], was woas i für Südamerika, aber sie wissen nit, dass des jetzt in Top Hotels geht oder die produzieren für 7 Sterne Hotel in Dubai – Burj Al Arab, aber was des jetzt für a Stellung hat in der Welt, so a Hotel oder so, des isch denan gar nit bewusst, und mit dieser Firmenzeitung wollt ma des halt machen und dass ma a bissl zammenwachsen und mehr Einblick für alle ham.*«

Wir haben verschiedene Interpretationsansätze von Kommunikation und Nicht-Kommunikation klar und deutlich in der Meta-Meta-Geschichte gesehen. Doch je länger wir uns mit den einzelnen Fallbeispielen wie Kommunikationsstörungen zwischen den Hierarchien, dem Fehlen von Anerkennung für die Mitarbeiterinnen der Produktion, dem Fehlen von Verständigung der beiden Unternehmensteile untereinander oder der verstärkten abteilungsinternen Kommunikation auseinandergesetzt haben, desto genauer haben wir erkennen können, was für unsere Arbeit relevant erscheint. All diese Hintergründe und das Wissen, dass es im Unternehmen keine Leitsätze gibt, dass es keine Firmenzeitung mehr gibt, dass keine Aufenthaltsräume für die Pausengestaltung den Mitarbeiterinnen zur Verfügung stehen, hat bei uns verstärkt das Interesse geweckt, die Kommunikation oder die Nicht-Kommunikation zu bearbeiten. Es ist naheliegend, bei dem Versuch, die Kommunikation in einem Unternehmen zu untersuchen und dadurch Rückschlüsse auf Unternehmensethik zu gewinnen, einen Ethikansatz heranzuziehen, der in seiner Grundstruktur den Anspruch einer Kommunikations- und Dialogethik erhebt.

Die Forscherinnen gelangten über die Betrachtung insbesondere der »Nicht-Kommunikation« zu weiteren Ansatzpunkten. Sie konnten hinter den vielen, fast ehrfürchtig positiven Aussagen über den Unternehmensleiter auch kritische Untertöne erkennen. Prinzipien werden in dem untersuchten Unternehmen durch Vorbildverhalten weitergegeben. Es kursieren »Heldensagen«, die zur Nacheiferung anregen sollen. Eine selbstlose Aufopferung für die Firma wird zum Ideal, was aber nicht offen kommuniziert wird. Über die Darstellung der Tochter in der Meta-Meta-Geschichte kommen die Forscherinnen zu der Annahme, dass die Aufopferung der Mitarbeiterinnen nicht ausreichend gewürdigt wird und diese sich dann frustriert und enttäuscht zurückziehen. Die Forscherinnen konnten Paradoxien beobachten, wie zum Beispiel die Bekundung eines hohen Interesses an Weiterbildung seitens der Unternehmensleitung. Gleichzeitig werden Mitarbeiterinnen, die sich entscheiden, dieses Angebot anzunehmen und parallel zur Berufstätigkeit ein Studium aufnehmen, von den Führungskräften und dann in Folge von den anderen Mitarbeiterinnen »geschnitten« und von informeller Kommunikation ausgeschlossen. Ihnen wird egoistisches Verhalten vorgeworfen, Kolleginnen befürchten, im Ausgleich selbst mehr Arbeit leisten zu müssen. Die Lernerfolge werden im Unternehmen weder erwähnt, noch in der Ausgestaltung des Aufgabenprofils der Mitarbeiterinnen berücksichtigt. Dazu gibt es keinen Diskurs im Unternehmen. Leitende Positionen werden wenn möglich mit Familienmitgliedern besetzt. Auch dazu gibt es keinen Diskurs. Die Forscherinnen konstruierten einen kausalen Zusammenhang: Selbstredend macht Weiterbildung in einem Unternehmen keinen Sinn, wenn von vornherein klar ist, dass Aufstiegspositionen sowieso nur von Familienmitgliedern besetzt werden. Das fehlende Interesse an Weiterbildung der Mitarbeiterinnen macht bei dieser Betrachtung Sinn. Die Forscherinnen fanden den Mut, diese Hypothese in der Präsentation aufzustellen und bekamen zurückgemeldet, dass ihre Annahmen hoch plausibel seien.

4.3 Präsentation und Rückmeldung

Zu der eintägigen Abschlussveranstaltung des forschungsgeleiteten Kurses waren alle beteiligten Unternehmerinnen und Mitarbeiterinnen sowie die Forscherinnen aus den oben beschriebenen Forschungsprojekten eingeladen. Im Vorfeld hatten die Gruppen ihre Auswertungen den Unternehmen präsentiert, die sie jeweils beforscht hatten. Es stand den Unternehmen frei, bei der Abschlusspräsentation nicht genannt zu werden. Alle Unternehmen waren aber an einem offenen Austausch interessiert, und so kam es bei der Abschlussveranstaltung – nach den Präsentationen der Nachwuchsforscherinnen – zu regen Diskussionen. Dabei kamen nicht nur die Inhalte, sondern auch das hier beschriebene, für den betriebswirtschaftlichen Kontext eher ungewohnte Analyseverfahren zur Sprache.

In einem Fall hatten die Nachwuchsforscherinnen ein starkes Ungleichgewicht in der Hierarchie eines Unternehmens herausgearbeitet. Eine Mitarbeiterin, die bei den Kolleginnen nicht sehr beliebt war, schien dennoch die Macht zu haben, die Kultur in einem Ausmaß zu beeinflussen, wie es sich durch die Rolle und das Organigramm nicht erklären ließ. Die Forscherinnen hatten durch die Arbeit an den Geschichten herausgearbeitet, dass dieses Missverhältnis zwischen Kompetenz, Verantwortung, Rolle und Funktion Ursache für eine sehr hohe Fluktuation und Misstöne im Unternehmensklima zu sein schien. Als die Geschäftsführerin die Rückmeldung der unsicheren Nachwuchsforscherinnen erstaunt bestätigte und ihnen den Hintergrund erklären konnte, waren sie sehr erstaunt, waren sie doch der Analysemethode gegenüber anfänglich eher skeptisch eingestellt gewesen. Die Geschäftsführerin klärte sie über Erbschaftsverhältnisse auf, die niemandem außer der Eigentümerin, der Geschäftsführerin und der betreffenden Mitarbeiterin bekannt waren. Den Forscherinnen wurde ebenso wie der Geschäftsführerin klar, dass durch nichtkommunizierte Besitzverhältnisse eine Ungleichheit entstand. Diese nicht beliebte Mitarbeiterin wurde anscheinend nicht geführt, geschweige denn sanktioniert. Das Unverständnis auf Seiten der Kolleginnen konnte verstanden werden. Auch das oft als unangemessen wahrgenommene Verhalten der Mitarbeiterin ließ sich auf diese Weise erklären. Bei Durchsicht der Transkripte hatten die Forscherinnen keine Erklärungsmuster für ihre Beobachtungen finden können. Erst über die Geschichten, die aus den Wortsammlungen entstanden, wurden diese sichtbar. Als Folge dieser Begegnung entschlossen sich Unternehmerin und Geschäftsführerin in Absprache mit der Mitarbeiterin, dies in die Unternehmenskommunikation zu überführen.

In einem anderen Fall konnten die Nachwuchsforscherinnen, welche eine Abteilung einer psychosozialen Organisation analysierten, intensiven Widerstand gegen einen aktuellen Changeprozess erkennen, der sich aus den Transkripten nicht hätte herauslesen lassen. Die Organisation war zum Untersuchungszeitpunkt von passiven Widerstandsphänomenen gekennzeichnet: Termine wurden willkürlich verschoben, Mitarbeiterinnen erschienen nicht zu Meetings, keine hatte Zeit, wesentliche Aufgaben offensiv anzugehen etc. Davon war in den Interviews nie die Rede, das offizielle Wording lautete: »Wir alle stehen hinter dem Changeprozess.« Durch die ›Fantasy-Word-Method‹ erschlossen die Studierenden oben genannte Phänomene, die vom Geschäftsführer der Einrichtung bestätigt wurden.

Besonders eindrücklich wurde der Erkenntnisprozess einer der Jungforscherinnen empfunden, den alle Kolleginnen während der Probepräsentation beobachten konnten. In einer der Gruppen war eine der Nachwuchsforscherinnen zugleich Mitarbeiterin der Organisationseinheit, die von ihrer Gruppe untersucht wurde. Der Bericht der Gruppe fiel erstaunlich idealisierend aus und glich frappant den Aussagen der Hochglanzprospekte des Unternehmens. In der Gruppendiskussion kam es, nicht zuletzt durch das Eingreifen eines Kursleiters, der über interne Kenntnisse des Unternehmens verfügte, zu einer Anreicherung der Präsentation. Die Gruppenmitglieder berichteten, dass es zu heftigen Auseinandersetzungen innerhalb der Gruppe gekommen war, da die Ergebnisse der Analyse und Interpretation der Meta-Meta-Geschichte zu einer Entidealisierung geführt hätten, die durch die Mitarbeiterin/Nachwuchsforscherin in der Doppelfunktion während des Analyseprozesses verhindert wurde. Immer wieder verwies sie auf den »Wahrheitsgehalt« der Transkripte. In der Plenumsdiskussion konnten alle beobachten, wie dieser Widerstand schmolz und die junge Frau die Unternehmenssituation auf einer neuen Ebene und in einer für sie bisher nicht möglichen Fülle, Ambiguität und Ganzheitlichkeit betrachten konnte. Anspruch und Wirklichkeit konnten beschrieben werden. Das Ziel anspruchsvoller Personalführung konnte genauso gesehen werden wie die notwendige Abweichung von ehrenhaften Zielen, wie zu wenig Zeit zur offenen Kommunikation mit Mitarbeiterinnen, Konflikte, die nicht offen ausgetragen wurden etc. Entwicklungsdynamik entsteht immer auch aus Diskrepanzen zwischen Ist- und Sollvorgaben der Organisation.

Dieses Erlebnis sowie die Rückmeldungen der Mitarbeiterinnen und Unternehmerinnen überzeugten die sehr skeptischen Jungforscherinnen. Die Forscherinnenteams sahen sich in ihrem Vorgehen bestätigt. Wenngleich es nicht möglich war, exakt zu bestimmen, warum diese Form der Untersuchung sich als derart wirkungsvoll erwies, kann angenommen werden, dass die Weiterentwicklung der deMauseschen ›Fantasy-Word-Method‹ einen Zugang zum impliziten Wissen der Organisation ermöglicht.

5. Bemerkungen über das Lehren von Psychoanalyse an der Universität

Das Verhältnis von Psychoanalyse und Universität ist ein von je her gespanntes. Dieser Umstand speist sich u.a. auch aus der – im guten Sinne – »Sperrigkeit« psychoanalytischer Theorie, die den Widerstand ihrer Rezeption gleichsam notwendigerweise erzeugt. Ein psychoanalytischer Zugang verstößt gegen übliche Denkgewohnheiten. Viele Inhalte werden ihrerseits als Kränkung erfahren, stellt sich doch heraus, wie wenig wir alle »Herr im eigenen Haus sind«. Eine häufig vertretene kritische Position gegenüber der Psychoanalyse an der Universität, die z.B. Ohlmeier einnimmt (vgl. Charlier 2002), fußt auf der zwingend notwendigen Eigenerfahrung der Methode, welche die Universität nun mal nicht anbieten könne. So müsse die Vermittlung von Psychoanalyse an der Institution Hochschule blass, schal und halbherzig bleiben. Sicher ist die Lehrtherapie eine unverzichtbare Erfahrung, um die Fülle psychoanalytischer Möglichkeiten leibhaftig zu erleben. Dennoch kann die Psychoanalyse der Universität in spezifisch aufklärerischer Manier dienen. Gerade im Bereich der Didaktik ist die Psychoanalyse in der Lage, wertvolle Beiträge zum modernen Unterrichten zu liefern: Lehre ist dann erfolgreich, wenn es den Dozentinnen gelingt, die Studierenden möglichst umfassend zu erreichen, d.h. ihr Denken, Fühlen und Handeln zu berücksichtigen (vgl. Jaeggi u.a. 2003).

Anfänglich und auch noch während des Projektes hatten die Forscherinnen – allesamt Studierende der Betriebswirtschaft und damit im Besonderen unvertraut mit psychoanalytischem Denken – große Bedenken gegenüber der Methode geäußert. Im Seminar ließen sie sich dennoch »verführen«, mit dieser unkonventionellen Methode zu arbeiten. Sie hielten durch und blieben »dran«, da die Meta-Meta-Geschichten der Kleingruppen in der Lehreinheit von Heidi Möller, in der mit einem vorhandenen Interview gearbeitet wurde, doch ganz erstaunliche Resultate über postmoderne Arbeitsidentitäten hervorbrachte. Im Laufe der Eigenarbeit, der Interpretation ihrer eigenen Interviews, hatten sie allesamt mit starken inneren Widerständen zu kämpfen, ohne die jedoch psychoanalytisches Denken und Arbeiten niemals auskommt. Sie stellten sich Fragen wie: »Darf ich meinen affektiven Reaktionen trauen? Ist das dann noch Forschung? Kann ein so unstrukturiertes Verfahren denn sinnvolle Ergebnisse bringen?« Auch der Institutsleiter war ein wenig beunruhigt, was seine Studierenden denn da in der ersten transdisziplinären Lehrveranstaltung zu lernen bekamen: »Frau Kollegin Möller macht mir alle Studierenden verrückt.«

Nach und nach begriffen die Studierenden – dank der Hartnäckigkeit der Seminarleiterin Seemann, dass eine ganz andere Interpretationstiefe durch diese »gewöhnungsbedürftige« Methodologie erreicht werden konnte. Es wurde den Studierenden klar, dass sie die Kultur eines Unternehmens nicht einfach direkt abfragen können, dass sie auf diese Weise nur die Ergebnisse bekommen, welche die Fragen zuvor eingespeist hatten. Um die Tiefenstruktur von Organisationen auszuloten, so konnten sie sehen, braucht es andere, nicht übliche Interpretationswege. Letztlich wurden die Zweifel der Studierenden erst befriedet, als sie in einer ganztägigen

Präsentationsveranstaltung auf Bewunderung und Verblüffung der Repräsentantinnen der Unternehmen stießen und erkannten, dass es sich bei ihren Ergebnissen nicht um Einzelerkenntnisse handelte. Sie teilten mit den Mitarbeiterinnen das Erstaunen über die Wirkmächtigkeit der Methode. Allesamt waren sie verblüfft, wie es den unerfahrenen Nachwuchsforscherinnen gelungen war, wesentliche Konfliktdynamiken der Organisation durch ihr Vorgehen zu erschließen.

Literatur

Bion, W.R. (1970): Attention and interpretation. Tavistock: London

Charlier, S. (2001): Die Bedeutung von Psychoanalyse an der Universität. Beiträge zur Supervision, Bd. 12.

DeMause, L. (1989): Grundlagen der Psychohistorie. Suhrkamp: Frankfurt/M.

DeMause, L. (2002): The Emotional Life of Nations. Other Press: New York, London

Devereux, G. (1974): Normal und anormal. Aufsätze zur allgemeinen Ethnopsychiatrie. Suhrkamp: Frankfurt/M.

Devereux, G. (1992): Angst und Methode in den Verhaltenswissenschaften. Suhrkamp: Frankfurt/M.

Duerr, H.P. (1978): Traumzeit: Über die Grenze zwischen Wildnis und Zivilisation. Syndikat: Frankfurt/M.

Ende, A. (1989): Vorwort des Herausgebers. In: DeMause, L. (1989): Grundlagen der Psychohistorie. Suhrkamp: Frankfurt/M., 7-14

Erdheim, M. (1984): Die gesellschaftliche Produktion von Unbewußtheit. Eine Einführung in den ethnopsychoanalytischen Prozeß. Suhrkamp: Frankfurt/M.

Foerster, v. H. (1993): Wissen und Gewissen. Versuch einer Brücke. Suhrkamp: Frankfurt/M.

Frenzel, K., Müller, M., Sottong, H. (2004): Storytelling. Das Harun-al-Raschid-Prinzip. Die Kraft des Erzählens fürs Unternehmen nutzen. Carl Hanser: München, Wien

Freud, S. (1912): Ratschläge für den Arzt bei der psychoanalytischen Behandlung. In: Freud, S.: Gesammelte Werke (GW), Bd. 8. Fischer: Frankfurt/M., 1964, 375-384

Gabriel, Y., Griffith, D.S. (2004): Stories in Organizational Research. In: Cassell, C., Symon, G. (Eds.): Essential Guide to Qualitative Methods in Organizational Research. Sage Publications: London, 114-126

Gagliardi, P. (1995): Organisationsentwicklung, organisatorischer Wandel und Cultural Change. In: Organisationsentwicklung, Supervision, Clinical Management 1, 7-14

Haubl, R. (1991): Modelle psychoanalytischer Textinterpretation. In: Flick, U., Kardorff, v. E., Keupp, H., Rosenstiel, v. L., Wolff, S. (Hrsg.): Handbuch Qualitative Sozialforschung: Grundlagen, Konzepte, Methoden und Anwendungen. Psychologie Verlags Union: München

Jaeggi, E., Gödde, G., Hegener, W., Möller, H. (2003): Tiefenpsychologie lehren – Tiefenpsychologie lernen. Klett-Cotta: Stuttgart

Leithäuser, T., Volberg, B. (1988): Psychoanalyse in der Sozialforschung. Westdeutscher Verlag: Opladen

Möller, H. (1997): Was können Supervisoren von der Ethnopsychoanalyse lernen? In: Organisationsberatung, Supervision und Clinical Management 3, 285-293

Nadig, M. u.a. (1991): Formen gelebter Frauenkultur. Ethnopsychoanalytische Fallstudien am Beispiel von drei Frauengenerationen des Züricher Oberlandes. Forschungsbericht an den Nationalfond. Zürich

North, K. (2001): Wissensorientierte Unternehmensführung. Wertschöpfung durch Wissen. Gabler: Wiesbaden, 2. aktualisierte und erweiterte Auflage

Petzold, H. (1988): Integrative Bewegungs- und Leibtherapie. Ein ganzheitlicher Weg leibbezogener Psychotherapie. Bd. I/1. Junfermann: Paderborn

Petzold, H., Sieper, J. (Hrsg.) (1993): Integration und Kreation: Jubiläumsband zu 20 Jahren Weiterbildung an der »Europäischen Akademie für Psychosoziale Gesundheit« und am »Fritz-Perls-Institut für Integrative Therapie, Gestalttherapie und Kreativitätsförderung«. Junfermann: Paderborn

Sackmann, S. (1983): Organisationskultur. Die unsichtbare Einflußgröße. In: Gruppendynamik, 4, 393-406

Schein, E.H. (1984): Coming to a New Awareness of Organizational Culture. In: Sloane Management Rewiew 25 (Heft 2), 4-10

Schmidt, S.J. (2005): Unternehmenskultur. Die Grundlage für den wirtschaftlichen Erfolg von Unternehmen. Velbrück Wissenschaft: Weilerswist, 2. Auflage

Schreyögg, G. (1990): Organisation I: Einführung in die Organisationslehre. Organisation V: Politische und symbolische Prozesse in Organisationen. Studienhefte der Fernuniversität Hagen

Schreyögg, G. (1996): Organisation: Grundlagen moderner Organisationsgestaltung. Mit Fallstudien. Gabler: Wiesbaden

Weick, K. (1995): Der Prozeß des Organisierens. Suhrkamp: Frankfurt/M.

Wellendorf, F. (1996): Überlegungen zum »Unbewußten« in Institutionen. In: Pühl, H. (Hrsg.): Supervision und Institution. Fischer: Frankfurt/M., 173-186

Willke, H. (1991): Beobachtung, Reflexion, Supervision aus systemtheoretischer Sicht. Vortrag auf der Tagung »Supervision in Großorganisationen und totalen Institutionen« (Akademie Remscheid und EAG)

Willke, H. (2005): Einführung in das systemische Wissensmanagement. Carl-Auer-Verlag: Heidelberg

Verschiedene Welten, verschiedene Wahrnehmungen[1]

Das »unpersönliche Selbst«, der Überlebensmodus der Verleugnung und die Annäherung an die psychischen Strukturen von Jugendlichen in Ost und West

Catherine Schmidt-Löw-Beer

1. Eine historisch einmalige Chance

Jahrzehnte lang lag Österreich in vielfacher Hinsicht geographisch sowie historisch an der Grenze zu kommunistischen Ländern. Durch allerlei persönliche und wirtschaftliche Beziehungen waren Nähe und Distanz zugleich gegeben. Die ›Anderen‹ waren zwar räumlich nahe, aber dennoch war es kaum möglich, Erfahrungen im persönlichen Umgang miteinander zu sammeln. Wir wussten sehr wenig über das Leben unserer Nachbarn.

Als im Zuge der unerwarteten Auflösung der kommunistischen Regimes die Grenzen geöffnet wurden, ergab sich zum ersten Mal die Chance, Genaueres über die Persönlichkeitsstruktur der Menschen in den ehemaligen kommunistischen Ländern zu erfahren und diese Unterschiede auch zu untersuchen. Diese historisch einmalige Situation nutzten vierzehn psychoanalytisch versierte Wissenschaftler, die aus Ost und West stammten: Nach dem Fall des Eisernen Vorhangs bildeten sie 1990 ein interdisziplinäres Forschungsteam mit Angehörigen unterschiedlicher Disziplinen (Psychologie, Psychiatrie, Soziologie, Philosophie, Politologie, Linguistik) und entwickelten ein Forschungsprojekt, um der Frage nachzugehen, wie verschiedene Gesellschaftsformen unsere Psyche beeinflussen. Spezifischer und von besonderer Brisanz war die Ausgangsfrage: *Wie unterscheiden sich die Persönlichkeit und die Identität von Menschen, die im Kommunismus gelebt haben, von jenen, die in einer Demokratie aufgewachsen sind?*

---

[1] Ich danke insbesondere Elisha Davar für seine intensive Mitarbeit und für viele Gedanken, die in diesem Artikel enthalten sind. Besonderer Dank gilt auch Elizabeth Spillius für all ihre Interpretationshilfen und Korrekturen. Ich danke Hazel Rosenstrauch für Lektorat, Anregungen und Kritik sowie meinem Bruder Martin Löw-Beer für viele anregende Überlegungen und Diskussionen. – Ich danke überdies dem österreichischen Bundesministerium für Bildung, Wissenschaft und Kultur für die Drittmittelfinanzierung des Projekts.

Von diesem Forschungsprojekt möchte ich hier erzählen. Ich werde dabei versuchen, Leser und Leserinnen auf eine Reise durch zwei unterschiedliche Welten mitzunehmen – zwei Welten, die miteinander in Beziehung stehen, die in unserem Projekt auf eine neue Art in Beziehung zueinander gesetzt wurden und für die wir Maßstäbe des Vergleichens und Unterscheidens suchten. Da das Projekt noch nicht abgeschlossen ist, handelt der vorliegende Artikel von »work in progress«.

2. Die Projektphasen und das empirische Material

In einer ersten Studie wurde eine Vorbereitungs-Untersuchung durchgeführt, die vor allem der Generierung von Ideen und Hypothesen diente. Im Sinne einer ersten Annäherung entwickelte das Forscherteam gemeinsam einen Interviewleitfaden, der dazu dienen sollte, die Identität von Jugendlichen in Ost und West zu untersuchen. Jugendliche wurden deshalb ausgewählt, weil sie gesellschaftliche Prozesse sensibel widerspiegeln und in ihre Identität inkorporieren. Die Jugendlichen, die wir für unsere Studie auswählten und mit denen Interviews geführt wurden, lebten in Tschechien, der Slowakei, Ungarn, Polen, Russland und Österreich[2].

Eine zweite, noch nicht beendete Studie, die 1996 begonnen wurde, soll zu einem qualitativ kontrollierten Verständnis der zum Teil erst während der Durchführung sichtbar gewordenen Probleme führen. In dieser zweiten Studie wurden sowohl die Fragestellungen als auch die methodischen Reflexionen nochmals vertieft. Dabei konzentrierten wir uns aus zwei Gründen auf den Vergleich zwischen Jugendlichen aus Russland und Österreich: erstens, weil in Russland der Kommunismus am längsten gedauert hatte und sich seine Strukturen über viele Generationen in die Psyche eingeschrieben haben; und zweitens, weil die Leiterin des Projekts die russische Sprache gut beherrscht.

Die empirische Grundlage dieser zweiten Studie, von der ich hier berichte, bilden 16 Interviews, wovon acht in St. Petersburg und acht in Wien geführt wurden. Die Interviews mit den 16-jährigen fanden 1997 statt. Die russische und die österreichische Gruppe bestand aus je vier Jungen und vier Mädchen. Das soziale Milieu war vergleichbar, beide Gruppen kamen aus der Mittelschicht, die Eltern hatten ähnliche Berufe (Architekten, Lehrer, Ingenieure etc.). Ein wichtiger Unterschied bestand allerdings darin, dass alle russischen Eltern von der sozioökonomischen Krisensituation betroffen waren.

Die Interviews wurden in den Muttersprachen der Jugendlichen geführt. Die Interviewer teilten die Nationalität der Jugendlichen. Unser Forschungsinstrument stellte ein semistrukturiertes Interview dar, das zweieinhalb bis drei Stunden lang dauerte. Allen Jugendlichen wurden die gleichen Fragen gestellt, aber es waren Fragen, die

[2] Im Unterschied etwa zu Leuzinger-Bohleber und Garlichs (1993) konzentrierten wir uns somit nicht auf einen Vergleich zwischen Kindern und Jugendlichen, die in Ost- und Westdeutschland aufgewachsen waren.

einen breiten Raum für individuelle Antworten ließen. Das Interview deckte viele biografische und aktuelle Lebensbereiche ab: die Beziehungen zu den Eltern, den Verwandten, den Freunden und zur Peergroup; die Art, wie sie ihre Freizeit verbringen; das Bild, das sie von sich haben (wie sie sich also selbst sehen); ihre frühesten Erinnerungen; ein Traum; ihre Vorstellungen von ihrer Zukunft; sowie das, was die Jugendlichen über die Welt heute und über die Politik in ihrem Land jetzt und in der Vergangenheit denken. Wir baten sie, ein Szenario zu entwerfen, in der die Schulklasse der Jugendlichen zu entscheiden hat, welches Land die Jugendlichen besuchen wollen und warum, mit was für einer Familie sie dort zusammenwohnen möchten und was sie gerne in diesem Land sehen wollen. Schließlich fragten wir auch nach der Meinung der Jugendlichen über das Interview. – Von allen Interviews wurden Video- und Audiokassetten hergestellt. Die Interviews wurden nach linguistischen Kriterien transkribiert und in der Tradition von psychoanalytischen Einzelfallstudien analysiert.

3. Methodische Implikationen des Projekts

Ein erstes für die Forscher durchaus überraschendes Resultat bestand darin, dass die Gemeinsamkeiten zwischen den im Kommunismus aufgewachsenen Jugendlichen überwogen und die Unterschiede zwischen ihnen und den Österreichern ziemlich massiv waren.

Zugleich sahen wir uns aber auch damit konfrontiert, dass Vorurteile oder zumindest Vorannahmen der Wissenschaftler durch den Forschungsprozess selbst tendenziell aktualisiert und verstärkt werden – sei es durch Theoretisierung oder im Bestreben, in der Gruppe Konsens zu erzielen. Wir mussten realisieren, dass solche Mechanismen auch unter uns Wissenschaftlern trotz aller Reflexion und Beobachtung kaum zu verhindern waren.

Vor allem in den ersten Workshops, zu denen sich das Forschungsteam immer wieder zusammenfand, kam es oft zu Situationen, die etwa so verliefen: Als wir uns die Interviews der österreichischen und russischen Jugendlichen gemeinsam auf Videos anschauten, schienen zunächst beide Gruppen um »ihre« Jugendlichen zu kämpfen, als ob es darum ginge, irgendein Konzept zu verteidigen, mit dem die eigene Gruppe auf- und die andere abgewertet wird:

- Die Österreicher idealisierten die österreichischen Adoleszenten. Sie erschienen ihnen einfallsreich, individualistisch, durchsetzungsfähig, und sie wurden als lebendig, flexibel, autonom und reflexionsfähig erlebt. Die russischen Jugendlichen machten auf uns Österreicher hingegen den Eindruck, sie wären depressiv, unlebendig, in ihrem Affekt flach, rigide und unterwürfig. Sie kamen uns gequält, nichtssagend sowie krampfhaft nach Harmonie und Einverständnis suchend vor.
- Das entsprach überhaupt nicht dem Eindruck der russischen Analytiker, die sich mit »ihren« Jugendlichen identifizierten. Sie erlebten »ihre« Jugendlichen

als tief, interessant und vielschichtig, und sie hatten den Eindruck, sie wären viel interessanter und echter als die österreichischen, die sie oberflächlich, exhibitionistisch, nach medialen Auftritten eifernd und glatt fanden. Man könnte, so meinten die russischen Kollegen, nicht ahnen, was aus den russischen Jugendlichen wird, und es könnte im weiteren Lebensverlauf viele Überraschungen geben. »Unsere« Jugendlichen erlebten sie dagegen als langweilig, mit einer total vorhersehbaren Zukunft und so »smooth«, dass man keine Lust hätte, sich mit ihnen zu unterhalten.

Wir begriffen diese unterschiedlichen Reaktionen auf das »Forschungsmaterial« bald als eine potentielle Gefährdung des wissenschaftlichen Prozesses, die nur durch das Bemühen verringert werden konnte, dass wir versuchten, die dynamischen Prozesse, die zu diesen Reaktionen führten, bewusst zu machen, zu verstehen und zu bearbeiten. Wir kamen deshalb schnell zu dem Schluss, dass wir unsere Einschätzungen und Wahrnehmungen – also die Einschätzungen und Wahrnehmungen der Forscher – mitreflektieren und beobachten mussten. Zu diesem Zweck befassten wir uns in unseren Workshops immer wieder in unterschiedlichen Zusammensetzungen mit Begriffen und Einschätzungen wie »gequält«, »glatt«, »narzisstisch«, »exhibitionistisch«, »harmonisch«, »tief« versus »oberflächlich«, »zurückgeblieben« versus »modern«, »individualistisch« versus »kollektiv«, »egoistisch« versus »gemeinschaftsbezogen«. Dabei zeigte sich, dass in den Einschätzungen immer auch Zuschreibungen steckten, in denen Kritik, Wertsetzungen und letztlich ein Streit um kulturelle Vorherrschaft enthalten war, der darin gründete, dass das Forschungsteam selbst aus zwei unterschiedlichen Gesellschaftssystemen stammte. Letzteres löste eine unendliche Kette von Emotionen aus.

Wir thematisierten deshalb in der Forschergruppe das jeweils »Fremde« und »Eigene«, um die Differenzen und Gefühle zu verstehen, die aufkamen, und wir ließen unsere Kommunikation von Außenstehenden supervidieren, indem wir systematisch fremde Beobachter einluden, um eine Außenperspektive auf unsere Diskussionen und unser Verhalten zu bekommen. Wichtig für die Möglichkeit, trotz der heftigen Emotionen weiterzumachen, war dabei insbesondere ein Workshop, zu dem wir drei Organisationsberater aus Ost und West eingeladen hatten: David Armstrong (Tavistock Consultancy Service, London/England), Maya Mladenova (Institute for Human Relations, Sophia/Bulgarien) und Erika Stern (Centre for Policy and Management, Utrecht University/Holland). Sie beobachteten vor allem den Gruppenprozess innerhalb der Forschergruppe und zeigten uns, welche unbewussten Prozesse – Neid, Ängste, Konkurrenz usw. – hier abliefen (vgl. Amstrong 2003).

3.1 Die Forscher und ihre Projektionen

Das Ausmaß dieser intensiven Emotionen, die auch in mir ausgelöst wurden, konnte mir erst nach und nach bewusst werden, und ich musste nach Zusammenhängen und Erklärungen in meiner eigenen Geschichte suchen, um meine Reaktionen zu verstehen. Ich ertappte mich immer wieder dabei, dass ich mich »besser« als »die« fühlte und dass ich empfand, ich wäre ihnen »überlegen«, woraus wiederum Schuldgefühle resultierten. Oft musste ich die Tränen zurückhalten, die drohten, mich zu überschwemmen und nie mehr zu versiegen.

Was war es, das mich so berührte? War es meine eigene Kindheit? Waren es meine russische Großmutter, Mutter und Tante, die für so Vieles standen, die Schönheit der russischen Sprache, der Schmerz um den Verlust meiner großen, von den Nazis ermordeten russisch-jüdischen Familie? Ja natürlich war es auch all das, und dazu gesellten sich durch projektive Identifizierung (vgl. Ogden 1979) der Schmerz und die Trauer meiner russischen Kollegen, die ich wohl ohne meine ganz persönliche Geschichte nie so empathisch mitfühlen und verstehen hätte können.

Immer mehr wurde mir bewusst, dass das Thema unserer Studie viel mit meiner eigenen Vergangenheit zu tun hatte: mit meinem Interesse für den Kommunismus, meiner eigenen tiefen Enttäuschung über seine Auswirkungen und das großen Leid, das er zugefügt hat. Die Studie aktualisierte zugleich viele Projektionen meiner österreichischen und russischen Kollegen, die in das Forschungsteam ebenfalls im Sinne einer projektiven Identifizierung eindrangen. Eine der Wirkungen bestand darin, dass wir uns oft hoffnungslos und hilflos fühlten, und dass wir meinten, das Projekt würde steckenbleiben, sodass wir uns verzweifelt bemühten, es vor dem Sterben zu bewahren.

Nach und nach haben wir erkannt – und wir haben es schließlich immer wieder diskutiert, beobachtet und analysiert –, dass projektive Identifizierungen als Abwehrmechanismus und als Form einer primitiven Kommunikation auch bei den Forschern und Projektmitarbeitern auftraten. Zunächst war uns wenig bewusst gewesen, wie groß die Einflüsse waren, die das jeweilige System, in dem die Wissenschaftler aufgewachsen waren, auf die Forscher und das Verständnis des Forschungsprozesses ausübt. Doch dann begannen wir immer besser zu verstehen, was es bedeutete, dass ja nicht nur unsere Studie transkulturell ausgerichtet, sondern dass auch die Forschergruppe transkulturell zusammengesetzt war, was offensichtlich starke Emotionen auslöste, die abgewehrt werden mussten. Anfänglich waren wir außerstande, diese vielen projektiven und introjektiven Prozesse zu erkennen und zu verarbeiten. Diese Einsicht hat erst nach und nach eine bewusste Auseinandersetzung und ein größeres Verständnis für die von uns untersuchten Phänomene ermöglicht.

3.2 Forschungsmethodische Konsequenzen

Die Auswertung der Interviews und die Reflexion der Methode, der kulturspezifischen Interpretationen und der individuellen sowie gruppenspezifischen Dynamik gingen fortan Hand in Hand. Es handelte sich dabei um einen zirkulären Prozess, in dem wir immer wieder in verschiedenen Zusammensetzungen die Interviews analysierten, weitere Analysedimensionen entwickelten und diese dann wieder zur neuerlichen Analyse des Interviewmaterials verwendeten.

Die Reflexion all der erwähnten Aspekte zog sich durch die gesamte Untersuchung. Wir gaben den auftauchenden Fragen in unseren Workshops breiten Raum und wollten uns im weiteren Verlauf des Projekts dann nicht mehr darauf beschränken, nach den Wechselbeziehungen zwischen psychischen und sozialen Faktoren zu fragen. Wir versuchten vielmehr, auch spezifische Einflüsse der radikalen Transformationsprozesse auf die Psyche der Jugendlichen in den Blick zu bekommen, denen diese Jugendlichen ausgesetzt waren.

Uns war bewusst, wie schwierig es sein würde, diese Gesichtspunkte voneinander zu unterscheiden und dabei überdies die jeweiligen nationalen Charakteristika zu berücksichtigen. Diese verschiedenen Aspekte auseinanderzuhalten erforderte ein hohes Maß an detaillierter Expertise in einzelnen Disziplinen wie Geschichte, Kultur etc. – und selbst im Fall des Vorhandenseins einer solchen Expertise war klar, dass keine definitiven Zuschreibungen erfolgen konnten. Aber wir hofften (und hoffen), dass die Berücksichtigung der angeführten Aspekte ein besseres Verständnis der Prozesse und aktuellen Verhaltensweisen ermöglichen würde, die Inhalt des Forschungsprojekts waren.

4. Das Konzept des »impersonal self«

Im Zuge der zunehmenden Beschäftigung mit Wahrnehmungs- und Interpretationstendenzen innerhalb des Forschungsteams fiel uns unter anderem auf, dass die Projektmitarbeiter, welche die Interviews durchführten, in ihrem Verhalten und in ihren Urteilen Parallelen zu den Jugendlichen aus »ihrer« Kultur aufwiesen, die sie zu interviewen hatten. Die Auseinandersetzung damit ging in die Auswertung der Interviews sowie in Überlegungen ein, die zur Ausarbeitung von neuen Konzepten führten.

Wir fragten uns etwa, ob vorhandene Entwicklungskonzepte – vor allem die von Erikson (1950, 1957) – sinnvoll angewandt werden können bzw. ob und inwiefern man Adoleszenz überhaupt als universelles Phänomen betrachten kann. Wir versuchten dann nach langen Diskussionen neue, für unsere Studie passende Konzepte zu entwickeln. Neben anderen Begrifflichkeiten und Theorien, die wir für die Analyse der Interviews verwendeten, waren vor allem zwei theoretische Konzepte produktiv, die ich kurz vorstellen möchte: das Konzept des »impersonal und personal self« (»unpersönliches und persönliches Selbst«) und in Verbindung damit die Entwicklung eines »survival-mode« – eines Verleugnungs- oder Überlebensmodus, der es erleichtert, in einer schwierigen Realität zu funktionieren (Schmidt-Löw-Beer 2003).

Das Konzept des »impersonal und personal self« wurde von uns entwickelt, weil wir für die Phänomene, die wir beobachtet haben, zunächst keine befriedigende Beschreibung fanden. Es handelt sich um ein Konzept, das zwar dem Begriff des »falschen Selbst« von Winnicott (1965, 72ff, 182ff) ähnlich ist. Während aber Winnicott meint, dass das »falsche Selbst« sich entwickelt, um den Bedürfnissen eines pathologischen Elternteils zu entsprechen, kamen wir zu dem Schluss, dass sich das »impersonal self« entwickelt hat, um eine Anpassung an sehr einengende rigide Strukturen von Institutionen in einer traditionellen kommunistischen Gesellschaft zu ermöglichen.

In gewisser Hinsicht haben wir alle ein »unpersönliches Selbst«, wenn es darum geht, sich an eine Gruppe oder an die Gesellschaft anzupassen. Im Laufe der Studie begann uns aber die spezifische Ausprägung bei unseren russischen Interviewpartnern zu interessieren. Dieses »unpersönliche Selbst«, so die These, spielt in rigiden Gesellschaften offenkundig eine sehr viel größere Rolle als in liberalen.

Eine Bestätigung des Konzepts fanden wir bei dem Psychoanalytiker Michael Sebek (1994). Er beschreibt in seinen Arbeiten den großen Einfluss des kommunistischen Regimes auf die Psyche der Menschen und er spricht davon, dass es – um das wahre Selbst zu schützen – zur Bildung eines falschen Selbst (im Sinne von Winnicott) kommen musste:

> »Totalitäre Systeme sind dadurch charakterisiert, dass sie einen starken Druck ausüben, um alle Aspekte des öffentlichen Lebens einheitlich zu machen (Politik, Kunst, Architektur, Kleidung, Kindererziehung usw.). Sie dringen tief in die Familien ein ..., auch in die ›Köpfe‹ von Individuen. Totalitäre Macht versucht, die individuelle Identität und Kreativität zu brechen und unterdrückt auf diese Weise das wahre Selbst ... Dagegen wird die Entwicklung von falschen Selbststrukturen gefördert. Paranoide Ängste und Angst vor Bestrafung sind ein Teil des täglichen Lebens ... Abwehrsysteme schaffen zahlreiche Rationalisierungen, Verleugnungen der Realität, Verzerrungen von Wertsystemen, Identifizierungen mit dem Aggressor« (Sebek 1996).

Sebek (1990, 1994) war der Frage nachgegangen, wie totalitäre Systeme in unserer Psyche repräsentiert werden und wie unsere Psyche auf Grund von verschiedenen äußeren politischen Ereignissen oder auf Grund von bestimmten sozialen Bedingungen reagiert und sich verändert. Seine Charakterisierung ist meines Erachtens nach eine genaue Beschreibung jener Vorgänge, die auch wir beobachtet haben. Ergänzend dazu war für uns wichtig zu untersuchen, ob diese Ideen im Sinne des »impersonal self« mit Phänomenen kompatibel sind, die in der postkommunistischen Zeit vorzufinden sind.

Wir vermuten, dass ein solches »impersonal self« am Höhepunkt des Kommunismus bei vielen Menschen in stark ausgeprägter Form existierte. Bemerkenswert ist, dass es offenbar weiter existiert, obwohl sich die sozialen und ökonomischen Umstände gravierend geändert haben. Es gibt in Russland nicht mehr jene Pseudo-Sicherheit, die vom sozialistischen System versprochen wurde, es gibt auch nicht mehr jene Vorgaben und Zwänge, die ja immer auch der Orientierung dienten. Die Ergebnisse unserer Studie sprechen dafür, dass das »impersonal self« als Ergebnis der spezifisch russischen Sozialisation weiter existiert und das Verhalten auch von jüngeren Menschen weiterhin bestimmt. Es mag unter damaligen Umständen gut geeignet gewesen sein, um mit Konflikten umzugehen oder ihnen auszuweichen. Jetzt, wo die Umstände ganz anders sind, hat dieses »impersonal self« seine Funktion verloren und könnte sogar für die persönliche Entwicklung und das Leben in einer postkommunistischen Gesellschaft kontraproduktiv sein. Die Veränderung von solchen psychischen Mustern scheint jedoch ein langwieriger und schwieriger Prozess zu sein.

5. Beispiele aus dem Interviewmaterial

In den Interviews sind wir auf zwei immer wiederkehrende Besonderheiten gestoßen: das »unpersönliche Selbst« und Prozesse der Verleugnung, die wir im oben skizzierten Sinn mit der Ausbildung eines »impersonal self« in Verbindung brachten. Um in das Material, das die Basis unserer Überlegungen abgab, sowie in die Art Einblick zu geben, in der wir das Material interpretierten, werde ich im Folgenden Ausschnitte aus drei Interviews wiedergeben und im Sinne unserer Projektarbeit kommentieren[3].
Das erste Beispiel enthält Ausschnitte aus dem Interviewtranskript, die anderen Beispiele enthalten Zusammenfassungen von Interviewpassagen.

5.1 Tatjana, eine russische Jugendliche

Tatjana ist ein typisch russisches Mädchen, bei dem wir sehen können, wie Verleugnung als Mittel der Bewältigung seines jetzigen Lebens funktioniert.

Sie ist 16 Jahre alt, hat langes gewelltes Haar, wirkt einerseits sehr ernst und erwachsen und andererseits doch ganz jung und verloren. Sie besucht das russische Äquivalent eines guten Gymnasiums, das aber keine Eliteschule darstellt. Sie ist eine gute, wenngleich nicht brillante Schülerin und wünscht sich, an der Universität aufgenommen zu werden.

5.1.1 Ausschnitt aus dem Interview zwischen Tatjana und Nadja

Im Interview wirkt Tatjana ängstlich und zurückhaltend und eher unlebendig. Sie verändert ihre Haltung während des gesamten Interviews kaum; sie schaut die Interviewerin kaum an. Nur wenn sie sich an ihre frühe Kindheit erinnert, lächelt sie und spricht mit Wärme über ihre ersten Lebensjahre mit den Großeltern. Ansonsten ist es schwierig, ein differenziertes Bild zu bekommen und zu beurteilen, ob sie geheimnisvoll, verschlossen oder emotional flach ist. Wir bekommen den Eindruck, dass sie in ihrem Leben viel herumgestoßen wurde, und auch jetzt, während des Interviews, scheint sie Angst davor zu haben, von der Interviewerin oder von jenen magischen Kräften beurteilt zu werden, die auf die Interviews Zugriff haben werden.

Nadja, die russische Interviewerin, will mehr Informationen und Tatjana reagiert auf diesen Druck, indem sie krampfhaft versucht, die richtige Antwort zu finden. Dass es in dieser Situation keine richtige oder falsche Antwort gibt, verunsichert sie. Als sie schließlich gefragt wird, was sie bei sich mag, erzählt sie uns stattdessen, was in Russland als gut empfunden wird. Sie spricht von Normen in Russland und meint, dies sei ihre eigene Ansicht. Von sich sagt sie, sie sei selbstkritisch, gutmütig, verständnisvoll, und meint, dass ihre Freunde sie respektieren und sie diese nicht im Stich lässt. (All das sind sehr wichtige russische Werte.) Ihre Antworten erwecken den Eindruck, dass sie auf der Hut und emotional gelähmt ist. Die Interviewerin tiefer

[3] Die Namen der Interviewerinnen und der Jugendlichen wurden aus Gründen der Anonymisierung geändert.

in ihr Inneres hineinzulassen, scheint gefährlich, weil Tatjana die Kontrolle über die Situation verlieren könnte.

Das von uns aufgenommene und ausgewertete Material legt nahe, dass Tatjana, um mit ihrem jetzigen Leben zurechtzukommen, Vieles verleugnen muss.

Hier einige Auszüge aus dem Gespräch zwischen Tatjana und Nadja, unserer Interviewerin, und meine Interpretationen dazu, die kursiv gesetzt sind:

Nadja: Machst du dir über deine Zukunft Sorgen?
Tatjana: Ja.
Nadja: Stören dich diese Sorgen?
Tatjana: Nein, alles wird gut werden. Vielleicht, wenn die Dinge jetzt nicht so gut sind, werden sie irgendwann gut werden.

(Tatjana sagt also, dass sie sich Sorgen macht, dann verleugnet sie, dass die Sorgen sie stören. Dann richtet sie ihre Aufmerksamkeit auf ein »besseres Irgendwann«.)

Nadja: Jetzt ist es nicht so gut?
Tatjana: So kann man das nicht sagen.
Nadja: Was ist im Augenblick nicht so gut?
Tatjana (schweigt und seufzt): Ich glaube nicht an meine Macht. Ich weiß nicht warum, aber zurzeit ist nichts gut für mich.

(Sie seufzt; für einen Augenblick hört sie mit ihrer Verleugnung auf und ist sofort mit dem Gefühl der Hilflosigkeit konfrontiert, mit dem Gefühl, keine Macht zu haben. Was macht sie damit? Im Sinne der Übertragungsbeziehung ist es wahrscheinlich, dass sie über ihr Gefühl, sich in der Interviewsituation nicht wohl zu fühlen, spricht und darüber, dass sie in der Realität mit ihrem Leben unzufrieden ist. Die Zukunft ist unsicher, verfolgend. Unter dem Druck der Interviewerin versucht Tatjana, in die Gegenwart zu kommen.)

Nadja: Du bist ein Pessimist, wann?
Tatjana: Na, jetzt.
Nadja: Wenn du über die Gegenwart nachdenkst?
Tatjana: Ja.

(An diesem Punkt scheint es auch die Interviewerin schwierig zu finden, ihre Fragen fortzusetzen, und sie wendet sich »anderen Dingen« zu.)

Nadja: Gibt es andere Dinge, die dir Sorgen machen?
Tatjana: Die Sache, die mir am wichtigsten ist, ist meine Zukunft.
Nadja: Fühlst du dich manchmal unglücklich?
Tatjana: Nein.
Nadja: Hast du manchmal das Gefühl, dass das Leben keinen Sinn hat?
Tatjana: Ja.

Die These, dass in diesem Interviewausschnitt Prozesse der Verleugnung auszumachen sind, möchte ich im Weiteren nochmals kommentieren und vertiefen.

5.1.2 Kommentar zum Interviewausschnitt mit Tatjana

Die Interviewerin fragt Tatjana, ob sie sich über ihre Zukunft Sorgen macht. Tatjana meint: »Ja«, aber sie verneint sofort und sagt: »Eigentlich nicht, ich hoffe, dass alles gut sein wird.« Sie projiziert ihre Hoffnung in die Zukunft: Wenn es jetzt nicht gut ist, so wird es doch einmal gut sein. Als sie dann gefragt wird, was im Augenblick nicht gut ist, antwortet sie: »Ich glaube nicht an meine Kraft.« Sie hebt also die Verleugnung auf und wird sofort mit Hilflosigkeit, Schmerz und Ohnmacht konfrontiert. Trotzdem geht sie noch einen Schritt weiter und verrät der Interviewerin: »Zurzeit ist für mich nichts gut.«

Dann nimmt sie ihre Verleugnung wieder auf, aber diesmal verleugnet sie ihre Sorgen, die auf die Zukunft bezogen sind: »Ich versuche nur an das Jetzt zu denken.«

Tatjana widerspricht sich also dauernd. Man gewinnt den Eindruck, sie würde von Sekunde zu Sekunde vergessen, was sie gerade gesagt hat. Was bedeutet diese rasche Änderung in ihrer Gedankenwelt? Da jeder Gedanke schmerzlich war, spürte Tatjana die damit verbundene Hoffnungslosigkeit und versucht unbewusst, schnell von diesen Gedanken loskommen. Da sie jedoch alle ihre Gedanken, sowohl die über die Gegenwart als auch die an die Zukunft, mit Schmerz und Hoffnungslosigkeit erfüllen, versucht sie, sich von diesen Gedanken abzuwenden. Das gelingt ihr aber nicht ganz. Nun bewegt sich Tatjana von einer schmerzhaften Situation zur anderen, im Versuch einen Hoffnungsstrahl zu finden. Auf diese Weise lindert die Verleugnung den Schmerz, aber nur vorübergehend. Denn schließlich landet sie in einem »Abwehr«-System, indem sie vor ihrer eigenen Gedankenwelt fliehen muss.

Dieses Beispiel einer Verleugnung der Gegenwart und der Zukunftsaussichten ist typisch für die meisten unserer russischen Interviews. Verleugnung ist ein wichtiges Mittel bei dem Versuch, die so hoffnungslose Situation – vor allem die Zukunft betreffend – psychisch zu überleben. Die Jugendlichen funktionieren in einem von uns als »Überlebens-Modus« (»survival-mode«) bezeichneten Zustand. Durch die Verleugnung wird ein winziger Raum geschaffen, in dem die Jugendlichen sich ein bisschen sicher, geschützt und gehalten fühlen – und daran halten sie sich krampfhaft fest. Sicherheit und Containment gibt es offenbar weder durch die Familie noch durch den Staat. Alles ist diffus und chaotisch. Nichts ist vorhersagbar und daher ist das Leben nicht planbar – die Jugendlichen haben weder Perspektiven noch Strukturen, an denen sie sich orientieren könnten.

Nicht nur Tatjana, sondern auch ihre vom Kommunismus geprägten Eltern verleugnen die Brutalität und Rauheit ihrer gegenwärtigen Welt. Die Eltern üben Druck auf die nächste Generation aus, und sie erwarten von ihren Kindern, dass diese erfolgreich sein und ihre »Identität« in der Zukunft finden würden. So wird Verleugnung von einer Generation auf die nächste übertragen: Das Gute wird auf diese Art in die Zukunft projiziert, das Schlechte wird verleugnet. Es ist dies ein Mittel, das Tatjana hilft, sich ihrer verzweifelten, von Unsicherheit bedrohten Situation nicht stellen zu müssen. Aber die Verleugnung beansprucht viel Energie, eine Erklärung für ihre dauernde Erschöpfung und Müdigkeit. Sie seufzt: »Ich habe keine Kraft.« – Und Nikolaj meint: »Das Leben beginnt erst nach dem Tod.«

5.2 Nikolaj, ein russischer Jugendlicher

Ich möchte ein weiteres Beispiel aus jenem Material bringen, aus dem wir das Konzept des »unpersönlichen Selbst« entwickelt haben. Nikolaj ist für unsere russische Gruppe in mehrfacher Hinsicht typisch.
Nikolaj ist 16 Jahre alt. Er schaut jünger aus und wirkt im Interview ängstlich, manchmal fast gequält und schüchtern. Er schaut der Interviewerin kaum in die Augen, lächelt oft verlegen und macht häufig lange Pausen, auf die kaum etwas folgt.

5.2.1 Ausschnitt aus dem Interview zwischen Nikolaj und Nadja

> Nadja: Stell dir vor, du hast die Möglichkeit, 14 Tage mit deiner Klasse in ein anderes Land zu fahren. In welches Land möchtest du fahren?
> Nikolaj wählt als Reiseziel Österreich, wegen der guten Erfahrungen mit Österreichern. Mit ihnen hat er sich wohl gefühlt. Er versteht nicht und kommt gar nicht auf die Idee, dass jemand etwas gegen das Reiseziel haben könnte.
>
> *(Da wir im Szenario vorgegeben haben, dass in der Klasse abgestimmt werden muss, sind Hindernisse für ihn nicht die abweichenden Meinungen oder andere Präferenzen, denn er glaubt, dass alle so denken werden wie er. Hindernisse sind für ihn nur Verbote von der Schulleitung, die aber nicht eintreffen würden, da der Plan, nach Österreich zu fahren, von der Deutschlehrerin Unterstützung erfahren würde. Seinen Äußerungen zur gemeinsamen Meinungsbildung zufolge kann er sich gar nicht vorstellen, wie man diesen Meinungsbildungsprozess unterstützen könnte. Was seinen Wünschen entgegenstehen könnte, sind also einzig Verbote der Obrigkeit, nicht Uneinigkeiten innerhalb der Klasse.)*
>
> Nadja: Was möchtest du über dich erzählen?
> Als Nikolaj gebeten wird, von sich zu erzählen, wirkt er zunächst verloren und meint: »Es gibt nichts, was ich über mich erzählen könnte ... Ich lerne, nach der Schule gehe ich zum Training.«
>
> *(Von der Interviewerin aufgefordert, erzählt er vom Training und von der Schule. Das sind einige konkrete Dinge, an denen er glaubt, sich festhalten zu können; aber es stellt sich schnell heraus, dass er sich nicht festlegen kann oder will – er ändert dauernd seine Meinung, als dürfte er sich nicht entscheiden. Wir gewinnen den Eindruck, dass hier nicht nur gewöhnliche adoleszente Unsicherheit zum Ausdruck kommt, sondern auch der Umstand, dass es für ihn bedrohlich ist, eine eigene Meinung zu haben.)*
>
> Er sagt, dass er gerne liest, aber er liest nur das, was man ihm in der Schule aufgibt, sonst nichts.

(So spielt sich auch das Interview ab. Nikolaj beantwortet die Fragen der Interviewerin, aber er gibt wenig von sich preis, als müsste er sich dauernd gegen eine gefährliche, eindringende Außenwelt verteidigen.)

Nadja: Was magst du an dir?
Auf die Frage, was er an sich mag, antwortet er spontan: »Ich mag nichts.« Und auf die Nachfrage der Interviewerin reagiert er schließlich diffus und verloren, indem er die Sichtweise der Anderen von ihm anführt: »Die anderen sagen von mir, man kann mit mir sprechen.«

(Sein Selbstbild wird durch die anderen bestimmt, und seine Selbstwahrnehmung scheint mit der Fremdwahrnehmung übereinzustimmen. Nur über »die Anderen« findet er Zugang zu sich selbst.)

Nikolaj tastet sich vorsichtig an das jeweils Gefragte heran. Zuerst sagt er nichts, dann führt er die »Meinung der Anderen« an, um schließlich doch von sich zu sagen: »Ich kann mich verteidigen«, denn er hat Taekwondo trainiert.

(Vielleicht gibt er damit zu verstehen, dass er sich schützen kann, was in der Interviewsituation als unbewusste Abwehr seiner Ängstlichkeit gedeutet werden könnte.)

Nadja: Was magst du nicht an dir?
Als Nikolaj danach gefragt wird, was er nicht an sich mag, versucht er zuerst, die Frage mit »Alles« loszuwerden, gibt dann aber doch Einiges von sich preis: Er mag es nicht, dass er sich immer in ein anderes Mädchen verliebt, und er mag nicht, dass er raucht.
Dann bittet er die Interviewerin, ihm doch ganz konkrete Fragen zu stellen, denn dann, so meint er, könnte er konkret antworten.

(Die Interviewerin gerät daraufhin sichtlich unter Druck.)

Nadja: Wie verbringst du deine Freizeit?
Zunächst scheint Nikolaj diese Frage nicht zu verstehen und wirkt wiederum sehr verloren und diffus. Er fängt an, über verschiedene Kurse, die er besucht, zu sprechen, ringt nach Worten und verliert sich in irgendwelchen Details. Als er schließlich die Frage versteht, erzählt er, dass er oft spazieren geht, Gitarre spielt; am Wochenende gibt es bei Freunden immer Partys, wo sie Bier trinken, Gitarre spielen und auf »russische Weise« toben.

(Es wird deutlich, dass er es alleine nicht aushält; falls sich die Einsamkeit nicht vermeiden lässt, hört er Musik.)

Über die Beziehung zu den Eltern erfahren wir nur, dass es mit den »Eltern« wenig Kommunikation gibt: Die Mutter macht etwas in der Küche, der Vater schaut fern, und Nikolaj hört in seinem Zimmer Musik oder lernt ein neues Lied auf der Gitarre, das er dann seinen Eltern vorspielt.

Nach den vergangenen politischen Ereignissen gefragt, entgegnet er fast flehentlich: »Oj nein!! Nur keine politischen Ereignisse ...!« Unverzüglich spricht er von anderen Dingen aus seinem Leben, z.B. davon, dass er mit sechs Jahren in eine neue Wohnung übersiedelte, in der er ein eigenes Zimmer hatte, in dem er sich wohl fühlte.

(Vielleicht ist diese Bemerkung als Ausdruck seines Wunsches zu verstehen, der Interviewsituation entfliehen zu wollen und das Alleinsein dem weiteren Zusammensein mit der Interviewerin vorzuziehen.)

Über seine Kindheit befragt, spricht er vom Weinen: Er ist von einem Motorrad gefallen und hat sich nicht weh getan. Aber er hat geweint! Er wird dabei sehr nachdenklich, er weiß nicht, warum er geweint hat; er versteht auch nicht, warum Kinder weinen. Wieder wirkt er verloren und von Schmerz erfüllt.

(Er sucht nach materiellen Ursachen für seine Probleme und weiß oder versteht nicht, dass bestimmte Verhaltensweisen auch psychische Ursachen haben können.)

Er wurde von den Eltern »wie eben alle« erzogen.

(Seine erste Reaktion ist, wie meist, wiederum »abblockend«. Erst allmählich, wenn Nadja, die Interviewerin, ihn weiter fragt, beginnt er nach und nach über die Fragen nachzudenken und seine Antworten werden differenzierter.)

Es stellt sich heraus, dass er die Eltern früher als streng erlebt hat. Trotzdem ist es ihm schon als kleiner Bub noch in der früheren Gemeinschaftswohnung gelungen, sie anzuschwindeln: Heimlich hat er einen Film im Fernsehen belauert, und auch jetzt wissen die Eltern nicht, dass er raucht und trinkt. Der Vater trinkt viel.
Befragt nach Freunden, beginnt er darüber nachzudenken. Er meint, seine Freundschaften könnten eventuell vorgespielt sein, um jemanden auszunützen. Er hätte eigentlich den Wunsch, sich zu ändern.

5.2.2 Kommentar zum Interviewausschnitt mit Nikolaj

In der Interviewsituation wurde für Nikolaj kein geschützter Raum geschaffen. Da er ängstlich ist und unter Druck steht, gibt er diesen an die Interviewerin weiter. Diese vermeidet es, ihn dort weiterzufragen, wo es für ihn, aber auch für sie, schmerzlicher werden könnte. Allmählich erfahren wir trotzdem sehr viel von ihm, denn er wird zunehmend in das Gespräch hineingesaugt und verliert dabei fast seine Grenzen.

Nikolaj spricht davon, dass man in der heutigen Gesellschaft, in Russland, entweder ein Bandit oder ein Anwalt werden kann, dazwischen gäbe es nichts. Er vermittelt uns den Eindruck, dass für ihn kein geschützter Raum existiert, keine verlässlichen Strukturen und schon gar keine gesicherte Zukunft. Auch seine Eltern, von denen er sich zurückzieht, können seine Hoffnung auf eine gesicherte Existenz nicht aufrechterhalten. Nikolaj durchlebt einen langsamen Prozess der Desillusionierung, der von viel Verleugnung begleitet ist.

5.3 Marianne, eine österreichische Jugendliche

Vergleichen wir nun Marianne, ein österreichisches Mädchen, mit Nikolaj: Marianne ist 16 Jahre alt, sie sieht auch ihrem Alter entsprechend aus. Sie ist mittelgroß und wirkt interessiert und offen. Sie hat rote, kinnlange Haare und macht einen lebendigen Eindruck. Sie hat viel Augenkontakt mit der Interviewerin. Marianne wirkt entspannt und es scheint viel Raum zum Nachdenken und Zuhören zu geben.

5.3.1 Ausschnitt aus dem Interview mit Marianne

Interviewerin: Stell dir vor, du hast die Möglichkeit, 14 Tage mit deiner Klasse in ein anderes Land zu fahren. In welches Land möchtest du fahren?
Marianne wählt zunächst zwei für sie bekannte Länder aus und überlegt, dass sie gerne noch einmal mit ihrer Klasse nach Schweden fahren würde. Sie begründet ihre Entscheidung folgendermaßen: »Das Land ist irrsinnig schön, von der Natur her. Die Leute sind irrsinnig nett, offen. Das Schulsystem ist besser (kein ›Sie‹, alle per ›Du‹; viel freier; 9 Uhr Beginn; bis 16 Uhr Schule; keine Hausaufgaben); Schweden ist multikulturell. Die Stadt Stockholm mit dem vielen Wasser. Skandinavien ist toll.«

(Marianne sucht sich ein Land aus, in dem sie schon war, aber sie begründet ihren Wunsch höchst individuell. Sie lernt in der Schule nicht schwedisch; sie beschreibt sich selbst als einen offenen, neugierigen und für andere Kulturen offenen Menschen, dem diese Werte wichtig sind.)

Interviewerin: Wie würdet du und deine Klasse euch einigen, in welches Land ihr fahrt?
Marianne meint: »Beim Einigungsprozess mit der Klasse sagt zunächst jeder seinen eigenen individuellen Wunsch, wo er/sie hinfahren möchte, dann können sich die anderen anschließen. So kristallisieren sich allmählich Gemeinsamkeiten heraus, bis nur mehr zwei Länder übrig bleiben und dann wird abgestimmt.« Aber auch wenn die Mehrheit nun entscheidet, wird Marianne ihre Meinung mit Händen und Füßen vertreten und erklären, warum sie glaubt, dass ihre Idee besser sei als die der Anderen. Falls sie ihren Wunsch nicht durchsetzen könnte, würde sie jedoch an ihrer Meinung festhalten, aber gleichzeitig die Entscheidung der Mehrheit respektieren.
Interviewerin: Was möchtest du über dich erzählen?
Marianne meint, sie sei dabei, zu überlegen, wie sie leben möchte. Sie spricht von einer Selbstfindungsphase, die einer Phase des »Juhu-und-auf-Parties-Gehens« folgt.

(Die Jugendlichen der österreichischen Gruppe beginnen nicht damit, von der Schule zu sprechen. Wir sehen bei Marianne viele Zeichen einer adoleszenten Entwicklung: Sie benützt adoleszente Sprache wie »irrsinnig«, »toll«. Sie will anders als ihre Eltern leben, und zwar mit Freude und »positiven Energien«. Man hat das Gefühl, sie hätte Lust und Energie und Neugierde, mitzuhelfen, die Welt zu verändern. Sie ist vielleicht etwas aufgedreht, aber verleugnet dabei nicht die Realität. Sie weiß auch, wie man sich bei einem Interview zu verhalten hat, zeigt

dabei narzisstische Züge und hat einen Sinn für die ›richtigen Antworten‹. Auch dieses Verhalten kann als Anpassung an Normen, hier die westlichen, gedeutet werden.)

Auf die Frage: »Was magst du an dir?«, sagt sie, sie mag an sich, dass sie im Stande ist, eine beobachtende Haltung einzunehmen. Das scheint ihr im Leben Sicherheit zu geben. In ihren Worten: »Ich stehe oft irgendwie über den Dingen drüber.«
Danach gefragt, was sie an sich nicht mag, reagiert Marianne mit ein bisschen Selbstironie: Sie meint, sie sei in der Früh launisch und würde ihre Launen gerne Anderen ersparen. Sie mag an sich nicht, dass sie faul ist und ungern ihre Hausaufgaben macht. Aber sie begründet dies damit, dass sie nicht einsieht, dass man Sachen stur auswendig lernen soll.
Danach gefragt, wie sie ihre Freizeit verbringt, beschreibt Marianne, dass sie Raum für sich braucht, in dem sie malt. Sie ist gerne alleine. Dann wiederum trifft sie Freunde, um einfach mit ihnen zu reden und auch Sachen mit ihnen zu unternehmen.
Die Beziehung zur Mutter und zum Vater ist sehr wichtig für Marianne; zu ihrer Mutter hat sie eine sehr enge, intensive Beziehung. Ab und zu verstünde man sich nicht so gut, da gebe es Streit. Aber es ist gut, »dass sie gerade meine Mama ist«. Die Beziehung zum Vater ist gut, aber nicht so eng wie zur Mama. »Wenn ich ihn brauche, ist er da. Das männliche Maß aller Dinge, der Übermann ist er auch nicht.«
Nach politischen Ereignissen gefragt, zeigt Marianne großes Interesse. Sie erwähnt in lebendigen Bildern sowohl den Fall der Berliner Mauer als auch den Bosnienkrieg und Tschernobyl. Zurzeit mag sie »den Haider[4]« nicht und setzt sich darüber mit ihrer Familie und Gleichaltrigen auseinander.
Über ihre Kindheit befragt, erzählt Marianne eine lange Geschichte. Zuerst war sie ein Einzelkind mit »Wutausbrüchen«, wenn ihre Wünsche nicht erfüllt wurden. Und dann der »Neuankömmling«: Sie deutet an, ihn nicht gewollt zu haben, und erzählt, wie froh sie war, als sie schließlich ein eigenes Zimmer hatte. Sie bekam dann auch ihr »eigenes« Baby in Form einer Katze, die sie nun bemuttern und erziehen durfte. Wenig später erzählt sie, wie schön es war, als sie noch allein im Doppelbett der Eltern sein durfte. Sie erzählt und erzählt, ohne großer Impulse zu bedürfen.

5.3.2 Kommentar zum Interviewausschnitt mit Marianne – mit Blick auf die Gesamtheit der geführten Interviews

Die Besprechung von Mariannes Interview, aber auch die Analyse der anderen Gespräche, die mit den österreichischen Jugendlichen geführt wurden, vermittelten den Mitgliedern des Forschungsteams den Eindruck, dass die österreichischen

[4] Jörg Haider, österreichischer Jurist und Politiker: »1989-91 Landeshauptmann von Kärnten, aufgrund einer Äußerung über die ›ordentliche Beschäftigungspolitik im Dritten Reich‹ abgewählt, daraufhin bis 1992 2. Landeshauptmannstellvertreter, seit 1999 wieder Landeshauptmann von Kärnten; 1979-83, 1986-89 und 1992-99 Abgeordneter zum Nationalrat, 1986-89 und 1992-99 auch Klubobmann der FPÖ. 1986-2000 Bundesparteiobmann der Freiheitlichen Partei Österreichs« (Österreich-Lexikon 2007).

Jugendlichen Raum für sich haben, in dem sie die eigenen Gedanken denken können, in dem sie spielen, sich darstellen, scherzen können. Sie haben der Interviewerin zugehört, ihre Fragen beantwortet und eigene Reflexionen beigetragen. Das Gespräch lief wie ein gleichberechtigter Dialog zweier Adoleszenter über das Leben, mit allen Attributen der Adoleszenz: einer Welt der Superlative, des »Urschönen« und »Tollen«.

Die Forscher wurden mitgerissen, waren fasziniert, die Zeit verging im Flug, und wir waren zunächst von der Reife und Reflektiertheit beeindruckt. Beim Nacharbeiten und Beobachten merkten wir aber auch, dass diese Jugendlichen (besonders die Mädchen) *so* smooth, narzisstisch, hypomanisch sind, ohne Kanten und Ecken. Sie verabschieden sich routiniert: »Auf Wiedersehen. Danke für das gute Gespräch.«

Hingegen scheinen sich die russischen Jungendlichen anfänglich vor der Interviewerin schützen zu müssen. Sie erlebten deren Fragen als invasiv und wehrten ab, indem sie eher nichtssagende Antworten gaben, werden aber langsam in den Sog der Fragen hineingezogen und enthüllen dann ohne eine Routine der Grenzziehung Vieles von sich. Es kommen Menschen zum Vorschein, die den »Zuhörer« tief berühren mit ihrem »traurigen«, schweren Leben, von existentiellen Ängsten geplagt und gequält. Mit diesen Jugendlichen möchte man sprechen, ihnen helfen, sie retten und in eine bessere Welt führen.

6. Diskussion der Ergebnisse

6.1 Gesellschaftliche Gegebenheiten und die Entwicklung eines »impersonal self«

Gesellschaft hat – selbstverständlich – Einfluss auf psychische Entwicklungen. Wir haben bei den russischen Jugendlichen in großem Ausmaß eine Anpassung beobachten können, die interessanterweise fortbesteht, auch wenn die gesellschaftlichen Bedingungen, aus denen sie entstanden sind, nicht mehr existieren. Wir haben das Konzept eines unpersönlichen Selbst entwickelt, weil die bestehenden Theorien für die Beobachtung der von uns untersuchten Prozesse nicht ausreichen.

Das »impersonal self« ist ein gedankliches Konstrukt, demgemäß ein »impersonal self« unsichtbar und vorwiegend unbewusst ist. In der Gruppe unserer russischen Jugendlichen kann es (wie etwa bei Nikolaj) aus ihrem verbalen und nonverbalen Verhalten erschlossen werden. Dieses unbewusste Verhalten dürfte, so die These, ein Instrument gewesen sein, um sich »unsichtbar« zu machen, und es hat vermutlich geholfen, im restriktiven kommunistischen System zu überleben. Das »impersonal self« ist durch Konformität, Gleichförmigkeit und manchmal seicht wirkendes Denken charakterisiert, wohinter sich oft unbewusste Angst und Aggression verbergen. Es besteht eine Atmosphäre von Zeitlosigkeit, als ob die Welt eingefroren wäre. Durch die Interviews zieht sich das Gefühl, »im Leben zu wenig bekommen zu haben, zu kurz gekommen zu sein«. Diese Atmosphäre, in der man ohne eine Vergangenheit oder eine realistische Hoffnung auf eine bessere Zukunft lebt, charakterisiert eine depersonalisierte Haltung der Welt gegenüber, eben jenes »impersonal self«, das sich oft durch ein konformes Gruppenverhalten manifestiert.

Im heutigen Russland mit seiner bedrohlichen Gesellschaftsform, in der sich so wenig planen lässt, könnte dieses »impersonal self« weniger hilfreich sein, es scheint aber weiter zu bestehen.

Wie bei Nikolaj wird diese Art von Konformität und Gleichförmigkeit bei vielen der russischen Adoleszenten im Zusammenhang mit der Frage sichtbar: Welches Land würdest du gerne besuchen? Ihre Antworten zeigen, dass sie automatisch annehmen, dass alle Mitglieder ihrer Klasse mit ihrer Wahl übereinstimmen würden. Wenn sie gefragt wurden, was sie tun würden, wenn die anderen nicht ihrer Meinung wären, dann ist der Befragte sofort bereit, die (mutmaßliche) Gruppenansicht anzunehmen. Es war, als würde dann »eine einzige Stimme« durch sie sprechen, welche die individuellen Wünsche überschattete, fast als ob ein Rest von Kommunismus weiterlebte.

Diese jungen Leute fühlten sich von etwas kontrolliert, das man ein »depersonalisiertes Objekt« nennen kann, welches individuelles Wünschen verbietet (vgl. Sebek 1994). Sie hatten gelernt, ihre Wünsche als egoistisch anzusehen und sich dem größeren Wohl zu unterwerfen. Das Resultat war, dass sie immer unter der Last eines unbewussten unsichtbaren kollektiven Konstruktes in all ihren Entscheidungen standen. Daraus entwickelte sich eine versteckte Pseudo-Individuation, die sich durch die Ausbildung eines »unpersönlichen Selbst« (»impersonal self«) auszeichnete. Beide Aspekte operierten zusammen als eine kollektive soziale Abwehr, die den meisten unserer russischen jungen Leuten das Recht auf Individualität absprach – dies war möglicherweise eine Reaktion der Anpassung an den Druck der kommunistischen Ideologie. Es wirkt so, als würde die Individualität der Jugendlichen absorbiert und müsste einem gemeinsamen Ideal geopfert werden. Das behindert den Prozess der Entwicklung eines selbständigen Ich und jene generationenbezogene Differenzierung, die Psychoanalytiker als normal für die Adoleszenz betrachten. Diese sogenannte »normale Adoleszenz« ist eindeutig abhängig von den politischen, gesellschaftlichen und ökonomischen Strukturen. Individualismus war im sowjetischen System negativ besetzt und wurde sanktioniert.

6.2 Die Bedeutung familiärer Faktoren

Neben dem zentralen Einfluss, den die Institutionen der kommunistischen russischen Welt ebenso wie die chaotische Szene des heutigen Russlands bei der Etablierung des »impersonal self« nehmen, gibt es natürlich auch andere wichtige familiäre Faktoren, welche die adoleszente Identität und die adoleszenten Einstellungen formen.

Betrachten wir die Interviews, so lässt sich festhalten, dass die Familienbindung in den vergangenen Jahren mit dem Zerfall des sowjetischen Staates besonders gelitten hat. Eine Folge davon könnte sein, dass im Leben dieser jungen Menschen die Bedeutung des »denial-mode« bzw. »survival-mode« gestiegen ist und Verleugnung eine

Möglichkeit bietet, um mit der Unsicherheit fertig zu werden, welche die Realität der heutigen Zeit mit sich bringt.

Unsere russischen Adoleszenten wachsen in einer chaotischen, strukturlosen, unvoraussagbaren Welt ohne verlässliche Familieneinheiten auf, die den Kindern keinen Halt, kein Containment bieten. Sowohl die Autorität der Eltern als auch die der Gesellschaft schwebt über ihnen, lässt sie nicht los und versagt ihnen Orientierung. Das psychische Resultat ist Angst, Passivität und Rigidität. Die Adoleszenten aus unserer russischen Gruppe haben offenbar nicht jenen Prozess durchlaufen, der Ablösung und Individuation ermöglicht. Sie scheinen unreif und an die Welt der Eltern gebunden zu bleiben, auch wenn diese unbefriedigend ist. Wir sehen in den Interviews oft, dass sich vor allem die russischen Jugendlichen gezwungen fühlen, die Tatsache zu verleugnen, dass die Welt ihnen keinen klaren Weg weist, in dem sie für das eigene Leben verantwortlich sein können. Sie suchen nach magischen Lösungen, aber was bleibt, ist eine Art von Pseudo-Normalität.

Es gab und gibt sicher auch Ausweichmöglichkeiten, die von Jugendlichen genutzt werden, über die wir wenig wissen, weil z.B. Verweigerer nicht zu unseren Interviews kommen würden. Ein Jugendlicher, nämlich Boris – langhaarig, mit zerrissenen weiten Jeans, der sich selbst als Anarchist bezeichnet – hat uns eine Ahnung davon vermittelt. Er drückt so Vieles aus, wenn er über sein Leben und von seinen Eltern spricht. Er meint sehr nachdenklich: »Wird ein kleines Kind mit etwas Neuem konfrontiert, mit einer neuen Form, so müssen zunächst die Eltern dieses Neue erkennen. Eltern müssten diese neuen, daher zunächst verzerrt wirkenden Formen und Eindrücke bei ihren ›Kleinen‹ erkennen, aber meine Eltern waren dazu nicht imstande. Ein Kind braucht diese Hilfe von den Eltern, denn *nur so* kann es die Wahrheit über sich erfahren, nämlich das, was die Realität ist, und nicht die so oft verzerrte Wahrnehmung der Eltern, und dann sagt das Kind: ›Oh, so ist es wirklich ...‹, und es wird den Eltern Glauben schenken und sie respektieren. Genau aus diesem Grund, denn die elterliche Autorität ist nichts Angeborenes. Aber genau diese Autorität hat mein Vater nicht. Er selbst ist ein Opfer seines eigenen schweren Lebens.«

6.3 Kritische Bemerkungen

Die Grenzen der Studie sind offenkundig: Wie weit sich Ergebnisse, die aus solchen Einzelfallstudien gewonnen werden, generalisieren lassen, muss vorerst offen bleiben. Die geringe Zahl der Fälle, die geringe Repräsentativität der ausgewählten Jugendlichen für die Gesamtheit aller Jugendlicher in Russland und Österreich, mitgebrachte Annahmen über die russische Gesellschaft und die anzunehmenden Effekte der drastischen politischen und ökonomischen Umwälzungen auf die Familienstrukturen, die auch die Zukunftsaussichten der Adoleszenten beeinflussen, bedürfen noch eingehender Untersuchungen und Diskussionen.

Dazu kommt, dass es nur einen Interviewer für die jeweilige Gruppe der Jugendlichen gab, dessen Einfluss auf den Verlauf der Gespräche nur unzureichend erfasst werden konnte. Wenngleich die Interviewer für die Durchführung der Interviews extra geschult wurden, waren sie doch nicht im gleichen Maße analytisch ausgebildet. Andere Interviewer hätten möglicherweise noch andere Seiten der Jugendlichen ans Licht gebracht.

In methodologischer Hinsicht scheinen allerdings folgende Punkte in noch höherem Ausmaß diskussionsbedürftig zu sein:

a) Die psychoanalytische Idee von Adoleszenz als einer psychosexuellen Phase von emotionaler, geistiger, gesellschaftlicher und ideologischer Entwicklung ist verhältnismäßig jung und basiert in der Version Eriksons auf einer demokratisch-westlichen Vorstellung von Gesellschaft. Die Ideen von der Unabhängigkeit des Denkens und der Anerkennung des Geistes anderer Menschen, die Bedeutung von Privatsphäre und individueller Identitätsentwicklung spielen in diesen Konzepten eine zentrale Rolle. Folgte man diesen Kriterien, dann müssten die meisten unserer russischen Adoleszenten als ziemlich hilflos eingeschätzt und als unfähig angesehen werden, für sich selbst zu denken. Dass es sich mit solch einer Einschätzung so einfach nicht verhält, darauf verweist allerdings schon alleine das Faktum, dass alle russischen Jugendlichen, die im Projekt interviewt wurden, eine höhere Schule besuchen – was ja keineswegs für alle russischen Jugendlichen selbstverständlich ist. Es ist daher davon auszugehen, dass die russischen Jugendlichen, die wir im Projekt kennenlernten, über eine Art von Selbstorganisiertheit verfügen, die es ihnen durchaus erlaubt (oder sogar abverlangt), in so manchen *ihrer* Lebensbereiche eigenverantwortliche Entscheidungen zu treffen. Dies erinnert nochmals an den – schon oben beschriebenen – Umstand, dass sich das Forschungsteam aus Mitgliedern zusammensetzte, die selbst in unterschiedlichen Gesellschaftssystemen aufgewachsen und in der Bearbeitung der Interviewmaterialien folglich von unterschiedlichen Vorannahmen ausgegangen sind, die zu unterschiedlichen Interpretationen und Bewertungen führten. Die Diskussionen, die während des Projektverlaufs dazu geführt wurden, konfrontierten das Forscherteam immer wieder mit dem schwierigen Grundsatzproblem der Einstufung: Es scheint uns falsch zu sein, russische Adoleszente nach Kriterien zu beurteilen, die für Adoleszente entwickelt wurden, die unter radikal anderen gesellschaftlichen Bedingungen aufgewachsen sind. Gleichzeitig wollten wir unsere Vorstellungen von unterschiedlichen Formen der Adoleszenzentwicklung aber auch nicht kulturrelativistisch auflösen, sondern bemühten uns, zu differenzieren, um Gemeinsamkeiten und Unterschiede zu erkennen, die emotionales und geistiges Wachstum ermöglichen oder behindern.

Dabei haben Forscher nicht nur auf die Tendenz zu achten, Jugendliche, die in anderen gesellschaftlichen Systemen leben, unbedacht abzuwerten, sondern auch die gegenläufige Neigung zur Idealisierung der »eigenen« Jugendlichen zu kontrollieren. In diesem Sinn könnten etwa westliche Wissenschaftler der Gefahr erliegen, im Nachdenken über die österreichischen Jugendlichen gar nicht zu überlegen, in welcher Weise das freundliche, geschmeidige Auftreten der Jugendlichen im Interview ebenfalls auf unbewusste Abwehrprozesse verweist, mit deren Hilfe sich die Jugendlichen davor schützen, im Interview Verhaltensweisen zu setzen oder Äußerungen zu tätigen, die dem Wunsch der Jugendlichen zuwider laufen, als freundlich, zukunftsoffen, optimistisch und angenehm wahrgenommen zu werden. Würde sich solch ein

Gedanke als trägfähig erweisen, dann wäre freilich auch zu untersuchen, welche Hinweise sich in den Interviewmaterialien auf ein »impersonal self« der österreichischen Jugendlichen finden lassen. Vermutlich wäre ein solches »impersonal self« der österreichischen Jugendlichen allerdings etwas anders strukturiert als jenes der interviewten russischen Jugendlichen und hätte für die innerpsychische Befindlichkeit und psychosoziale Entwicklung der österreichischen Jugendlichen wohl auch eine andere Bedeutung.

b) Damit berühren wir nicht nur die Frage, welche Unterschiede und vielleicht auch Gemeinsamkeiten es im Umgang mit Unsicherheit in Ost und West gibt, sondern finden uns auch mit der Frage konfrontiert, ob die hier angedachten Konzepte einem »bürgerlichen« Verständnis von Gesellschaft folgen, das als überholt anzusehen ist, weil es nicht einmal mehr den Gegebenheiten westlicher Gesellschaften entspricht.
Es wäre interessant, darüber nachzudenken, wie sehr sich unter dem Einfluss von Massenmedien, Moden und Unsicherheit – mit Blick auf Arbeitslosigkeit, fehlende Perspektiven, Patchwork-Familien und weitverbreitete Orientierungslosigkeit – auch im Westen Entwicklungen vollzogen haben, vor deren Hintergrund es problematisch ist, überkommene Konzepte von Individuation und Ablösung zur Analyse von Interviewmaterialien unkritisch zu bemühen, die den Gegenstand unserer Forschungen abgegeben haben.

7. Abschließende Bemerkungen

Wir haben in dem beschriebenen Projekt versucht, Zugang zu den innerpsychischen und psychosozialen Welten zweier Gruppen von Jugendlichen zu finden, die in unterschiedlichen Gesellschaftssystemen aufgewachsen sind. Dabei wurden wir zugleich mit den unterschiedlichen Welten der Wissenschaftler konfrontiert, die ebenfalls in unterschiedlichen Gesellschaftsordnungen leben und arbeiten.

In welcher Weise wir uns im Forschungsteam der Herausforderung stellten, zwischen diesen verschiedenen Welten Beziehungen herzustellen sowie bereits entstandene Beziehungen zu analysieren, versuchte ich in diesem Beitrag zu verdeutlichen. Ich hoffe, klar gemacht zu haben, dass uns die vielen Diskussionen, die dadurch angestoßen wurden, halfen, manches besser zu verstehen. Dennoch müssen viele Fragen, die das Team der Wissenschaftler seit Jahren beschäftigen, offen bleiben.

Auch ich fühle mich nicht imstande, abschließende Antworten zu geben. Denn vermutlich verweisen viele der skizzierten Fragen auf Probleme, die weder einer eindeutigen noch schnellen Lösung zugeführt werden können. So gesehen ist zu hoffen, dass sich nicht nur unsere Projektarbeit in einem Stadium befindet, das mit dem Begriff »work in progress« zu bezeichnen ist, sondern dass unser Projekt ganz allgemein dazu anregen kann, die Auseinandersetzung mit den zahlreichen methodologischen Fragen, die uns begegnet sind, nicht allzu schnell zu beenden.

Literatur

Amstrong, D. (2000): The country in the mind. Unpubliziertes Manuskript

Erikson, E.H. (1950): Kindheit und Gesellschaft. Klett: Stuttgart, 1976

Erikson, E.H. (1957): Identität und Lebenszyklus. Suhrkamp: Frankfurt/M.

Leuzinger-Bohleber, M., Garlichs, A. (1993): Früherziehung West-Ost. Zukunftserwartungen, Autonomieentwicklung und Beziehungsfähigkeit von Kindern und Jugendlichen. Juventa: München

Österreich Lexikon (2007): Österreich Lexikon, hrsg. von Bamberger, R., Bamberger, M., Bruckmüller, E. und Gutkas, K. Elektronische Fassung: http://aeiou.iicm.tugraz.at/aeiou.encyclop/book.htm (Stichwort Haider, Jörg: http://aeiou.iicm.tugraz.at/aeiou.encyclop.h/h081443.htm [3.8.2007])

Ogden, Th.H. (1979): Die projektive Identifizierung. In: Forum der Psychoanalyse 4, 1988, 1-21

Schmidt-Löw-Beer, C. (2003): The country in the mind. Adolescent identity and personality structure in Austria and Russia. A comparative study. Final report. Bundesministerium für Bildung, Wissenschaft und Kultur: Wien

Sebek, M. (1990): Das falsche Selbst in einem totalitären Regime. In: Sigmund Freud House Bulletin 14, 29-35

Sebek, M. (1994): The true and the false self: The clinical and social perspective. In: Journal of the British Association of Psychotherapists 26, 22-39

Sebek, M. (1996): The fate of the totalitarian object. In: International Forum of Psychoanalysis 5, 289-294

Winnicott, D.W. (1965): Reifungsprozesse und fördernde Umwelt. Kindler: München, 1974

Das äußere und innere Ausland

Manifeste und latente Botschaften in rechtsradikalen Texten[1]

Irmgard Eisenbach-Stangl und Wolfgang Stangl

1.Einleitung

Im Editorial dieses Bandes heißt es: »Im Zentrum ... steht der Gedanke, dass wir in pädagogischen Kontexten immer wieder Phänomenen begegnen, die uns fremd sind, die uns irritieren und die wir in ihrer tieferen Bedeutung kaum verstehen. Psychoanalytische Pädagogik bemüht sich seit ihren Anfängen, dieses Fremde verstehen zu lernen. Gelungene Annäherungen an das innere und äußere Fremde stellen seit jeher unverzichtbare Aspekte psychoanalytisch-pädagogischer Theoriebildung und Praxisgestaltung dar.« Wir wollen den Gedanken des »inneren und äußeren Fremden« aufgreifen und uns mit einem oder vielleicht auch mehreren Fremden beschäftigen, die lange in Österreich gelebt haben und welche die österreichische Öffentlichkeit und den österreichischen Machtapparat mehrere Jahre lang intensivst beschäftigt haben. Es handelt sich um die »Bajuwarische Befreiungsarmee«, die zwischen 1993 und 1996 Bomben und Briefe versandt hat. Bis heute ist nicht geklärt, ob es sich um einen Einzeltäter gehandelt hat, oder ob eine Gruppe hinter der »Armee« und ihren Aktivitäten stand. Im Folgenden ist nur von Franz Fuchs die Rede, der für alle Taten verantwortlich gemacht wurde, doch ist im Auge zu behalten, dass es sich auch um eine Gruppe gehandelt haben könnte, der es gelang, unerkannt zu bleiben.

2. Kleine Geschichte der BBA und ihrer Aktivitäten

Die Bajuwarische Befreiungsarmee (BBA) war zwischen 1993 und 1996 in Österreich aktiv. 1997 wurde Franz Fuchs aus dem Ort Gralla in der Südsteiermark verhaftet, im darauf folgenden Prozess allein für alle Briefe und Bomben der BBA verantwortlich

---

[1] Überarbeitete Fassung eines Vortrags, der im November 2003 im Rahmen der Tagung »Annäherungen an das Fremde: Ethnographisches Forschen und Arbeiten im psychoanalytisch-pädagogischen Kontext« an der Universität Wien gehalten wurde (vgl. dazu das Editorial zu diesem Band).

gemacht und schuldig gesprochen. Er wurde 1999 zu einer lebenslänglichen Haftstrafe verurteilt. Franz Fuchs hatte zum Zeitpunkt seiner Verurteilung keine Hände mehr – er hatte bei seiner Ergreifung versucht, durch Zündung einer selbst gebauten Rohrbombe Selbstmord zu begehen, und dabei seine Hände verloren. Und obwohl er keine Hände mehr hatte, konnte er sich rund ein Jahr nach Antritt seiner Freiheitsstrafe in seiner Gefängniszelle erhängen. Sein Selbstmord fand im Gegensatz zu seinem Prozess und seiner Verurteilung in der österreichischen Öffentlichkeit und bei den österreichischen Medien keine besondere Aufmerksamkeit.

Zwischen 1993 und 1996 waren zwölf Briefe geschrieben und abgesandt worden, die mehrheitlich mit dem Logo »Salzburger Eidgenossenschaft. Bajuwarische Befreiungsarmee« versehen waren und die allesamt mit großer Wahrscheinlichkeit auch von der Bajuwarischen Befreiungsarmee stammen. Alle Briefe sind dem Genre »Droh- und Bekennerbriefe« zuzurechnen. Neun der Briefe sind sehr lang – sie umfassen insgesamt 70 Manuskriptseiten: Sieben der langen Briefe waren an bekannte Politiker und Anwälte gerichtet, zwei an die Wochenzeitschrift Profil (dazu Grassl-Kosa, Steiner 1996).

Zwischen 1993 und 1996 hat die BBA außerdem 25 Briefbomben per Post verschickt und dadurch neun Personen zum Teil schwer verletzt. Zusätzlich hat sie drei Rohrbomben gelegt, durch die vier Menschen getötet und drei weitere schwer verletzt wurden (dazu Vasek 1999). Um die bekanntesten Opfer zu nennen und dadurch erste Zusammenhänge herzustellen: Beim Öffnen eines Briefes, der mit einer Briefbombe versehen war, wurde der damalige sozialdemokratische Wiener Bürgermeister Helmut Zilk schwer verletzt. Auf dieselbe Weise kam ein katholischer Geistlicher aus der Steiermark zu Schaden, der als Anwalt von Flüchtlingen wiederholt öffentlich in Erscheinung getreten war. Dem Sprengmeister Theodor Kelz wurden beim Versuch, eine Rohrbombe zu entschärfen, die an einer slowenisch-deutschen Schule in Klagenfurt gelegt worden war, beide Hände weggerissen. (Theodor Kelz wurde in den Medien nochmals prominent erwähnt, da ihm mit neuartigen Methoden Hände appliziert worden waren.) Die vier Toten waren Angehörige der Roma im burgenländischen Oberwart: Sie kamen ums Leben, als sie eine getarnte Rohrbombe berührten, die in der Nähe ihrer Siedlung gelegt worden war.

Die Briefe und Bomben der Bajuwarischen Befreiungsarmee hatten ausgedehnte polizeiliche Aktivitäten zur Folge: 103 Hausdurchsuchungen wurden vorgenommen, 54.000 Personen durch die Behörden überprüft und insgesamt rund 100.000 Ermittlungsergebnisse vorgelegt. Der Ermittlungskosten beliefen sich auf mindestens 1,5 Millionen Euro. Aber sie führten auch zu heftigen parteipolitischen Auseinandersetzungen. Die politische Debatte in Österreich war zeitweise durch die Frage bestimmt, ob die BBA dem rechten Rand der Freiheitlichen Partei Österreichs zuzurechnen sei, ob deren Obmann Jörg Haider nicht »geistiger Ziehvater« des rechten Terrorismus wäre und durch das sogenannte »Ausländervolksbegehren« im Herbst 1992 ein terroristisches Klima geschaffen habe. Haider seinerseits verdächtigte linksliberale Kreise des Terrors (dazu Scharsach 1995).

Soviel zur Geschichte der BBA. Wir haben uns den Briefen der BBA mit der Methode der tiefenhermeneutischen Textinterpretation genähert (Eisenbach-Stangl,

Stangl 2000) und wir wollen im Folgenden ausgewählte Ergebnisse der Analyse vorstellen. Zuvor aber möchten wir noch einige Anmerkungen zur eingesetzten Methode machen.

3. Zur Methode

Unbewusstes bewusst zu machen ist das Ziel der Tiefenhermeneutik, als die sich die psychoanalytische Textinterpretation versteht. Als »Unbewusstes« oder, da es sich um Texte handelt, besser als »Latentes« sind nicht-sprachliche Ausdrucksformen zu verstehen, die auch als »Leerstellen« im Text bezeichnet werden. Diese gilt es zu versprachlichen. Dabei ist zu berücksichtigen, dass es historisch und kulturell gewachsene Literaturgattungen gibt, in denen formal-ästhetisch definiert wird, was geschrieben werden kann und was nicht, wie etwas ausgedrückt werden soll, wem gegenüber was zum Ausdruck gebracht werden darf etc. Ein Liebesbrief folgt einer anderen Formal-Ästhetik als ein Drohbrief, wenn auch zuzugeben ist, dass Liebesbriefe Verwandtschaft mit Drohbriefen haben können und umgekehrt.

Eine psychoanalytische Textinterpretation nähert sich so weit wie möglich der psychoanalytischen Methode. Das »volle« Verstehen eines Textes berücksichtigt daher außer den schriftsprachlichen Äußerungen und den ihr zugehörigen »Leerstellen« die »angespielten« Inszenierungen und deren Habitus, wie Lorenzer (1973) sagt. Um sich als Interpret dafür zu öffnen (so wie Therapeuten sich ihren Patienten öffnen), hat sich der Leser auf die Erlebnisstruktur, die sich im Text ausdrückt, einzustellen, und zwar mit »gleichschwebender Aufmerksamkeit«, wie Freud das bekanntlich empfohlen hat. Der Interpret kann dadurch seiner »eigenen unbewussten Geistestätigkeit«, die der Text anregt, Raum geben. Ein Hin- und Herwandern des Verstehens wird möglich zwischen dem, was im Text semantisch und syntaktisch ausgedrückt wird, und dem, was Lorenzer »Szenisches Verstehen« genannt hat. Dies bedeutet, den Text sinnlich nachzuvollziehen und seine »Leerstellen« mit Hilfe der spontanen Bewegung der eigenen Vorstellungen auszuphantasieren.

Die tiefenhermeneutische Textinterpretation unterscheidet sich in einer Hinsicht allerdings wesentlich von der psychoanalytischen Kur. Ihr Ziel ist nicht die Heilung von Patienten – wie kann es dieses auch sein –, sondern die Diagnose und Analyse von gesellschaftlichen Konfliktsituationen. Die Leerstellen im Text werden daher nicht als Hinweise auf die psychischen Konfliktkonstellationen ihrer Produzenten verstanden, sondern als Hinweise auf die darin Ausdruck findenden sozialen Brüche (Lorenzer 1978; Haubl 1992).

Anzumerken bleibt, dass wir uns nicht auf die Texte und die Textinterpretation beschränkt haben, sondern dass bei der Analyse des Phänomens BBA selbstverständlich auch die Aggressionsakte einzubeziehen waren, auf die und deren Folgen die Briefe bestenfalls kursorisch Bezug nehmen. Die Spannungen, die sich aus der Zusammenführung der beiden Quellen ergaben, schlugen sich in konflikthaften Interpretationen des Forschungsteams nieder, die – reflektiert – als wichtiges Material für die Analyse verwendet wurden.

Wir werden uns im Folgenden auf die zentralen Konfliktfelder in den untersuchten Texten konzentrieren und sie unter den Begriffen »Ethnisierung« und »Sexualisierung« psycho-sozialer Konflikte diskutieren. Wir greifen damit Themen und Begrifflichkeiten auf, die auch schon von anderen Autoren im Zusammenhang mit Modernisierungprozesssen und den mit ihnen verbundenen Konflikten beobachtet und diskutiert worden sind (etwa von Mavrakis 1998).

4. Erklärung psycho-sozialer Konflikte durch ethnische Differenzen

(1.) Schon der erste Satz des ersten Briefes der BBA, in dem von einer imaginären »Kampfeinheit ›Graf Rüdiger von Starhemberg‹« gesprochen wurde, gibt ein, wenn nicht sogar *das* »Leitthema« des Autors vor: die »Überfremdung« Österreichs und die dadurch bewirkte »Not« der »eigenen Landsleute«. Die erste Hälfte des ersten Satzes, der einen langen Absatz füllt, lautet:

> *»Die Knallfrösche zu Unserem (sic!) Krambambulicocktail*[2] *der Kampfeinheit ›Graf Ernst Rüdiger von Starhemberg‹ waren der Auftakt zu einem unerlässlichen Maßnahmenpaket an Sie alle, die in der Frage der Fremden- und Flüchtlingsprobleme mit zu lockerer Hand engagiert sind, aber auch an jene, die einfach nur helfen wollen und dabei vergessen, dass Sie nicht einer Bereicherung des Kulturaustausches dienen, sondern zugunsten des ›Panslawismus‹ und anderer obskurer Völkerideologien die eigene Kultur einer Überfremdung ausliefern, aber z.B. in Not geratene eigene Landsleute zugunsten des Ausländergeschwürs vernachlässigen ...«*

Der vom Autor wahrgenommene Konflikt besteht darin, dass es in Österreich zwei bedürftige soziale Gruppierungen gibt, jedoch nur einer der beiden geholfen wird. Indem auf die Probleme der einen Gruppierung – der Fremden und der Flüchtlinge – eingegangen wird, werden die Probleme der anderen – der »eigenen Landsleute« – vernachlässigt. Ja, noch mehr: Indem den Fremden geholfen wird, werden für die »eigenen Landsleute« zusätzliche Probleme geschaffen. Es scheint unmöglich, beiden zugleich zu helfen. »Sie oder Wir« lautet die Alternative und die Fremden werden

---

[2] Anm.: In manchen Gebieten Österreichs finden zu Dezemberbeginn kleinere Veranstaltungen statt, die wegen der lautklanglichen Nähe zu »Krampus« (5. Dezember) den Begriff »Krambambuli« im Namen führen und bei denen das Trinken von Alkohol oft eine bedeutsame Rolle spielt. Darauf spielt die BBA an, wenn sie die ersten Briefbomben, die zu Dezemberbeginn 1983 verschickt wurden, als »Knallfrösche« bezeichnet, die »zu Unserem (sic!) Krambamulicocktail *der Kampfeinheit ›Graf Ernst Rüdiger von Starhemberg‹«* zum Platzen gebracht wurden.

dadurch unweigerlich zu Feinden, die es zu bekämpfen gilt, um das eigene Überleben zu sichern.

Die Erklärung, die für diesen sozialen Konflikt angeboten wird, wurzelt vor allem, aber nicht ausschließlich in ethnischen Differenzen. Die unterschiedliche Behandlung, welche die beiden Gruppen erfahren, wird mit der Fremdheit der Bevorzugten erklärt. Benachteiligt werden die »eigenen Landsleute«. Aber in dem Konflikt gibt es noch eine dritte Gruppe, die am Beginn des Briefes nur sehr undeutlich in Erscheinung tritt: nämlich jene, die die Macht hat, zu bevorzugen und zu benachteiligen, und die entscheidet, dass die Bevorzugung den Fremden zugute kommt, die Benachteiligung hingegen den »Eigenen«. Die dritte Gruppe wird im zweiten Teil des Satzes bzw. Absatzes direkter bezeichnet:

> *»... obwohl Sie umgekehrt bei der Entgegennahme von Steuer- und Spendengeldern nicht gerade zimperlich, noch dazu hochprozentual auf die bodenstämmige, deutsche Bevölkerungsschicht zurückgreifen, und so diesen kostspieligen Wahnsinnsmittelweg für Unsere (sic!) Heimat überhaupt begehbar machen, um langfristig das gesamte Volk nur für die Erfolge des Bundesministeriums für auswärtige Angelegenheiten arbeiten zu lassen, auf Kosten traditioneller Wesenseigenschaften einer ganzen Volksgemeinschaft, Ihr Mandat als Vertretungsorgan indes zum Nachteil der deutschsprachigen Bewohner dieser Republik gewichten, ja Unsere (sic!) teure Heimat mit Ungeziefer an Fremden überschwemmen, ohne sich für diese Leistung einmal ordentlich die Finger verbrannt zu haben!«*

Bei der dritten Gruppe handelt es sich demnach um »die da oben«, die Mächtigen, die Regierenden, die, wie Stellen aus späteren Briefen zeigen, auch parteipolitisch verortbar sind: Sie tragen die Farbe rot, sind Angehörige der Sozialdemokratischen Partei. Hie und da allerdings handelt es sich auch um Angehörige der Katholischen Kirche, wie zum Beispiel beim »Pfaffenbanditen« Janisch, der nicht nur in den Briefen erwähnt wird, sondern der auch eine Briefbombe erhielt und durch diese schwer verletzt wurde. Es geht also um Zurücksetzung und um ungerecht erlebte Verteilung, um Verteilungskonflikte, die auf eine archaisch anmutende Weise mit den Vorlieben und der Willkür der Herrschenden erklärt werden.

(2.) Nach rechtlich/praktischen wie theoretisch gültigen Differenzkonzepten unterscheiden sich »die da oben« und »die da unten« in heutigen, spät-modernen Gesellschaften »nur« durch quantitative, messbare Unterschiede zum Beispiel im Einkommen, im Besitz, in der Bildung, in persönlich erworbenen Macht- und Herrschaftspositionen. Dies scheint auf den ersten Blick auch für »die da oben« in den Briefen der BBA zu gelten. Bei genauerer Betrachtung allerdings bekommen auch »die da oben« eine ethnische Zugehörigkeit, vermengt sich Zugehörigkeit zu einer sozialen Schicht und der Besitz von Macht immer wieder mit Zugehörigkeit zu einer Ethnie. Und die ethnische Zughörigkeit der Machthaber deckt sich in der Wahrnehmung des Autors oder der Autoren weitgehend mit jener der Fremden und Flüchtlinge. Auch dazu einige Beispiele:

Der oben erwähnte Pfarrer Janisch zum Beispiel ist ein »fremdrassiger« Pfaffenbandit und ein »ewiger Janitschare«. Die Regierung ist vorzugsweise eine »Tschuschendiktatur«, die manchmal auch mit Eigenschaftsworten wie »gefestigt« und »reinrassig« geschmückt wird; viele namentlich aufgezählte Angehörige der aktuellen politischen Machthaber gehören der »Herrenkaste der österreichischen Tschuschen« an, manche sind auch »Tschuschenhäuptlinge«. Dazwischen finden sich ein »asiatische(r) Jude mit deutschem Namen«, nämlich Rudolf Scholten, ein »ungarischer Halbzigeuner« namens Gombocz, ein »Serbe« namens Srb, aber auch ein »multiethnischer Bastard«, »Mischlinge« und »paneuropäische Adelsinzucht«.

Gelingt es dem Autor auch nicht, das »moderne« Differenzkonzept der sozialen Schicht zur Gänze zu negieren, so übersetzt er quantitative Ungleichheiten doch immer wieder in ethnische Differenzen. Nicht nur die Feinde der bodenständigen deutschen Bevölkerung, der Deutschösterreicher, da unten »im Untergrund« – die Flüchtlinge und Fremden – gehören also fremden Ethnien an, sondern auch »die da oben«. Österreich wird folgerichtig nicht nur als Land wahrgenommen, das »drohender Fremdinvasion« ausgeliefert wird, sondern auch als »besetztes Land«, dessen fremde Besatzer »deutschfeindliche Volksverhetzung und Staatszersetzung betreiben«.

Die Erklärung, die der Autor für die existenzbedrohenden Konflikte zwischen den Bodenständigen und den Fremden findet, ist die Usurpation der Macht durch soziale Gruppierungen, die nicht den Einheimischen, sondern den Fremden angehören. Als Machthaber öffnen sie die Grenzen Österreichs für ihre Verwandten im Ausland und versorgen sie in der Folge großzügig auf Kosten der Einheimischen. In diesem Sinn wird von der *»in der Sinowatzära*[3] *anstelle der Zweiten Republik ins Leben gerufenen Tschuschendiktatur (mit rassistischer Besetzung aller Spitzenpositionen in Politik und Wirtschaft, Verfassungsänderungen, Meinungsterror ...)«* geschrieben. Die neuen Machthaber und die Fremden und Flüchtlinge gehören einer gemeinsamen fremden Ethnie an, sind darüber hinaus auch noch rassistisch und wenden sich gegen die Einheimischen. Wie sie die Macht ergreifen konnten, dafür hat der Autor keine Erklärung. Er erschöpft sich hingegen in Versuchen, zu beweisen, dass die Deutschösterreicher vor den »Tschuschen« da und somit die *Ersten* waren, und geht dabei bis in die Zeit vor Christi Geburt zurück. *»Dieses Land haben unsere Ahnen in fünfhundertjährigem Kampf erobert, als noch kein griechischer oder römischer Gelehrter jemals die Vokabel ›Slawe‹ ... gehört hat.«*

(3.) Der affektive Gehalt der Droh- und Bekennerbriefe unterliegt einer Entwicklung. Dies ist wenig erstaunlich, wenn man bedenkt, dass sie aus einer Periode von vier Jahren stammen, während der der Autor einerseits zu einem geheimnisvollem Medienstar avancierte, aber gleichzeitig auch zum Täter, der von vielen verschiedenen Hunden gehetzt wurde: Nicht nur, dass im Innenministerium eine Sonderkommission

[3] Gemeint ist die Zeit von 1983 bis 1986, in der Fred Sinowatz das Amt des österreichischen Bundeskanzlers innehatte. Er war zuvor von 1981 bis 1983 unter Bruno Kreisky Vizekanzler gewesen und war von 1983 bis 1988 auch Vorsitzender der Sozialdemokratischen Partei Österreichs.

für die BBA eingerichtet worden war, es wurden auch ausländische Geheimdienste – wie zum Beispiel der israelische und der US-amerikanische – um Unterstützung gebeten. Lässt man diese Entwicklung hier einmal außer Acht, lassen sich zwei dominante Gefühlsbündel in den Briefen ausmachen, die sich in verschiedenen Zusammensetzungen von Anfang bis zum Ende durchziehen: Da ist zum einen eine große Bedürftigkeit auszumachen, die gegenüber den »Anderen« als Anspruch, Begehrlichkeit und Neid auftritt, sich aber auch in Gefühlen der Verlassenheit, des Ungeliebtseins, der Einsamkeit oder der Todesfurcht und -sehnsucht ausdrückt. Und da wird zum anderen – und mit der großen Bedürftigkeit korrespondierend – schwere Aggression spürbar, die sich gegenüber den »Anderen« als Wut und Hohn äußert, sich aber auch in Drohungen kleidet und gelegentlich nach »innen« gerichtet als Schuldgefühl und nagendes Gewissen sichtbar wird.

(4.) Die Aggressionen traten aber natürlich nicht nur in den Briefen zu Tage, sie drückten sich vor allem auch in den Brief- und Rohrbomben aus, die Menschen töteten und schwer verletzten. Wie die Adressaten der Briefe waren die Adressaten der äußerst einfallsreich und kunstfertig hergestellten Bomben überwiegend Angehörige der fremden Fremdenfreunde »da oben«: Angehörige der zu dieser Zeit die Regierung anführenden Sozialdemokraten, aber auch der Grünen sowie Mitarbeiter von katholischen und nicht konfessionellen Organisationen, die sich mit Flüchtlingshilfe und Integration befassten. Die »Fremden und Flüchtlinge« »da unten« wurden seltener von der BBA »angegriffen«, wiewohl die größten Opfer – die vier Toten – zu ihnen zu zählen sind.

5. Die Sexualisierung psycho-sozialer Konflikte

Soziale Unterschiede und soziale Konflikte werden von der Bajuwarischen Befreiungsarmee nicht nur ethnisiert, sie sind auch sexuell konnotiert. Das Geschlecht ist wie die Ethnie ein qualitatives Unterscheidungsmerkmal: Man kann nur entweder der einen oder der anderen sozialen Gruppe angehören, fließende Übergänge gibt es nicht. Darüber hinaus kann man dem Geschlecht wie der Ethnie – im vorliegenden Fall ist besser von Rasse zu sprechen – nicht freiwillig beitreten: Wie Rasse ist Geschlecht angeboren. Doch davon später noch mehr und zurück zu den Briefen:

(1.) Die Sexualisierung sozialer Unterschiede und Konflikte spielt in den Briefen eine auf den ersten Blick untergeordnete Rolle, sie muss vor allem indirekt erschlossen werden. So ist zuerst anzumerken, dass die Briefe der Bajuwarischen Befreiungsarmee ausschließlich an Männer gerichtet sind. Die Gespräche, die der Autor in den Briefen aufnimmt, sind Gespräche von Mann zu Mann, Männergespräche also. Es sind Gespräche mit wichtigen Männern, mit Männern, die der Öffentlichkeit angehören: mit hohen Beamten wie dem obersten Exekutivbeamten Österreichs, dem »Generaldirektor für öffentliche Sicherheit« Michael Sika, mit Politikern wie dem Bürgermeister Helmut Zilk, mit Rechtsanwälten und schließlich mit der Wochenzeitschrift Profil.

Frauen werden niemals direkt angesprochen und in den Briefen werden sie auch nur selten erwähnt. Wenn Frauen erwähnt werden, dann geschieht dies nebenbei. Es scheint, als wären Frauen Nebensache und als wäre es beschämend, sich mit Frauen zu befassen.

In den wenigen Textpassagen, in denen Frauen auftreten, erscheinen die Geschlechterverhältnisse mit den ethnischen Verhältnissen eng verbunden, ja ihnen eigentlich untergeordnet. Anders ausgedrückt: Das Geschlechterverhältnis der rassistischen Fremdherrschaft – der »Tschuschendiktatur« – erscheint als Geschlechterunordnung, das Geschlechterverhältnis »der Bodenstämmigen« als befriedete, keiner Erläuterung bedürftige Geschlechterordnung. Wie sieht die Geschlechterunordnung der »Tschuschenhäuptlinge« aus, und wie die Geschlechterordnung der Deutschösterreicher?

(2.) In der »Tschuschendiktatur« treten die Frauen in der Öffentlichkeit auf und übernehmen Aufgaben, die in nicht allzu ferner Vergangenheit Männern vorbehalten waren. Richterinnen stehen daher im Zentrum der Attacken, daneben werden auch Politikerinnen, Journalistinnen, eine Geschworene und eine Polizeibeamtin angegriffen. Zwei Beispiele hierfür:

> *»Allein schon die Physiognomie dieser Klothilde Eckbrecht-Dürckheim-Montmartin (eine Richterin; Anm.d.V.), die einem gefüllten Nachttopf zum Verwechseln ähnelt, macht sie zur unbestrittenen Speerspitze unserer panslawistischen Tschuschenhäuptlinge. Dass diese Dame ohne Schleier im Gerichtssaal sitzen darf, ist bereits seelische Grausamkeit gegenüber den Beschuldigten.«* Und: *»Besonders hervorgetan (bei einem Prozess gegen Rechtsradikale; Anm.d.V.) haben sich drei Damen: die vorsitzende Richterin mit unpassenden Bemerkungen und bedeutungsvollem Getu ... eine Geschworene unbekannter Identität ..., die sich so ungeheuer erschüttert stellte und ihre Kollegen mitriss, eine angebliche STAPO-Beamtin.«*

Stehen Frauen aber Personen nahe, denen sich der Autor nahe fühlt, wie zum Beispiel dem freiheitlichen Landesrat Schimanek, ebenfalls einem Empfänger eines Briefes der BBA, werden sie ganz anders angesprochen: So empfiehlt der Briefautor dem Landesrat Schimanek, gegen dessen Sohn ein Verfahren wegen des Verdachts auf nationalsozialistische Wiederbetätigung lief[4], seine Frau einzusetzen, um wichtige Rechtsauskünfte einzuholen: *»Ihre Frau soll sich direkt in die Höhle des Löwen wagen, ... die verzweifelte Mutter mimen und ihm vorweinen, wie ratlos sie ist.«* Bei der Lektüre dieser Briefstelle stellt sich zumindest die Phantasie ein, dass die Frau von Jörg Schimanek Hausfrau ist und immer zu Diensten ihres Mannes und Sohnes steht, wenn sie von diesen gebraucht wird.

---

[4] Dieses gerichtliche Verfahren führte 1995 zu einer Verurteilung, die nach Berufung in zweiter Instanz bestätigt wurde.

(3.) Die »Emanzen«, die in der Öffentlichkeit auftreten, gehören zur »Tschuschendiktatur« und erregen noch größeren Abscheu bei den Bajuwaren als die »Tschuschenhäuptlinge« selbst. Sie erregen Abscheu, der in Übelkeit überzugehen scheint, und werden folgerichtig mit fäkalienartigen Ergüssen traktiert. Die Hausfrauen hingegen wohnen in den privaten Heimen jener, die von der BBA als bodenstämmige Verbündete wahrgenommen werden, sie sind diesen dienstbar, und wenn sie überhaupt Gefühle hervorrufen, sind es weder Ablehnung noch Abscheu. Statt selbst das Wort zu ergreifen und Entscheidungen zu fällen, wie zum Beispiel Richterinnen und Geschworene, statt wie jene hervorzutreten und sich zu zeigen, bleiben die Hausfrauen unauffällig im privaten Hintergrund und ordnen sich den Entscheidungen und Anordnungen ihrer Männer unter.

(4.) Zwar sind die Briefe der BBA ausschließlich an Männer gerichtet, doch findet sich unter den Adressaten der Briefbomben eine erhebliche Anzahl von Frauen – von »Emanzen« natürlich. Die physische Aggression, lässt sich behaupten, trifft Männer und Frauen fast gleichermaßen. Oder sollte man sagen: gleichberechtigt? Die oben angesprochene Bedürftigkeit hingegen wird ausschließlich gegenüber Männern, in erster Linie aber gegenüber mächtigen Männern, artikuliert. Dies wird nicht nur an den Adressaten der Briefe erkenntlich. Dies wird auch an den österreichischen Helden ersichtlich, die der bajuwarische Briefschreiber in seinen Briefen anruft, als Kämpfer gegen die bedrohlichen, vorwiegend slawischen Fremden und als Kämpfer gegen die fremden Besatzer und für ein deutschstämmiges, bajuwarisches Österreich: Graf Ernst Rüdiger von Starhemberg, der Verteidiger Wiens gegen die Türken im Jahr 1683, findet sich unter ihnen ebenso wie Andreas Hofer und der »Babenberger-Herzog Friedrich II. der Streitbare«, der Österreich gegen die Ungarn verteidigte. Im Kreise der mächtigen und großen Männer und Helden scheint der Briefschreiber sich sicher und wohl zu fühlen.

6. Kein gewöhnlicher Rechtsradikaler

Auf den ersten Blick meint man, bei der Analyse der Briefe und Angriffe der Bajuwarischen Befreiungsarmee auf einen Vertreter des nun schon gut bekannten Rechtsradikalen »neueren Typs« gestoßen zu sein. Das Bild des heutigen Rechtsradikalen wurde schon anlässlich der Ausschreitungen deutscher Skinheads gegen Ausländer Anfang der 90er Jahre durch sozialwissenschaftliche und psychoanalytische Befunde verfeinert. Bei den Analysen wurde unter anderem herausgearbeitet, dass durch die sozialen Umwälzungen in der BRD vor allem nach 1989 vorzugsweise junge Männer aus unterprivilegierten sozialen Lagen aus der Bahn geworfen und zutiefst verunsichert worden waren. Diese gerne auch als »Modernisierungsverlierer« apostrophierten Gruppierungen richten – so die Erklärung – ihre Aggressionen vorzugsweise auf Ausländer, weil sie sich in den unterprivilegierten und ausgegrenzten Ausländern »wiedererkennen«, und sie attackieren dabei gleichzeitig zwei Grundwerte der

Gesellschaft, deren Vorteile sie nie erfahren konnten: die Gleichheit und das staatliche Gewaltmonopol, oder anders ausgedrückt: den Verzicht auf individuelle Gewalt.

Die Psychoanalytikerin Annette Streeck-Fischer, die mit diesen Jugendlichen arbeitet, schreibt: »Diese Ideologien von Ungleichheit und Gewaltbejahung haben ›Elemente eines gesellschaftlichen Gegenentwurfes‹. Sie stellen uns vor die Frage, inwieweit Werte wie Gleichheit und Gewaltfreiheit in unserer Gesellschaft tatsächlich gelebt und Jugendlichen vorgelebt werden.« Und weiter: »Traumatische Erfahrungen von Gewalttätigkeit und Unterdrückung (in der Jugend; Anm.d.V.) werden in der Skinheadszene wiedergefunden und auf der Straße gelebt – jetzt in wechselnden Positionen, sowohl als Täter wie als Opfer ... Sie suchen die Gewalttätigkeit, die sie von früh an erfahren haben, und richten sie gegen andere und sich selbst. Angetrieben von gewalterzeugenden Rettungsphantasien wie die, ›dreckiges Ungeziefer‹ oder ›Türkenschweine‹ zu vernichten, um damit bessere Lebensverhältnisse zu schaffen, von der geheimen Vorstellung geleitet, in Übereinkunft mit Mächtigen zu handeln, suchen sie in ihren Gewaltaktionen letztlich danach, endlich gesehen, anerkannt und akzeptiert zu werden. Tatsächlich aber schaffen sie – dem Wiederholungszwang folgend – Verhältnisse, in denen sie nur noch unwiderruflicher als Störenfriede ausgegrenzt werden« (Streeck-Fischer 1992, 755).

Die Arbeit von Annette Streeck-Fischer wird hier stellvertretend für andere gelungene Analysen der zunehmenden Fremdenfeindlichkeit zitiert, aber auch deshalb, weil wir diese als besonders gelungen ansehen. Genauer als andere Autorinnen und Autoren betont sie die Gewalttätigkeit, welche die Skinheads und andere Fremdenfeinde gegen sich selbst richten, und das Zusammenfallen von Täter und Opfer, dem man in besonders ausgeprägter Form bei Franz Fuchs begegnet. Franz Fuchs hat sich mit seiner eigenen Waffe verstümmelt und sich selbst so verletzt, wie er seine Opfer verletzte. Streeck-Fischer geht jedoch auch noch auf ein anderes Phänomen eindrücklich ein, das im Zusammenhang mit der Bajuwarischen Befreiungsarmee von Bedeutung ist: auf die »Heilung der männlichen Sexualität« – wie wir es hier nennen möchten – durch die Gewalttätigkeit gegen Fremde und Frauen.

Sie schreibt dazu: »Mit ihren niedrigen Bildungsabschlüssen wähnen sich diese Jugendlichen in ihren Zukunftsperspektiven und ihrer materiellen Existenz durch kompetente Ausländer bedroht. Auch die Stärkung der gesellschaftlichen Position der Frau kann auf männliche Jugendliche in derartigen Lebensverhältnissen, in denen bislang wenigstens noch die Geschlechtszugehörigkeit als Mann eine relative Besserstellung bedeutete, leicht bedrohlich wirken ...«. Die zumeist kollektiv ausgeübte Gewalttätigkeit gegen Ausländer dient dazu, die »labile männliche Identität ... in Verbindung mit den tiefgreifenden Minderwertigkeits-, Selbstauflösungs- und Kastrationsängsten« zu bekämpfen (Streeck-Fischer 1992, 758f). Durch die kollektiv ausgeübte Gewalttätigkeit, so hebt sie hervor, können auch latente und als höchst bedrohlich erlebte homosexuelle Gefühle auf unbedrohliche Weise ausgelebt werden. Die latente und durch die Gewalttätigkeiten pervers befriedigte Homosexualität wird bei der Bajuwarischen Befreiungsarmee in einem Fall besonders deutlich sichtbar:

Helmut Zilk[5], das wohl prominenteste Opfer einer Briefbombe der BBA, der seine Verletzungen im Spital kurieren musste, war auch der Adressat eines Briefes, in dem er beschimpft wurde, in dem ihm aber auch liebevolle Ratschläge erteilt wurden und in dem der Autor zum Opfer intensive und spürbare emotionale Nähe entwickelte.

Viel von der klugen Analyse von Annette Streeck-Fischer trifft also auf die Bajuwarische Befreiungsarmee zu. Doch sind auch wesentliche Unterschiede zu nennen: Die BBA bestand mit großer Sicherheit nicht aus jugendlichen Skinheads: Die rechten »Chaoten« sind ihr ebenso ein Gräuel wie die linken. Auch richteten sich ihre Angriffe nicht gegen machtlose Ausländer, sie trafen in erster Linie die mächtigen »Fremdenfreunde«. Der oder die Hersteller der Briefe und Bomben begaben sich durch ihre Aktionen in das Zentrum der politischen Macht und in das Zentrum der parteipolitischen Auseinandersetzungen und wurden so selbst zur politischen Kraft. Darüber hinaus war die Gewalttätigkeit der BBA weit verfeinerter als die der Skins: Die Bomben waren so raffiniert gebaut, dass sie die Fahndung auf lange Irrwege führten und der Briefschreiber seine »Künste« mit großem Stolz vermerken konnte. Insgesamt also scheint die BBA einen wesentlich geordneteren und etablierteren Hintergrund aufzuweisen als die Rechtsradikalen in Deutschland, und sie verfügt im Gegensatz zu den Skinheads offensichtlich über Erfahrungen des sozialen Abstiegs – oder des frustrierten Aufstiegs – statt über Erfahrungen der sozialen Desintegration – der Anomie. Und nicht zuletzt ist die Ideologie der BBA nicht dem Nationalsozialismus zuzurechnen, sondern stellt eine Form von österreichischem Nationalismus dar, als deren Kern – wie wiederholt herausgearbeitet wurde und wie es am pointiertesten wohl Robert Musil formuliert hat[6] – das ständige Misslingen der Herstellung einer ethnischen Identität, eines Nationalgefühls im Unterschied zum Nationalismus ausgemacht werden kann.

---

[5] Helmut Zilk, Mitglied der Sozialdemokratischen Partei Österreichs, war auf Grund seiner Mitarbeit im Österreichischen Rundfunk bereits sehr populär, ehe er 1983 unter dem Bundeskanzler Fred Sinowatz (vgl. Fußnote 3) zum Bundesminister für Unterricht und Kunst ernannt wurde. Von 1984 bis 1994 bekleidete er das Amt des Wiener Bürgermeisters.

[6] »Dieses österreichisch-ungarische Staatsgefühl war ein so sonderbar gebautes Wesen, dass es fast vergeblich erscheinen muss, es einem zu erklären, der es nicht selbst erlebt hat. Es bestand nicht etwa aus einem österreichischem und einem ungarischen Teil, die sich, wie man dann glauben könnte, ergänzten, sondern es bestand aus einem Ganzen und einem Teil, nämlich aus einem ungarischen und einem österreich-ungarischen Staatsgefühl und dieses zweite war in Österreich zu Hause, wodurch das österreichische Staatsgefühl eigentlich vaterlandslos war. Der Österreicher kam nur in Ungarn vor, und dort als Abneigung; daheim nannte er sich einen Staatsangehörigen der im Reichsrate vertretenen Königreiche und Länder der österreichisch-ungarischen Monarchie, was das gleiche bedeutet, wie einen Österreicher mehr einem Ungarn weniger diesem Ungarn und er tat das nicht etwa mit Begeisterung, sondern einer Idee zuliebe, die ihm zuwider war, denn er konnte die Ungarn ebenso wenig leiden, wie die Ungarn ihn, wodurch der Zusammenhang noch verwickelter wurde« (Musil 1967, 170).

7. Das Staatsorakel BBA

Der Briefschreiber nennt in einem seiner Briefe das Jahr 1983 als Zäsur, die entsprechende Stelle wurde oben zitiert. Es ging um die in der »Sinowatzära anstelle der Zweiten Republik ins Leben gerufene Tschuschendiktatur«. 1983 war das Ende der Ära Kreisky, der in den Briefen der BBA interessanterweise nie erwähnt wird, und der Beginn des Abbaus des Wohlfahrtsstaates in Österreich. Das Jahr 1983 taucht auch bei Klaus Ottomeyer als magische Zahl auf, dort, wo er sich mit dem »Mythos Haider« – so der Buchtitel – auseinandersetzt[7]:

> *»Ziemlich genau seit 1983/84 haben wir in der westlichen Kultur die Gegenbewegung, den Roll-back des Ramboismus oder Neo-Macho-(Un)Wesens. Politisch war das ganz direkt mit dem Rechtsruck unter Ronald Reagan verbunden, der ja die Sylvester Stallone-Filme ganz unbefangen als Vorbild pries (Anm.: auch ein Vorbild für Jörg Haider). Die Ökonomie wurde nach den Jahrzehnten des Neo-Keynesianismus jetzt wieder offen sozialdarwinistisch organisiert bzw. entfesselt. Diese Roll-back-Bewegung hat sich zum Glück nur teilweise durchgesetzt, aber die Angst, ein ›Loser‹ zu ein, als Mann in der ökonomischen, beruflichen, körperlichen und sexuellen Konkurrenz abzustürzen, scheint so verbreitet, dass ein wachsender Teilmarkt für das Identitäts-Stütz-Angebot des Ramboismus und ewigen Fitness-Trainings entsteht. Die sozialdarwinistische Angst, die darin verborgen ist, zeigt sich in der Bereitschaft zur Kränkung und verbalen Kastration des Gegners, einem Verfall von Höflichkeit und Aggressionshemmung, welche in der öffentlichen Kultur der 50er, 60er und 70er Jahre noch ganz unmöglich gewesen wären«* (Ottomeyer 2000, 24).

Immanuel Wallerstein (2000) meint, dass der Glaube an die keynesianische Wirtschaftspolitik und den Wohlfahrtsstaat in den Industrieländern schon seit 1968 erodierte und dass spätestens 1989 der »Jahrhunderttraum« von Freiheit, Gleichheit und Brüderlichkeit ausgeträumt war. Kommunistische, sozialistische Bewegungen und die nationalen Befreiungsbewegungen der Dritten Welt, die bis etwa 1970 fast überall die Macht erobert hatten, hätten ihre Versprechungen nicht einzulösen vermocht: Soziale, politische und ökonomische Polarisierungen auf der Ebene »des Weltsystems« – zwischen den Gesellschaften wie auch innerhalb der einzelnen Gesellschaften – waren bestehen geblieben. Der Ernüchterung und Enttäuschung darüber hätte die weltweite

[7] Jörg Haider, österreichischer Jurist und Politiker: »1989-91 Landeshauptmann von Kärnten, aufgrund einer Äußerung über die ›ordentliche Beschäftigungspolitik im Dritten Reich‹ abgewählt, daraufhin bis 1992 2. Landeshauptmannstellvertreter, seit 1999 wieder Landeshauptmann von Kärnten; 1979-83, 1986-89 und 1992-99 Abgeordneter zum Nationalrat, 1986-89 und 1992-99 auch Klubobmann der FPÖ. 1986-2000 Bundesparteiobmann der Freiheitlichen Partei Österreichs. Unter seiner Leitung verzeichnete die FPÖ bis zum Regierungseintritt 2000 einen kontinuierlichen starken Stimmenzuwachs« (Österreich-Lexikon 2007).

Revolution von 1968 ihren Ausdruck gegeben. Seither hätten Ideologien an Einfluss gewonnen, die Deregulierung – den Rückzug des Staates – befürworten. Der tatsächliche Abbau des Staates wie die zunehmende Skepsis der Bürger gegenüber dem Staat und seinen ordnenden Fähigkeiten führt – so Wallerstein – allerdings zu mehr Angst, mehr Chaos und mehr Gewalt und dies wiederum führt seinerseits dazu, dass der Staat immer weniger in der Lage ist, Ordnung zu schaffen.

Diese von Wallerstein nachgezeichnete Entwicklung des »Weltsystems« drückt die BBA für uns quasi auf österreichisch und im Namen vieler Österreicher sehr genau aus. Die zunehmende Enttäuschung über die sozialdemokratischen Machthaber seit dem Ende der Ära Kreisky wird sichtbar: Eigene Landsleute geraten in Not, der sozialistisch geführte Staat kümmert sich immer weniger um sie. Die sozialistischen Führer gehen ihrer internen Führungsqualitäten verlustig, sie kümmern sich mehr um Außen- statt um Innenpolitik, mehr um Globalisierung und damit um die Fremden statt um Österreich und die Österreicher. Sie werden dadurch selbst zu »Tschuschen«, zur Fremdherrschaft, zu Besatzern. Quantitative Ungleichheiten kippen wie auf einem Umspringbild in qualitative Unterschiede, was als überwindbare soziale Differenz gesehen wurde, wird nun als körperlich festgelegter Unterschied wahrgenommen, über den man keine Macht besitzt.

Im Kern also geht es um Angst und Unsicherheit, um Gefühle, die sozialen Wandel immer begleiten (Obholzer 1997), die aber bei der sozioökonomischen Entwicklung der letzten Jahrzehnte wohl im Übermaß freigesetzt wurden. Der Angst und Unsicherheit folgen die Aggressionen, worauf ja auch Wallerstein hinweist. Wir meinen jedoch, dass die Briefe der BBA und vor allem ihre Briefbomben zeigen, dass die Aggressionen nicht nur im Gefolge von Angst und Unsicherheit auftreten, sondern auch als lustvolle neue Freiheit bestimmt werden können, als Freiheit, durch die man überdies die schmeichelhafte Aufmerksamkeit der Medien und der Öffentlichkeit gewinnen kann. Die BBA und ihre Entwicklung zwischen 1993 und 1995 ist ohne Medien in dieser Form nicht denkbar und das Mitglied (oder die Mitglieder) der BBA war(en) in großem Maße fähig, dieses Instrumentarium zu nutzen. Auch darin ähnelt die BBA der Freiheitlichen Partei und deren früheren Obmann Haider, der in den Briefen im übrigen nur einmal wohlwollend-kritisch erwähnt wird, da er sich »einbildet, dass man unsere gefestigte Tschuschen-Diktatur mit demokratischen, zumindest aber mit gewaltfreien Mitteln zu Fall bringen kann«.

Das Phantastisch-Schaurige an den Bajuwarenbriefen ist die Präzision, mit welcher der Autor seine Befindlichkeit und durch sie die österreichische Spätmoderne schildert. Dass die Texte über weite Strecken auch einen klinisch-pathologischen Eindruck hinterlassen, tut ihrer Qualität keinen Abbruch. In diesem Zusammenhang ist an Freud zu denken, der in einer späten Arbeit über den analytischen Prozess anmerkte, »dass der Wahnsinn nicht nur Methode hat, wie schon der Dichter erkannte, sondern dass auch ein Stück historischer Wahrheit in ihm enthalten ist ..., ein Wahrheitskern« (1937, 405). Der Wahrheitskern im Fall der BBA besagt, dass der Mensch bei »heißem« gesellschaftlichem Wandel nicht nur seine Umwelt als fremd erlebt, sondern dass er auch sich selbst fremd wird: Wie Franz Fuchs verliert er seine integrativen Kräfte und die Kontrolle über seine Gewalttätigkeit.

Literatur

Eisenbach-Stangl, I., Stangl W. (2000): »... ein Halt gegen Fremdenfreundlichkeit ...« und »... Grüsse dieser Art«. Zu den Briefen der Bajuwarischen Befreiungsarmee. In: Eisenbach-Stangl, I., Stangl, W. (Hrsg.): Das äußere und innere Ausland. Fremdes in soziologischer und psychoanalytischer Sicht. WUV: Wien, 177-216

Freud, S. (1937): Konstruktionen in der Analyse. In: Sigmund Freud Studienausgabe: Schriften zur Behandlungstechnik (Ergänzungsband). Fischer: Frankfurt/M., 1982, 393-406

Grassl-Kosa, M., Steiner, H. (1996): Der Briefbomber ist unter uns. Zeitschriften-buch-Verlag: Wien

Haubl, R. (1992): Modelle psychoanalytischer Textinterpretation. In: Flick, U., Kardorff von, E., Keupp, H., Rosenstiel von, L., Wolff, St. (Hrsg): Handbuch qualitative Sozialforschung. Beltz: Weinheim, 219-223

Lorenzer, A. (1973): Psychoanalyse als Sprachuntersuchung – Sprachfiguren und Interaktionsformen. In: Lorenzer, A. (Hrsg): Über den Gegenstand der Psychoanalyse oder: Sprache und Interaktion. Suhrkamp: Frankfurt/M., 88-112

Lorenzer, A. (1978): Der Gegenstand psychoanalytischer Textinterpretation. In: Goeppert, S. (Hrsg.): Perspektiven psychoanalytischer Kulturkritik. Rombach: Freiburg, 71-82

Mavrakis, A. (1998): Wenn aus sozialen Ungleichheiten kulturelle Differenzen werden. Zum Verhältnis von multikultureller Gesellschaft und Neorassismus. In: Forum Kritische Psychologie 39, 42-58

Musil, R. (1967): Der Mann ohne Eigenschaften. Rowohlt: Hamburg

Obholzer, A. (1997): Das Unbewusste bei der Arbeit. In: Eisenbach-Stangl, I., Stangl, W. (Hrsg.): Das äußere und innere Ausland. Fremdes in soziologischer und psychoanalytischer Sicht. WUV: Wien, 17-38

Österreich Lexikon (2007): Österreich Lexikon, hrsg. von Richard Bamberger, Maria Bamberger, Ernst Bruckmüller und Karl Gutkas. Elektronische Fassung: http://aeiou.iicm.tugraz.at/aeiou.encyclop/book.htm (Stichwort Haider, Jörg: http://aeiou.iicm.tugraz.at/aeiou.encyclop.h/h081443.htm [3.8.2007])

Ottomeyer, K. (2000): Die Haider-Show. Zur Psychopolitik der FPÖ. Drava: Klagenfurt

Scharsach, H.-H. (1995): Haiders Clan. Wie Gewalt entsteht. Orac: Wien

Streeck-Fischer, A. (1992): »Geil auf Gewalt«. Psychoanalytische Bemerkungen zu Adoleszenz und Rechtsextremismus. In: Psyche 46, 745-771

Vasek, Th. (1999): Ein Funke genügt ... Die Briefbomberattentate. Der Fall Fuchs. edition selene: Wien

Wallerstein, I. (2000): Gescheiterte Überholmanöver. In: Der Standard, 9.September

Literaturumschau

Psychoanalyse und geistige Behinderung – Entwicklungen und pädagogische Impulse

Holger Preiß

> *»Unterhalb eines gewissen Niveaus von Intelligenz ist das Verfahren überhaupt nicht anwendbar, durch jede Beimengung von Schwachsinn wird es außerordentlich erschwert« (Freud 1895, 264).*

Mit diesen Worten wird von Sigmund Freud eine Grundlage dafür gesetzt, Menschen mit geistiger Behinderung, zu jenen Zeiten noch als »Schwachsinnige« bezeichnet, aus einer psychoanalytischen Betrachtung auszuschließen, noch bevor er selbst 1896 den Begriff Psychoanalyse erstmals in seinen Schriften für sein Verfahren verwendet. Doch auch später bekräftigt er die Ansicht, man müsse »ein gewisses Maß natürlicher Intelligenz und ethischer Entwicklung fordern; bei wertlosen Personen lässt den Arzt bald das Interesse im Stiche, welches ihn zur Vertiefung in das Seelenleben des Kranken befähigt« (Freud 1904, 9). Dieser Aussage liegt sicherlich auch zugrunde, dass Psychoanalyse zu jener Zeit noch fast ausschließlich im klassischen Sessel-Couch-Setting besteht. Dessen Modifikationen in Richtung psychoanalytisch-pädagogische Implikationen auf der einen Seite und Kinderpsychotherapie auf der anderen Seite legen erst später die Grundlagen für den Gedanken einer psychoanalytisch orientierten Arbeit mit Menschen mit geistiger Behinderung. Doch noch 1984 beklagt Datler das »Aschenputteldasein von Tiefenpsychologie« (ebd., 47) in der Sonder- und Heilpädagogik, welches sich »insbesondere im Bereich der Arbeit mit ›geistig Behinderten‹ feststellen« (ebd., 48) lässt. Dies ist nicht zuletzt darin begründet, dass sich bis dato noch kaum Psychoanalytiker mit diesem Personenkreis beschäftigt und ihre Erfahrungen daraus veröffentlicht haben. In den darauf folgenden Jahren häufen sich sukzessive die Veröffentlichungen, die sich mit psychoanalytischem Vorverständnis mit Menschen mit geistiger Behinderung befassen, was vor allem auf zwei Umstände zurückzuführen ist (vgl. Ackermann 2000, 195): Zum einen arbeiten zunehmend Psychologen und Ärzte mit psychoanalytischer Ausbildung im Bereich der Behindertenhilfe, zum anderen öffnet sich die Psychoanalyse und sieht Menschen mit geistiger Behinderung nun nicht mehr per se als therapieunfähig an.

So entstehen einige Veröffentlichungen, die auch für die pädagogische Arbeit mit Menschen mit geistiger Behinderung von Bedeutung sind. Während anfangs die Beiträge noch stark vereinzelt sind, haben in den letzten fünfzehn Jahren vermehrt

Psychoanalytiker und psychoanalytisch orientierte Pädagogen versucht, den dunklen Kontinent »geistige Behinderung« (de Groef 1997) auf verschiedenen Wegen zu erforschen, und berichten darüber. Im Folgenden sollen nun die Entwicklungen, welche sich für die pädagogische Arbeit aus psychoanalytischer Sicht zumindest implizit als relevant erweisen konnten oder dieses Potential noch in sich bergen, anhand der Literatur nachgezeichnet werden. Im Anschluss daran wird über Ergebnisse und Impulse im Rahmen verschiedener Themenfelder berichtet werden.

1. Früheste Beiträge aus der Psychoanalyse zu »Schwachsinn«, intellektueller Hemmung und Pseudo-Debilität

Auch wenn zu Beginn des 20. Jahrhunderts noch niemand an psychoanalytisch-pädagogische Fragestellungen im Kontext von geistiger Behinderung denken mag, gibt es dennoch vereinzelt Auseinandersetzungen mit dem Themenkreis »Schwachsinn«, intellektuelle Hemmung und Pseudo-Debilität. Diese bilden letztlich auch die Grundlage für spätere, mehr pädagogisch orientierte Beiträge und beschäftigen sich vor allem mit Erklärungsmodellen zur Entstehung dieser Phänomene, gelegentlich auch mit deren psychoanalytischer »Heilung«.

1.1 Individualpsychologische Anmerkungen

Sigmund Freud selbst sieht »Schwachsinnige« nicht als empfänglich für eine psychoanalytische Behandlung an. Offener klingt in dieser Hinsicht Alfred Adler, der 1904 in seinem Aufsatz »Der Arzt als Erzieher« zu folgender Empfehlung gelangt:

> »Hat man es mit Schwachsinnigen, Kretinen, Taubstummen oder Blinden zu tun, so wird es Aufgabe des Arztes sein, die Größe des Defekts sicherzustellen, die Chancen einer Heilung oder Besserung zu erwägen und eine entsprechende, zumeist individualisierende Behandlung und Erziehung zu empfehlen« (Adler 1904, 4).

Er hält so dazu an, im Einzelfall sicherzustellen, ob nicht doch eine Behandlung oder Erziehung möglich sei. In seinem späteren Aufsatz »Kurze Bemerkungen über Vernunft, Intelligenz und Schwachsinn« (1928) macht er jedoch deutlich, dass man sich in die Gedankenabfolge des »Schwachsinnigen« mangels eines dort vorhandenen Zieles »nicht einfühlen, sie höchstens von außen her erraten« (ebd., 229) könne. Für Adler ist »Schwachsinn ... nicht eine niedrigere Form der Intelligenz, sondern eine andere Form des Denkens« (ebd., 228), da es dem »Schwachsinnigen« an der Ausgestaltung eines Lebensstiles fehle. Mit der Feststellung der Andersartigkeit des Denkens scheint eine weitere Beschäftigung mit der Thematik für ihn nicht mehr angebracht zu sein. Schließlich findet Adler noch deutlichere Worte:

»Ein anderes Missverständnis besteht darin, als ob es uns eingefallen wäre, zu behaupten, dass wir Kinder zu vollwertigen Wesen erziehen könnten, denen von Natur aus, *wie den Schwachsinnigen, die Fähigkeit der Entwicklung genommen ist*. Das wäre so, als ob wir Zeichnen mit der rechten Hand von einem verlangen würden, der die rechte Hand verloren hat« (Adler 1932, 83; Herv.H.P.).

Auch Ferdinand Birnbaum (1927, 375) konstatiert, dass durch eine entsprechende Behandlung deren »Beschränktheit« nicht abgebaut werden könne, jedoch ist dieser der Ansicht – wenn es gelingen würde, die »Pseudo-Schwachsinnigen« von den »wirklich Schwachsinnigen« zu unterscheiden –, dass erstere davon profitieren könnten. Bereits hier wird die Grundlage für Diskussionen gelegt, die auch später immer wieder aufflammen: Kann man Kinder mit »angeborenem Schwachsinn«, also mit einer organischen Schädigung, psychoanalytisch behandeln oder ist dies nur für psychogen bedingten »Schwachsinn« möglich? Und wer will wie bestimmen, wo die Ursache liegt?

Annäherungen von Seiten der Individualpsychologie gelangen zu unterschiedlichen Aussagen. Während Seelmann (1931) davon berichtet, wie er ein »schwachsinniges« Kind sogar im Unterricht der Normalschule erfolgreich behandeln und es zu Entwicklungsschritten anregen konnte, sind Birnbaum und Künkel wesentlich vorsichtiger in ihrem Urteil. Birnbaum merkt am Rande eines anderen Aufsatzes in Klammern an:

»Ich halte eine tiefergehende Interpretation des Schwachsinnes vom Standpunkte der Individualpsychologie für verfrüht, zumal man gerade daran ist, der Vermutung nachzugehen, ob nicht manche Formen, die auch wir vormals nicht als psychogen zu erklären vermochten, doch einer solchen Erklärung zugänglich seien. In einer solchen Phase der Forschung ist es besser, sich nicht in eine bestimmte Deutung zu ›verrennen‹« (Birnbaum 1928, 278).

Fritz Künkel versucht zu differenzieren. Er unterscheidet zwei Arten von Lernunfähigkeit: diejenige, die »durch körperliche Fehler zustande« (Künkel 1926, 11) kommt, worunter für ihn wieder der »Schwachsinn« fällt. Die andere Art bezeichnet er als »neurotische Intelligenzstörung« oder Denkhemmung (ebd., 16), welche er auch bei »Schwachsinnigen« leichteren Grades für möglich hält. Doch auch im Falle einer vorhandenen Denkhemmung ist Künkel fest davon überzeugt, dass Denken nicht absichtlich, sondern nur »instinktiv« unterdrückt werden kann (ebd., 31). Dieser Hinweis auf eine »instinktive« Unterdrückung könnte andeuten, dass bei der Entstehung des »Schwachsinns« unbewusste Prozesse eine Rolle spielen könnten, was jedoch von Künkel nicht explizit so benannt wird. Birnbaum dagegen wehrt derartige Gedanken deutlich ab. Seiner Ansicht nach hieße auch der Versuch, »den Ursprung dieser Kunstgriffe ins ›Unbewusste‹ (zu; Anm.d.V.) verlegen ... : sich um die Erklärung überhaupt zu drücken« (Birnbaum 1928, 288).

1.2 Intellektuelle Hemmungen als Folge gestörter frühkindlicher psychosexueller Entwicklungen

Anders gelagert sind die Erklärungen, die Psychoanalytiker – hier mehr in direkter Freudscher Tradition – in einem Sonderheft der »Zeitschrift für Psychoanalytische Pädagogik« aus dem Jahr 1930 geben, das den Titel »Intellektuelle Hemmungen« trägt. Hier wird ebenfalls zwischen psychogener und organischer Störung unterschieden, wobei Federn (1930) darauf hinweist, dass diese Differenzierung in der Praxis oft nicht zu leisten ist. Dennoch schließt er organische Schädigungen aus seiner Betrachtung aus. Karl Landauer weist in einem früheren Beitrag, der in diesem Sonderheft zusammengefasst wurde (Landauer 1930), jedoch darauf hin, dass »die organische Grundlage eine der Ursachen bestimmter Fälle (sei; Anm.d.V.) ..., die psychogen nur verstärkt ist« (Landauer 1929, Herv.i.O.). Er kann sich also eine Art von »Schwachsinn«, bei der zumindest beide Faktoren eine Rolle spielen, bereits zu jener Zeit durchaus vorstellen. Dieser Artikel Landauers mit dem Titel »Zur psychosexuellen Genese der Dummheit« wird sogar 1970 in der Zeitschrift »Psyche« neu abgedruckt und findet auch später noch Beachtung (vgl. Niedecken 1997; 2003a; 2003b).

Weitere psychosexuelle Erklärungsansätze für die Entstehung der Dummheit in diesem Sonderheft fokussieren den Aspekt der Unterdrückung der sexuellen Neugierde des Kindes gegenüber den Eltern (vgl. Schmiedeberg 1929) und auch die so vollzogene Rache an ihnen als Reaktion auf die Traumatisierungen durch den Ödipuskomplex (vgl. Bornstein 1930).

1.3 Beiträge auf Basis der Objektbeziehungstheorie

Eine »zweite Generation« (Fröhlich 1994, 145) von Psychoanalytikern fokussierte in der Folge mehr die Bedeutung der Beziehungsobjekte und deren Anteil an der Lernhemmung eines Kindes.

Melanie Klein, die versucht, die klassische Psychoanalyse in Richtung der Objekte zu erweitern, legt dabei besonderes Gewicht auf die unbewussten Phantasien, die ein Kind über Objekte entwickelt (vgl. Bacal 1994, 76). In ihrem »Beitrag zur Theorie der intellektuellen Hemmungen« (Klein 1931) sieht sie zwei Arten von Ängsten als zentral an. Zum einen spricht sie von der Angst des Kindes davor, beim phantasierten Erkunden des Inneren der Mutter etwas Zerstörerisches vorzufinden bzw. dabei selbst zerstörerisch zu wirken. So kann durch das phantasierte Erkunden des Kindes die reale Neugierde und somit das Lernverhalten gehemmt werden, was sich letztlich gewissermaßen als »Dummheit« zeigt. Klein zufolge könne sich »das Wissbedürfnis nur dann zufriedenstellend entwickeln ..., wenn der Körper der Mutter als gesund und unverletzt empfunden wird« (ebd., 385f). Neben dieser Angst sieht sie zum anderen beim Kind ein großes Unbehagen dahingehend, ob sich im eigenen Körper etwas Zerstörerisches befinde. Da Klein davon ausgeht, dass der Ödipuskomplex früher einsetzt, als Freud dies angenommen hatte, sieht sie das Ich einem frühen sadistischen Über-Ich ausgesetzt (vgl. Klein 1928). Dieses halte das Kind davon ab, sich selbst genauer zu erforschen und den Wisstrieb aufrechtzuerhalten, wodurch letztlich die Ich-Entwicklung und damit auch die intellektuellen Leistungen empfindlich gestört werden können.

Mahler-Schoenberger (1942) blickt mehr auf die Rolle der Objekte selbst und verweist erstmals auf den psychischen Nutzen, den die Dummheit eines Kindes auch für die Mutter haben kann, indem eine frühe befriedigende Mutter-Kind-Beziehung aufrechterhalten wird. Die Mütter, von denen sie berichtet, hatten alle sexuelle Beziehungen zu anderen Männern und waren bestrebt, dies vor ihrem Ehemann und den Kindern geheim zu halten. Hellman (1954) greift diese Fälle noch einmal auf und führt aus, dass durch diese Art der frühkindlichen Beziehung eine normale ödipale Entwicklung kaum möglich ist und das Kind somit nicht die Latenzphase erreicht. Letztere würde es durch die nun vorhandene Realitätsprüfung in Stande setzen, die sexuellen Verhältnisse ihrer Mutter entsprechend zu bewerten und zu verurteilen. So lange die Mutter durch die enge Bindung zum Kind diese Entwicklung verhindern kann, muss sie sich dieser Gefahr nicht stellen.

2. Zunehmende Relevanz der Psychoanalyse für die Pädagogik

Die erwähnten Berichte – mit Ausnahme des schulpädagogischen Berichts von Seelmann (1931) – sind für die pädagogische Betrachtung nur indirekt relevant, insofern sie sich vornehmlich von therapeutischer Seite her mit dem Phänomen »geistige Behinderung« befassten. Bereits 1936 findet sich jedoch bereits ein Beleg dafür, dass sich auch Pädagogen, die vornehmlich mit geistig behinderten Kindern arbeiten, mit der Psychoanalyse auseinandersetzen. Helene Löw-Beer und Milan Morgenstern (1936), die anfangs in Berlin, später in Wien arbeiten, bemerken in ihrem Buch »Heilpädagogische Praxis«:

> »Der Weg zum Kontakt mit dem geistig rückständigen Kind geht über das Verständnis seiner Abwehrhaltungen. ... Dass auch bei Imbezillen und Debilen neurotische Zustände platzgreifen können, wird in der Literatur oft erwähnt. Theodor Heller schreibt ..., ›dass hysterische Zustände auch neben solchen des Schwachsinnes Platz finden‹« (ebd., 130f; Herv.i.O.).

> »Es gibt der Arbeit eine andere Basis und auch einen anderen Ausblick, ob man ein solches Kind als eines betrachtet, das willenlos und leer ist, oder ob man eine Räumung des Feldes aus Abwehr vor sich sieht« (ebd., 132f).

Die Material- und Methodensammlung wird unter dem nationalsozialistischen Regime jedoch kurz nach seiner Erscheinung verboten und erst 1966 durch Morgensterns Sohn Franz ins Englische übersetzt und 1968 erneut auf Deutsch veröffentlicht. Diese Gedanken werden jedoch in pädagogischen Veröffentlichungen nicht aufgenommen. Noch 1960 kommt Sandschulte in ihrer Arbeit »Tiefenpsychologie und

Heilpädagogische Praxis« zu dem Schluss, der »Tiefenpsychologie (seien; Anm.d.V.) auch Grenzen gesetzt, wo sich die Erziehung im Bewahren und Pflegen erschöpfen muss, also beim geistesschwachen und psychotischen Kind« (Sandschulte 1960, 90). 1967 erscheint das Buch »Das Sonderkind« (Ross 1967) in deutscher Sprache, das sich vor allem an Berater von Eltern mit einem behinderten Kind richtet. In ihm werden Reaktionen wie Abwehrmechanismen oder Schuldgefühle im Zusammenhang mit der Geburt und Diagnose eines »missgebildeten« Kindes ausführlich thematisiert, doch auch dieses Werk wird im deutschsprachigen Raum kaum wahrgenommen (vgl. Ackermann 2000, 194).

Einen Durchbruch schafft dahingehend 1972 die weithin bekannt gewordene Monographie »Das zurückgebliebene Kind und seine Mutter« von Maud Mannoni, die jedoch verschiedene Reaktionen auslöst. Fröhlich (1994, 161) spricht von »Ratlosigkeit bzw. einem Befremden« bei der Rezeption in der Sonderpädagogik, Kaufhold (1998, 425) dagegen benennt auch »begeisterten Zuspruch« als Reaktion. Mannoni setzt den Sinn, den die Behinderung für das Kind und die Mutter erreicht, in den Mittelpunkt Ihrer Betrachtungen, was vielerorts als Schuldzuweisung an die Eltern gewertet wird. Weiterhin kritisiert sie, dass bis dato augenscheinlich organisch bedingte Fälle von Debilität aus den Betrachtungen der Psychoanalytiker ausgeschlossen werden (Mannoni 1972, 187). Einige vereinzelte Versuche gab es dennoch: Anna Freud (1951) und Sheldon Rappaport (1961) berichteten schon vorher über die Entwicklung von hirnorganisch geschädigten Kindern auf ich-psychologischer Basis.

Im Jahr 1982 findet sich schließlich der erste umfassendere Beitrag, der sich aus pädagogischer Perspektive der psychoanalytischen Theorie bedient: Johannes Elbert beschreibt in seinem Aufsatz »Geistige Behinderung – Formierungsprozesse und Akte der Gegenwehr« Prozesse zwischen Menschen mit und ohne geistige Behinderung und vertritt vor allem die Ansicht, dass »die Mitteilung der Prognose und der Diagnose die *Schlüsselstelle* für die Formation der ›Geistigen Behinderung‹ darstellt. Sie zerstört schlagartig die wechselseitige Beziehung zwischen Mutter und Kind« (Elbert 1982, 77; Herv.H.P.). An zentraler Stelle greift Niedecken (1989) diesen Gedanken auf und auch die Musiktherapeutin Mahns (1985) legt ihrer Sicht von geistiger Behinderung Elberts Überlegungen zugrunde. Allmählich häuft sich die Zahl der Veröffentlichungen zu diesem Themenbereich, was Ackermann (2000, 195) darauf zurückführt, dass »vermehrt psychoanalytisch ausgebildete Psychologen und Ärzte in das System Behindertenhilfe involviert und mit geistig behinderten Menschen konfrontiert waren«. So bedauert Datler (1984) das »Tiefenpsychologiedefizit in der Arbeit mit geistig Behinderten«, Rubner und Rubner (1982) wenden die Methode des analytischen Psychodramas erfolgreich bei »debilen« Kindern an und Müller-Hohagen (1987) schreibt über seine Erfahrungen in der Psychotherapie mit Kindern mit Behinderung. Auch Gaedt (1987; 1990b; Gaedt u.a. 1989) beginnt Ende der 1980er Jahre über Psychotherapie mit geistig behinderten Menschen zu schreiben, bearbeitet jedoch auf Grund des integrierten Konzepts seiner Einrichtung in Neuerkerode zunehmend auch pädagogische Fragestellungen mit psychoanalytischem Vorverständnis. Er veranstaltet einige Tagungen und hält Ergebnisse und Vorträge in der Reihe »Neuerkeröder Beiträge« fest. Da diese jedoch nicht über den Buchhandel zu beziehen sind, bleibt die

»langersehnte, standardwerksnahe Pionierarbeit« (Oberegelsbacher 1992, 286) wohl doch eher einem kleinen, einschlägig interessierten Kreis analytisch orientierter Psychotherapeuten und Pädagogen zugänglich.

Doch mit Beginn der 1990er Jahre weitet sich dieser Kreis beständig aus. Die Zahl der Veröffentlichungen steigt an und es bilden sich Institutionen, die sich mit dem Themenbereich »Psychoanalyse und geistige Behinderung« beschäftigen, wie der Arbeitskreis »Psychoanalyse und Geistige Behinderung« und die internationalen Tagungen um Johan de Groef (Preiß 2006, 32f; Heinemann, de Groef 1997; de Groef, Heinemann 1999).

3. Themenfelder aus der psychoanalytischen Arbeit mit Menschen mit geistiger Behinderung

Im Folgenden soll nun ein Überblick über diese aktuelleren Entwicklungen und daraus entstehenden Impulse anhand vorhandener Veröffentlichungen gegeben werden. Thematisch werde ich grundlegend bei der Diagnose der geistigen Behinderung und daraus entstehender psychodynamischer Verwicklungen beginnen und im Folgenden den Bereich der (möglichst) frühen Arbeit mit Eltern und Kindern beschreiben. Der Fokus liegt im dritten Teil auf dem Bereich, der in der Regel weitestgehend ohne den Einfluss der Eltern besteht und mehr die Arbeit von Psychotherapeuten und Pädagogen in Einrichtungen oder Einzelsituationen mit Menschen mit geistiger Behinderung selbst beleuchtet. Hierbei ergeben sich aus der Literatur einzelne Themenschwerpunkte, die gleichzeitig geeignet sind, grundsätzliche Aussagen über die Psychodynamik im Kontext geistiger Behinderung zu beleuchten.

3.1 Die (frühe) Diagnose der geistigen Behinderung

Der Beginn der psychoanalytischen Betrachtung von geistiger Behinderung vollzieht sich an dem Punkt, an dem eine geistige Behinderung diagnostiziert bzw. als solche wahrgenommen wird. Dies ist manchmal sehr früh (mittlerweile immer häufiger schon pränatal, wenn sich eine organisch begründete physische Störung ausmachen lässt), häufig jedoch auch erst im Kindergarten- oder beginnenden Schulalter der Fall. Die Diagnose einer Behinderung wird immer wieder als neuralgischer Punkt in der Beziehungsentwicklung zwischen Eltern und Kind benannt und ruft Folgen hervor, welche nicht zuletzt die individuelle Entwicklung als »geistig behindert« erscheinen lässt.

Die Italiener Fattori und Benincasa (1996, 103f) berichten z. B. vom Fall eines sechsmonatigen Jungen mit Trisomie 21, der nach »zufrieden stellender Entwicklung« – wohlgemerkt unter Bezugnahme auf die Normalentwicklung eines nicht organisch geschädigten Säuglings – und viel Liebe von Seiten seiner Mutter einen Entwicklungsstopp erfährt, als diese von ihrem Hausarzt beiläufig davon in Kenntnis gesetzt wird, dass ihr Kind das Down-Syndrom habe. Die Mutter, die auf dem Land wohnte, kannte die spezifischen Gesichtszüge eines Kindes mit Down-Syndrom nicht und wurde auch nicht etwa von Bekannten darauf angesprochen.

Elbert (1982, 62f) weist auf eine dänische Studie von Rydberg (1976) hin, welche Hinweise darauf gefunden habe, dass es einen Zusammenhang mit dem Zeitpunkt der Diagnosestellung und einer verlangsamten, fixierten oder gar zurückgehenden Entwicklung gibt. Als Hintergrund wird vermutet, dass die Diagnose untrennbar mit einer lebenslänglichen Prognose verbunden ist, die besagt, dass die Entwicklung dieses Kindes zumindest langsamer vonstatten gehen müsse oder voraussichtlich an einem bestimmten Punkt ende. Das Kind wird so also entmündigt, es kann fortan nicht mehr »Initiator seiner Veränderung sein« (Elbert 1982, 63), und zudem ist der Faktor »Erleben« für es nicht mehr spürbar, wenn seine Disposition überbetont wird (Maass 1993, 318). Grim (1999, 141) zufolge fehlt den Kindern einfach die Energie, um gegen die ständige Double-Bind-Botschaft ihrer Umwelt anzukämpfen, die zum einen eine Entwicklungsförderung erreichen will, zum anderen aber klar macht, dass die Entwicklung an diesem oder jenem Punkt begrenzt sein wird: gefangen im *a priori*. Für Elbert (1982, 77) ist klar,

> »dass die Mitteilung der Prognose und der Diagnose die *Schlüsselstelle* für die Formation der ›Geistigen Behinderung‹ darstellt. Sie zerstört schlagartig die wechselseitige Beziehung zwischen Mutter und Kind. Dieses Trümmerfeld wird nun Ausgangspunkt für die spezifische, von der Prognose beherrschte Sozialisation des ›Geistigbehinderten‹« (Herv.H.P.).

Und selbst wenn die Diagnose revidiert wird, wie im Fall von Lars, dessen von der Norm abweichende Entwicklung des Kopfumfangs anfangs auf einen Hydrocephalus hingewiesen hatte, kann sich die dadurch entstandene Belastung der Mutter-Kind-Beziehung auch weiterhin negativ auswirken (vgl. Maass 2000). Wenn das Kind dann auf Grund der Diagnose »geistig behindert« in die Hände von professionellem Personal übergeben wird, entwickele sich häufig auch zu diesem eine entsprechend gestörte Beziehung, was Elbert (1982, 56) allein an der Tatsache fest macht, dass es sich um eine »sonderpädagogische« Beziehung handelt. Einen ähnlichen Teufelskreis beschreibt auch Schönwiese (1995, 28):

> »Vieles, was bei behinderten Kindern als Behinderung diagnostiziert wird, ist nichts anderes als die Diagnose dieses Schocks (auf eine behindertenfeindliche Umwelt; Anm.d.V.) und seiner lebensgeschichtlichen Folgen, der dem Kind selbst wieder als Behinderung oder abweichendes Verhalten angerechnet wird«.

Niedecken (2003a) beschreibt ebenfalls die behindernde Funktion der Diagnose, wenngleich sie betont, dass es sich hierbei um eine Tendenz handelt und es auch – gerade von Seiten der Eltern – widersprechende Aussagen gibt. Die Funktion, die für die Eltern vorhanden ist, besteht Niedeckens Ansicht nach in der Schuldentlastung, die sich aus der »Formel organisch = unschuldig, psychisch = schuldig« (ebd., 44) speist. So werde in den meisten Fällen von geistiger Behinderung zumindest ein vermuteter frühkindlicher Hirnschaden diagnostiziert, um diese Funktion aufrecht zu erhalten (ebd., 31f). Niedecken bezweifelt jedoch, dass diese Gleichung dauerhaft aufgeht, was daran liege, dass die Eltern sich nicht unbewusst schuldig daran fühlen, dass dieses Kind geistig behindert ist, sondern vielmehr daran, dass es am Leben bleibt. Ausschlaggebend dafür erscheint ihr der »gesellschaftliche Mordauftrag« (ebd., 48), welcher von der Umwelt auf die Eltern abgeladen werde.

Nicht zuletzt aus diesem Prozess heraus entwickeln sich bei den Eltern häufig Tötungsphantasien gegenüber ihren Kindern, die von zahlreichen Autoren beschrieben werden (vgl. z. B. Assouly-Piquet 1999, 68f; Gerlicher 1991, 267; Korff-Sausse 1997, 60; Mannoni 1972, 19f; Messerer 1999, 70; Niedecken 2003a; Schnoor 1997, 72; Sinason 2000, 44), jedoch nicht von allen auf einen gesellschaftlichen Mordauftrag zurückgeführt werden. Die Mutter, welche sich in der Regel durch die Geburt eines Kindes aufgewertet fühlt, sieht in einem behinderten Kind eine »Manifestation ihrer Ohnmacht und Schande« (Niedecken 1997, 110). Der durch die Diagnose zerbrochene Spiegel (vgl. Korff-Sausse 1997) gereicht also weder zu einer narzisstischen Bereicherung der Eltern (Buhmann 2000, 102), noch spiegelt er ihnen das (ideale) Kind, das sie erwartet hatten. Letzteres ist zwar ein häufig beschriebener Vorgang, der jeder Geburt inhärent ist (de Groef 1997, 21), doch zeichnet sich dieser bei der Geburt eines behinderten Kindes in extremer Weise ab (vgl. z. B. Fiala-Preinsberger, Tamir 2001, 59; Buhmann 2000). Im Falle eines behinderten Kindes mündet dieser Prozess nicht in Akzeptanz, sondern in lebenslängliche, immer wiederkehrende Trauer.

3.2 Frühförderung und Arbeit mit Eltern

Die skizzierten Reaktionen auf die Diagnose »geistige Behinderung« verlangen aus psychoanalytischer Sicht nach einer möglichst frühen Arbeit mit den Kindern und ihren Eltern, um diese belastete Beziehung zu unterstützen. Dieser Arbeitsbereich soll hier aus zwei Gründen gesondert dargestellt werden. Zum einen erreicht er als eine präventive Maßnahme besondere Bedeutung in diesem Kontext. Zum anderen wird das Setting vor allem durch die Arbeit mit Eltern bestimmt, welche durch ihre emotionale Verwicklung andere Bedingungen in die Beziehung mit einem geistig behinderten Kind mitbringen als z. B. ein professioneller Pädagoge.

Dazu gehört das Durcharbeiten der Trauer über die Verluste, welche die Mutter eines behinderten Kindes hinnehmen muss. Jonas (1990, 98) arbeitet heraus, dass es sich dabei nicht nur um den Verlust des idealen Kindes handelt, sondern beschreibt neben diesem *kindzentrierten* Verlust auch den *identitätszentrierten* Verlust, der z. B. den Kompetenzverlust durch Fremdbestimmung, den Verlust der mütterlichen Identität oder auch den Verlust der idealen Beziehungsphantasien umfasst, und den *sozialzentrierten* Verlust, den man u. a. auf soziale Integration (vgl. auch Maass 1993, 306; Messerer 1999, 72) und autonome Lebensplanung beziehen kann. Diese Trauer ist nicht kurz nach der Geburt oder nach einiger Zeit abgeschlossen, sondern bleibt vor allem während der ganzen Entwicklungsperiode erhalten (Capozzi 2000, 491). Ziel der Trauerbearbeitung sollte sein, auf eine »zirkulierende Trauer« hinzuarbeiten (Jonas 1990, 129) bzw. der Trauer eine positive Wendung zu geben, um Möglichkeiten der Entwicklung sowohl bei den Kindern als auch bei den Eltern freizusetzen (vgl. Fiala-Preinsberger, Tamir 2001). Für eine solche Trauerbegleitung müssen auch Pädagogen entsprechende Ausbildungsangebote gemacht werden, welche u. a. das Durcharbeiten eigener Trauer thematisieren (Studener 1998, 159).

Darüber hinaus gibt es einige Versuche, Angebote für Eltern und Kinder auf Basis psychoanalytischer Reflexion bereits im frühen Kindesalter zu machen, welche einen positiven Effekt auf die Beziehungsstruktur haben können. Diese sind im deutschsprachigen Raum im institutionellen Kontext der Frühförderung denkbar, auch wenn es in diesem Rahmen bislang kaum psychoanalytisch orientierte Konzepte gibt. Die einzige mir bekannt gewordene Ausnahme bildet die mobile Frühförderung in Wien (Messerer 1999, 65). In einem solchen Rahmen ist die begleitende Elternarbeit als zentraler Aufgabenbereich anzusehen, in dem das Ziel verfolgt werden sollte, den Eltern dabei zu helfen, die so notwendige »(stimulierende) Feinfühligkeit« (vgl. Steinhardt 1998; Datler 2004; Datler, Isopp 2004) für ihr Kind zurückzugewinnen.

Messerer (2001) legt ihren Überlegungen das Konzept des »Under Fives' Counselling« zugrunde, das an der Londoner Tavistock-Klinik entwickelt wurde. Hierbei handelt es sich um eine Form der psychoanalytischen Kurztherapie für Eltern mit Kindern unter fünf Jahren. Als Basis sind verschiedene Methoden der Kinderbeobachtung und Eltern-Kleinkind-Beratung zu sehen, zentrales Element ist jedoch Bions Konzept des »containing«. Man geht beim »Under Fives' Counselling« davon aus, dass die Eltern nicht fähig sind, in ihrer Verfassung als container für das Kind zu fungieren. Um nun die »rêverie« (Bion 1962, 84) auf Seiten der Mutter wiederherzustellen, stellt sich der Berater seinerseits als container für die Mutter zur Verfügung (vgl. auch Datler, Messerer 2006, 135).

In einem weiteren Beitrag beschreibt Messerer (1999) die ebenfalls aus dem angelsächsischen Raum stammende Methode des »Watching, Waiting and Wondering«. Dabei wird die Mutter dazu ermutigt, eine halbe Stunde mit ihrem Kind zu spielen und dabei ausschließlich auf dessen Regungen einzugehen. Die Frühförderin beobachtet dies und gibt in einer weiteren halben Stunde Feedback, bei dem u. a. auch die eigenen Kindheitserfahrungen der Mutter thematisiert werden. Darüber hinaus können auch Anreize zum Gespräch geschaffen werden, wenn die Mutter umgekehrt die Frühförderin beim Umgang mit dem Kind beobachtet hat oder zusätzlich die beobachtete Situation zeitgleich mit einer anderen Frühförderin besprechen kann (Fiala-Preinsberger, Tamir 2001, 71f).

Wenn man jedoch von einer zirkulierenden Trauer ausgeht, sollte sich eine solche Intervention nicht auf einige Termine im Rahmen der Frühförderung eines Kleinkindes beschränken. Ein tragbares Modell für die längerfristige Beratung könnte z. B. die Einrichtung einer psychoanalytisch orientierten Beratungsstelle für Familien an der Universität »La Sapienza« in Rom sein (vgl. Capozzi 2000). Sie bietet für Kinder mit Entwicklungsstörungen von 3 bis 14 Jahren ein flexibles Setting an, das je nach Bedarf das Kind, die Eltern (einzeln oder zusammen) oder die Mutter-Kind-Dyade in den Mittelpunkt rückt (ebd., 493f) und dabei immer die Beziehung fokussiert. Auch hier geht man vornehmlich davon aus, containing für die Eltern zur Verfügung zu stellen, bietet dies aber auch explizit dem Kind an, so lange die Eltern dazu nicht fähig sind.

Dass ein Angebot für die ganze Familie auch noch in höherem Alter notwendig werden kann, zeigt das Fallbeispiel von Müller-Hohagen (1994), in dem ein junger Mann mit geistiger Behinderung um seine Autonomie ringt.

Einige weitere Fallbeispiele und theoretische Perspektiven aus dem Bereich der Eltern-Kind-Beziehung finden sich in einem Sammelband der Werkstattgruppe familienorientierte Frühförderung (2000) sowie bei Bernhofer (1998), welche sich mit der phantasmatischen Dimension der frühen Eltern-Kind-Interaktion auseinandersetzt und Ableitungen für das therapeutische Setting herstellt. Gstach (1996) gibt einen Überblick über tiefenpsychologisch orientierte Formen der Frühförderung vor allem aus dem angelsächsischen Raum. Datler und Messerer (2006) stellen ein Konzept der Beratung im Kontext der Frühförderung vor, in dem u. a. oben genannte Elemente wie die Trauerarbeit integriert werden und die Eröffnung neuer Perspektiven für die Eltern als zentral beschrieben werden. Ein entsprechendes akademisches Ausbildungskonzept für Frühförderung und Familienbegleitung wird an der Universität Wien angeboten (Datler u.a. 2004).

Ergänzend sei bemerkt, dass bei der Arbeit in der Frühförderung mit Eltern behinderter Kinder die Psychodynamik zwischen Frühförderkraft und Mutter nicht vergessen werden darf. Salzberger-Wittenberg (2000, 86) beschreibt drei Gefühlshaltungen auf Seiten der Frühförderin, welche deren Empathie beeinträchtigen können:

1. Überidentifikation mit dem Baby: Die Frühförderkraft ist der Mutter gegenüber ungeduldig und wünscht sich, diese wäre perfekt, weil sie selbst gern eine solch perfekte Mutter hätte.
2. Eifersucht auf das Baby: Aus dem Wunsch, selbst rundum versorgt und ausschließlich geliebt zu werden, kann Eifersucht auf das Baby entstehen, da dieses über das gewünschte Umfeld verfügt. Die Nachteile werden dabei nicht gesehen. So kann bei der Frühförderin der Eindruck entstehen, dass das Kind zu sehr verwöhnt wird.
3. Konkurrenz mit der Mutter: Aus der Opposition gegen die eigene Mutter und dem Wunsch, selbst Kinder zu haben, kommt es z. T. zu einer Abqualifizierung der Mutter des behinderten Kindes durch die Frühförderin. Dies kann sich darin zeigen, dass sie der Mutter eher Anweisungen als Hilfestellung gibt.

Diese Hinweise erinnern daran, dass gerade in der Arbeit im Kontext von (geistig) behinderten Kindern und auch Erwachsenen Supervision eine unverzichtbare Ergänzung und Unterstützung der Arbeit darstellt. So werden seit 1984 an der Londoner Tavistock-Klinik Supervisionskurse und -gruppen für alle angeboten, die mit Menschen mit geistiger Behinderung arbeiten (Ciobanu-Oberegelsbacher 1995, 49), wobei es sich hier um Gruppensupervisionen unter weitgehend fremden Menschen handelt (»stranger groups«). Im Bereich der Psychotherapie wird von Einzelsupervisionen berichtet (vgl. z. B. Mannoni 1972, 131; Sinason 2000, 170) bzw. die Unabdingbarkeit derselben in diesem Bereich postuliert (vgl. Hollins 2001), im pädagogischen Bereich (Berichte gibt es vor allem aus Wohneinrichtungen) werden dagegen vornehmlich Teamsupervisionen angeboten (vgl. Katzenbach 2004; Niedecken u.a. 2003; Reuther-Dommer, Dommer 1994; Dommer 1997; Steinhardt 1997).

3.3 Psychoanalytisch orientierte Arbeit im professionellen Bereich

Im folgenden Abschnitt sollen nun die Arbeitsfelder betrachtet werden, in denen professionelles Personal vor allem direkt mit (meist erwachsenen) Menschen mit geistiger Behinderung arbeitet. Hierbei können die Bereiche der Psychotherapie und der Pädagogik unterschieden werden, bei denen es sich jedoch verhält wie so häufig in der psychoanalytischen Pädagogik: Man befindet sich in vielen Fällen auf einer Gratwanderung zwischen Therapie und Pädagogik und so ist es in den hier erwähnten Arbeiten nicht immer deutlich, ob der jeweilige Autor seine Ausführungen oder sein Fallbeispiel als Psychotherapie versteht oder als pädagogische (Einzelfall-)Maßnahme. Hierbei fließen von Seiten der Autoren implizit oder explizit immer Aussagen zur Psychodynamik der geistigen Behinderung im Allgemeinen ein, welche sich jedoch – unabhängig davon, ob von therapeutischer oder pädagogischer Arbeit berichtet wird – in weiten Stücken nicht anders darstellt. Leider kann im vorliegenden Rahmen Vieles nur skizziert werden.

3.3.1 Psychotherapie

Menschen mit geistiger Behinderung galten bis vor kurzem – auch aus Sicht der Psychoanalyse – als nicht therapierbar. Noch 1979 bemerkt Bittner, dass die Psychotherapie bei geistig behinderten Kindern ein bis dato fast unberührtes Gebiet psychoanalytischer Forschung ist. In der Arbeit mit Erwachsenen verhält sich dies damals wie auch heute noch ähnlich. Unter Psychoanalytikern gilt diese Zielgruppe mancherorts nach wie vor als keiner Behandlung zugänglich (vgl. auch Niedecken 1997, 101), wofür auch massive kollektive wie individuelle Abwehrprozesse die Ursache sein mögen (vgl. Werther 2005). In der Folge gibt es auch heute bislang kaum Psychotherapieplätze für Menschen mit geistiger Behinderung. Psychoanalytiker, die solche Plätze doch anbieten, fühlen sich häufig auch unter den Therapeuten wie auf einer Insel (de Groef[1]). Andererseits ist jedoch die Psychotherapie das »klassische« Arbeitsfeld der Psychoanalyse, und in der Regel werden erst die Erkenntnisse aus der Therapie auf andere Gebiete übertragen. Insofern liegt es nahe, bei der Erforschung des »dunklen Kontinents« der geistigen Behinderung (vgl. de Groef 1997) bei der Psychotherapie zu beginnen. In der Regel wird dabei von psychotherapeutischen Interventionen mit Einzelnen berichtet, doch auch Versuche einer gruppenanalytischen Intervention wurden angestellt (vgl. Hofmann 1993; Hofmann u.a. 1996; Sinason 1997).
Im Mittelpunkt der Berichte zur analytischen Psychotherapie wird schnell deutlich, dass es im Vergleich zu anderen Patientengruppen einige Besonderheiten gibt, die als spezifisch für die Psychodynamik der geistigen Behinderung beschrieben werden.

---

[1] Persönliche Mitteilung

3.3.1.1 Besonderheiten auf Seiten des Patienten

Der Therapeut muss hier mit (psychischen) Merkmalen umgehen, die bei Menschen mit geistiger Behinderung gehäuft in Erscheinung treten. Im Vordergrund steht der mangelnde Gebrauch von Sprache. Rappaport (1961) weist auf die identitätsstiftende Wirkung einer Sprachtherapie bei einem hirngeschädigten Kind hin, und Smith, McKinnon und Kessler (1976, 510) stellen fest, dass die Entwicklung von Kindern mit und ohne Behinderung an dem Punkt auseinander läuft, an dem sich die Ich-Funktion des Sprechens nicht wie erwartet entwickelt. Auch wenn man geistige Behinderung generell als Ich-Schwäche versteht (vgl. Schnoor 1992a), wird deutlich, dass es sich hier um eine zentrale Bedingung in der Therapie handelt.

Auch auf Lacan'scher Basis lässt sich dies reflektieren: Demunyck (1997) stellt fest, dass Menschen mit geistiger Behinderung, selbst wenn sie des Sprechens fähig sind, kaum Verständnis für Metonymie und Metaphern haben. Auf der gleichen theoretischen Basis sieht Morelle die mangelnde Sprachentwicklung darin begründet, dass mit der Behinderung »die drei Ansätze: real, imaginär und symbolisch überlagert werden« (Morelle 1997, 76). Der reale Körper mit all seinen bisweilen vorhandenen Schädigungen und dafür notwendigen Therapien sei dabei häufig so präsent, dass kaum Raum für das Symbolische gegeben ist. Daneben gibt es aber auch zahlreiche Beispiele von Menschen, die als geistig behindert bezeichnet werden, welche über eine gute Sprachfähigkeit verfügen, und auch solche, die auch auf nichtsprachlicher Ebene gut symbolisieren können, wie z. B. eine junge Frau, die ihren Beziehungskonflikt immer wiederkehrend in einer Zeichnung darstellt (Schnoor 2006).

Dennoch stellt sich die Frage, ob die Sprachfähigkeit oder die (auch nichtsprachliche) Symbolisierungsfähigkeit als Grundvoraussetzung für die psychoanalytische Therapie sowie (weiter und so auch für die Pädagogik formuliert) für das psychoanalytische Verstehen zu setzen ist. Ist die Entwicklung eines gewissen Maßes an Symbolisierungsfähigkeit Voraussetzung für die psychoanalytische Therapie oder lassen sich auch andere Wege beschreiten? Es eröffnet sich hier eine methodische wie auch theoretische Frage.

Methodisch lassen sich viele Wege gehen, um das klassische Sessel-Couch-Setting, das nicht ohne Sprache auskommt, zu verlassen. Solange dieses die einzige Form der psychoanalytischen Therapie war, waren Menschen mit geistiger Behinderung einer Therapie tatsächlich nicht zugänglich. Mittlerweile gibt es Berichte mit verschiedenen methodischen Ansätzen, die erst entwickelt werden mussten, wie z. B. aus der musiktherapeutischen Arbeit (vgl. Mahns 1985; Becker 2000; Niedecken 2003a) oder aus dem Bereich des Psychodrama (vgl. Rubner, Rubner 1982). Anleihen aus der Kinderpsychotherapie sind zu erkennen, wenn in der Therapie gezeichnet oder gespielt wird (vgl. z. B. Datler 1984; Heinemann 1997; Ruth 1997; Sinason 1997; Sinason 2000). Insofern scheint hinreichend erwiesen, dass sich die methodische Frage zufriedenstellend lösen lässt, auch wenn gelegentlich Bedenken hinsichtlich der Angemessenheit der Methode geäußert werden, so z. B., ob man erwachsenen Menschen mit geistiger Behinderung Puppen und Spielzeug zur Symbolisierung anbieten sollte (Sinason 1997, 130). In der Regel wird dies von einschlägig arbeitenden

Therapeuten jedoch nicht als Problem gesehen, denn die Prämisse lautet, dass in der Therapie Möglichkeiten für eine Identifizierung mit Material und zur Symbolisierung geschaffen werden müssen. Doch auch hier wurden in den vergangenen Jahren Hilfen entwickelt, wie z. B. Puppen nach dem Vorbild eines Menschen mit Down-Syndrom oder auch Bilderbücher für geistig behinderte Erwachsene, in denen gerade auch negative Erfahrungen, wie sexueller Missbrauch, symbolisiert werden. So sind auf Deutsch das Buch »Robert sagt alles« (vgl. Hollins, Sinason 1993) und auf Englisch zahlreiche weitere Bücher der Reihe »Books Beyond Words« von Hollins erschienen.

Theoretisch gibt es zu dieser Frage vor allem zwei Wege, die sich beide auf das Konzept des szenischen Verstehens von Lorenzer (1970) beziehen.

Gerspach (1994) geht in seiner Begründung für die Möglichkeit des szenischen Verstehens von geistig behinderten Menschen den Weg, den Symbolbegriff in Anlehnung an eine spätere Arbeit Lorenzers (1981) um die Ebene der sinnlich-symbolischen Interaktionsformen zu erweitern. Auf dieser Ebene wird ein szenisches Engramm neben das andere gestellt, während auf der Ebene der sprachsymbolischen Interaktionsformen ein Lautengramm für ein szenisches Engramm gesetzt wird (Lorenzer 1981, 159f).

> »Denn die sinnlich-symbolischen Interaktionsformen sind die erste Ich-Struktur, in der die Interaktionsformen organisiert werden zum Zweck der Selbstverfügung der Individuen. Das heißt aber auch, (sie; Anm.d.V.) ... stehen den leiblichen Prozessen entscheidend näher. Die sichtbaren, hörbaren, tastbaren, schmeckbaren Eindrücke der sinnlich-symbolischen Interaktionsformen sind leibhaftige Szenen« (ebd., 162).

Gerspach (1994) geht nun davon aus, dass eine derartige Symbolisierung auch einem Großteil der Menschen mit geistiger Behinderung möglich ist, die keine sprachliche Symbolisierungsfähigkeit zeigen. So kann beispielsweise eine »sprachlose« Szene im Rahmen einer Musiktherapie oder auch im Alltag durchaus etwas symbolisieren und somit die Basis für Übertragung und Gegenübertragung darstellen. Ein Beispiel für eine Interaktion auf der Ebene sprachlich-symbolischer Interaktionsformen im pädagogischen Alltag findet sich z. B. bei Pötzl und Niedecken (2003, 38ff) in ihrer Beschreibung des Eingliederungsprozesses von Gudrun, die jahrelang auf psychiatrischen Stationen Zwangsmaßnahmen erleiden musste.

Niedecken (2003b, 231) weist darauf hin, dass Verhaltensweisen von Menschen mit geistiger Behinderung manchmal nicht als strukturierte Szene, sondern vielmehr als ein reflexhaftes und stereotypes Verhalten wahrgenommen werden, das nur noch vom Wiederholungszwang beherrscht wird. In Anlehnung an Landauer (1929) könne man »geistig behindertes Verhalten« als »Totstellreflex« (Niedecken 2003b, 233) ansehen, welcher als Reaktion auf Tötungsphantasien der Umwelt anzusehen ist. Die Interaktionsformen blieben »an organisch-reflexartige Reaktionsweisen gebunden« (ebd.), deren Niederschlag bisweilen unsymbolisierbar bleibt und nicht einmal auf der Ebene sinnlich-symbolischer Interaktionsformen symbolische Gestalt annehmen kann. Nun ist es notwendig, den Sinn, den ein solches Verhalten wie jedes andere dennoch in sich birgt, trotzdem zu erfassen. In Ermangelung von Symbolik ist der Therapeut in einem solchen Fall »ganz angewiesen auf eine Darstellung der durch die Stereotypie ausgelösten Gegenübertragung, um eine offenbar unvollständige Szene zunächst zu komplettieren, damit sie in ihrer Struktur erfasst werden kann« (Niedecken 1997, 103).

3.3.1.2 Herausforderungen an den Therapeuten

Doch genau diese starken Gefühle wie Angst, Ohnmacht und Wut, welche im Rahmen von Übertragung und Gegenübertragung vor allem gegenüber Menschen mit schwerer geistiger Behinderung spürbar werden, sind die entscheidende Schwierigkeit auf Seiten des Therapeuten. Hier wirken vor allem die Mechanismen der Identifizierung, bei der das Objekt zur *komplementären* Rollenübernahme gedrängt wird, also z. B. die Tötungsphantasie der Mutter spürt, und der projektiven Identifizierung, welche im Sinne einer *konkordanten* Rollenübernahme diese schwer zu ertragenden Gefühle auf den nichtbehinderten Menschen überträgt.

Um diese auszuhalten, muss der Therapeut ihnen mit Abwehrmechanismen begegnen, die jedoch wiederum einen Zugang zu dem betreffenden Menschen verhindern und es fast unmöglich machen, ihn zu verstehen. Aus Sicht des Therapeuten wird zudem deutlich: Wenn ich diese Gefühle zulasse, wird das »Geistigbehindernde in mir« (Ackermann 2000, 191) sichtbar. Bittner sah darin schon 1979 eine Grenze der Behandlung, die der Psychoanalytiker nur schwer zu überschreiten vermag. Wenn man die Lacan'sche Sicht zugrunde legt und geistige Behinderung als ein ganz basales Nicht-Wissen-Wollen versteht (vgl. Morelle 1999; Demuynck 1997), wird klar, was damit gemeint ist, wenn von der »eigenen geistigen Behinderung«, der »eigenen Idiotie« des Therapeuten oder Pädagogen die Rede ist: Sie wollen von diesen Emotionen nichts wissen, können diese kaum aushalten. Sinason (2000, 41) bringt uns noch auf einen weiteren Aspekt, wenn sie beschreibt, dass »Fachleute manchmal die Augen verschließen und dumm werden, … weil es unerträglich ist, eine Schädigung zu sehen und sie nicht beheben, sie nicht wieder gutmachen zu können.«

Eine weitere Perspektive eröffnet Turinsky (2003), der, wieder ausgehend von Lacan, das überzogene oder unkonventionelle (im weiteren Sinne sexuelle) Genießen des Anderen als die Ursache für menschliches Unbehagen im Allgemeinen sieht. Da Menschen mit geistiger Behinderung (zumindest in der Phantasie des Betrachters) die Formen des Genießens, wie z. B. Sexualität, Lachen oder Essen in überzogener Weise zeigen, entsteht ihnen gegenüber häufig ein grundlegendes Unbehagen.

Ähnlich sieht dies Mannoni (1972, 44) und spricht vom »Abgrund der Triebe«, dem sich Professionelle häufig gegenüber und gleichzeitig gemahnt sehen: »Wenn du, wie diese, an deiner kindlichen Bedingungslosigkeit und Triebhaftigkeit fest hältst, wird es dir gehen wie diesen, also sieh' dich vor« (Niedecken 2003a, 22).

Hier wird abermals die Bedeutung von Supervision offenbar, wenn man mit Menschen mit geistiger Behinderung arbeitet, denn diese emotionalen Herausforderungen lassen sich in vielen Fällen nicht ohne Hilfe von außen meistern.

3.3.2 Pädagogik

Wo sich psychoanalytische Literatur explizit mit pädagogischen Fragestellungen in der Arbeit mit Menschen mit geistiger Behinderung beschäftigt, handelt es sich häufig um den Bereich, in dem pädagogische Reflexionen und Interventionen, welche die Dimension des Unbewussten nicht miteinbeziehen, an ihre Grenzen gelangen. Hier ist eine Analogie zur Beachtung Psychoanalytischer Pädagogik im Allgemeinen zu sehen: Sie wird und wurde vornehmlich dann rezipiert bzw. »konsultiert«, wenn es um den Bereich der »Verhaltensstörungen« geht, worauf Psychoanalytische Pädagogik sich selbst – neben den Lernbehinderungen – lange Zeit beschränkt hat (Fröhlich 1994, 83). Meist geht es in diesen Beiträgen um Menschen, bei denen Pädagogen zum Teil massive Schwierigkeiten damit haben, den Sinn ihrer Handlungen zu verstehen und darauf angemessen pädagogisch zu reagieren. In diesem Bereich hat die Psychoanalyse ihre Stärke:

> »In den seltenen Fällen, in denen die kommunikative Intersubjektivität der ›Gesprächsgemeinschaft‹ gründlich gestört ist, so dass man an einem gemeinten und gemeinsamen Sinn verzweifelt, kann das eine Interessenrichtung motivieren, für die der Psychoanalytiker kompetent ist. – Aber das ist eine hermeneutische Grenzsituation« (Gadamer 1976, 104).

In einer solchen Situation werden vergleichsweise häufig externe Psychoanalytiker konsultiert, um zu supervidieren und/oder mit einem Menschen mit geistiger Behinderung »zu arbeiten«, oder aber der Pädagoge versucht – wenn er selbst psychoanalytisch ausgebildet ist – der Bedeutung des Verhaltens näher zu kommen und auf dieser Basis selbst Interventionen im pädagogischen Rahmen vorzunehmen bzw. im Team anzuregen. Es gibt also verschiedene Qualitäten, in denen die Psychoanalyse am pädagogischen Geschehen in dieser Arbeit teilhat. Lotz (1987, 171ff) teilt dies in einen indirekten, vermittelten und unmittelbaren Zusammenhang ein. Im Folgenden seien einige Beispiele aus dem jeweiligen Bereich genannt.

3.3.2.1 Indirekter Zusammenhang von Psychoanalyse und Pädagogik

Ein indirekter Zusammenhang ergibt sich dann, wenn die Psychoanalyse nur mittels externer Fachleute der pädagogischen Reflexion dient, wie z. B. in Supervision, Fallbesprechungen, Balint-Gruppen oder ähnlichem. Hierzu lässt sich auch die Art der Fälle zählen, in denen der Psychoanalytiker auch punktuell in Kontakt mit dem Betreffenden tritt und z. B. als Beobachter am Gruppenalltag in einer Wohngruppe teilhat, um einen Verstehenszugang zu finden oder auch eine stimmige und tragfähige »Geschichte« über den Menschen zu (er-)finden (vgl. Lauschmann u.a. 2003, 24f). Wenn ein solcher Zusammenhang gewählt wird, mag das – neben der erwähnten Rolle der Psychoanalyse als Krisenintervention – an der Überzeugung liegen, dass ein Zusammenwirken von psychoanalytischer und pädagogischer Kompetenz in einer Person abzulehnen sei (vgl. Körner 1980). Weiterhin spielt dabei eine Rolle, dass es nur sehr wenige psychoanalytisch ausgebildete Pädagogen gibt, die zudem mit Menschen mit geistiger Behinderung arbeiten. Eine Pädagogin, die dies im Kontext des ambulant betreuten Wohnens tut, weist uns weiter darauf hin, dass eine psychische Entwicklung als Voraussetzung für gesellschaftliche Integration nur sehr schwer aus einer Institution heraus erfolgen kann (vgl. Pforr 1993). Auch dieser Zusammenhang verdeutlicht die Vorteile externer Experten im psychoanalytisch-pädagogischen Zusammenhang bei Menschen mit geistiger Behinderung.

Einige Beispiele eines indirekten Zusammenhangs seien im Folgenden kurz aufgezählt:

- Die bereits erwähnten Fallvignetten, in denen im Rahmen der Frühförderung mit Eltern gearbeitet wird, fallen in diese Kategorie. Auch hier wird auf Erziehung indirekt mit Mitteln der psychoanalytischen Reflexion Einfluss genommen, wenngleich es sich bei den Eltern geistig behinderter Kinder in der Regel nicht um professionelle Pädagogen handelt.
- In ihren Fallberichten unterstützt Senckel meist als »externe« Psychologin Fachkräfte in Wohngruppen, indem sie Verhalten von Bewohnern auf psychoanalytischer Basis mit diesen reflektiert (vgl. z.B. Senckel 1997; Luxen, Senckel 1999).
- Schnoor (1992b) beschreibt sehr anschaulich, wie sie das »szenische Verstehen« als Diagnose-»Instrument« anwendet, um u.a. auf dieser Basis Veränderungen in der Wohngruppe im Umgang mit einem Jungen mit Down-Syndrom vorzuschlagen.
- Steinhardt (1997) berichtet über ihre Supervision mit dem Betreuerteam einer Wohngruppe, das mit seinen unbewussten Größenphantasien in der täglichen Arbeit konfrontiert wird, als sie daran zu scheitern drohen, einen ihrer Bewohner, der vorher in der Psychiatrie wohnte, nicht integrieren zu können. Sie zeigt an anderer Stelle (2006) anhand der Darstellung von zwei Supervisionsprozessen aus heilpädagogischen Arbeitsfeldern, wie bedeutsam ein angemessener Umgang mit archaischen Gefühlen für professionelles Handeln in der Arbeit mit Menschen mit speziellen Bedürfnissen ist.
- Einen besonderen Weg im Hinblick auf die Vermittlung psychoanalytisch pädagogischen Wissens beschreiten Niedecken, Lauschmann und Pötzl (2003) mit ihrem Buch »Psychoanalytische Reflexion in der pädagogischen Praxis«. Irene Lauschmann und Marlies Pötzl arbeiten während der Entstehung der Berichte gemeinsam in einer Wohngruppe mit Menschen, die vorher große Teile ihres Lebens in psychiatrischen Einrichtungen verbracht haben. Eindrucksvoll beschreiben sie die Geschichten und Entwicklungen von Bewohnern der Gruppe und wie sie diese erleben. Während dieser Zeit stehen sie im Austausch mit Dietmut Niedecken, welche gelegentlich zu Workshops und Supervisionen anwesend ist, jedoch auf Grund der Entfernung (Hamburg-Innsbruck) meist die Berichte der beiden Pädagoginnen in schriftlicher Form psychoanalytisch reflektiert und kommentiert. So pendelt der entstandene Text dieses Buches zwischen pädagogischen Berichten und psychoanalytischen Reflexionen hin und

her und ergibt auf diese Weise ein Lehrstück dafür, wie Psychoanalyse zum pädagogischen Alltag mit Menschen mit geistiger Behinderung beitragen kann.

- Die Arbeit, die von Christian Gaedt und seinen Mitarbeitern in der Einrichtung Neuerkerode geleistet wird, sei hier insofern genannt, als es dort einen ständigen Austausch zwischen Pädagogen und der Abteilung für Psychologie und Psychiatrie gibt (vgl. Berry 1997; Gaedt u.a. 1989; Sand u.a. 1990; zahlreiche weitere Beiträge aus der eigenen Reihe »Neuerkeröder Beiträge«). So kann jederzeit therapeutisches Personal als externe Quelle psychoanalytischer Reflexion herangezogen werden, wenngleich mit Sicherheit in dieser Einrichtung für hunderte Menschen mit Behinderung auch Pädagogen arbeiten, die selbst Situationen in ihrer alltäglichen Arbeit auf Basis psychoanalytischer Theorien, wie z. B. den theoretischen Arbeiten von Gaedt (1990a; 1995a; 1995b) selbst, reflektieren.
- Eine neue Anwendungsmöglichkeit bietet sich in Österreich auf Grund des Einsatzes heilpädagogischer Sachverständiger im Rahmen von Gerichtsverfahren nach dem Heimaufenthaltsgesetz. Wenn ein Heim Maßnahmen zur Freiheitseinschränkung z. B. bei Menschen mit geistiger Behinderung trifft, müssen diese dokumentiert und den Angehörigen der Vertrauensperson mitgeteilt werden. Kommt es zum Einspruch gegen diese Maßnahmen vor Gericht, hat ein heilpädagogischer Sachverständiger die Möglichkeit, eine komplexe Problemanalyse vorzunehmen und mögliche Alternativen zur Freiheitseinschränkung aufzuzeigen. In einem solchen Fall können durch einen psychoanalytisch orientierten Blick auf den subjektiven Sinn des Verhaltens, das eine Freiheitseinschränkung im Einzelfall nötig erscheinen lässt, positive Entwicklungen angestoßen werden (vgl. Datler, Studener-Kuras, Lehner 2006; Datler, Lehner 2006).

3.3.2.2 Vermittelter Zusammenhang von Psychoanalyse und Pädagogik

Für Lotz (1987) ist ein vermittelter Zusammenhang von Psychoanalyse und Pädagogik dann gegeben, wenn ein Pädagoge über längere Zeit an einem psychoanalytisch orientierten Angebot wie Supervision oder einer Balint-Gruppe teilnimmt und sich nach und nach z. B. die Interpretation von Situationen seiner täglichen Praxis zunehmend auf der Grundlage psychoanalytischer Konstrukte aneignet. Dadurch wird dieser nicht zum Psychoanalytiker und muss die jeweiligen Interpretationen vor allem in pädagogische Praxis umsetzen. Denn »eine Schwierigkeit und zugleich das besondere Potenzial der pädagogischen im Vergleich zur psychotherapeutischen Arbeit« besteht darin, dass sie »sich immer im Kontext eines zu bewältigenden Alltags abspielen und dort bewähren« muss (Pötzl, Niedecken 2003, 41f).

Einige Beispiele hierzu finden sich in folgenden Beiträgen:

- Elbert (1997) dokumentiert seine Arbeit mit Sebastian, einem Jungen mit Down-Syndrom in einer integrativen Vorklasse und der ersten Klasse.

- Schaab (1997) macht Ingo, dem Bewohner einer Wohngruppe, ein Beziehungsangebot, in dessen Rahmen sich für ihn psychische Entwicklungsmöglichkeiten eröffnen.
- Niedergesäß (1990) berichtet über psychoanalytische Reflexionen über ein behindertes Mädchen in der Supervision eines integrativen Kindergartens und an anderer Stelle (2000) über Prozesse einer integrativen Kindergartengruppe, die sich im Spiel mit der Realität eines schwer mehrfach behinderten Mädchens auseinandersetzt.
- Augusta lässt sich auf die Rolle der primären Bezugsperson, gleichsam einem »Mutterersatz« für einen 26-jährigen Mann ein, der so die Phase der Symbiose nach Mahler nachholt und sie mit Hilfe einer Puppe als Übergangsobjekt (Winnicott) überwindet (Senckel, Augusta 1993).
- Pforr (1993) beschreibt und reflektiert Entwicklungsprozesse von Menschen mit geistiger Behinderung, deren Wunsch es ist, außerhalb einer Institution weitestgehend selbständig mit ambulanter Betreuung zu wohnen und zu arbeiten.
- Eine völlig neue Perspektive bietet der ausführliche Erfahrungsbericht von Westhoff (2005). Sie befindet sich in der Ausbildung zur analytischen Kinder- und Jugendlichenpsychotherapeutin, als sich herausstellt, dass sich die Zwillinge, die sie im Alter von einigen Monaten adoptiert hat, geistig behindert entwickeln.
- Solche Reflexionen sollten bereits während der Ausbildung angeleitet werden. Ein Modell sind »work paper seminars«, in denen z. B. Studierende während ihrer Praktika begleitet werden. Sie werden durch »work paper discussions« an die Reflexion der eigenen Beziehung zu ihren Klienten herangeführt und entwickeln so die Möglichkeit, eine bewusste Veränderung der Beziehungsgestaltung vorzunehmen (vgl. Datler 2003; Datler 2006).

Als Hintergrund leisten in einem solchen Zusammenhang die Kenntnis psychoanalytischer Fallbeispiele und theoretischer Beschreibungen der Psychodynamik im Kontext von geistiger Behinderung einen wertvollen Beitrag, die in diesem Rahmen nicht genügend dargestellt werden können (vgl. dazu Preiß 2006).

3.3.2.3 Unmittelbarer Zusammenhang von Psychoanalyse und Pädagogik

Abschließend ist nun noch die Möglichkeit eines unmittelbaren Zusammenhangs von Psychoanalyse und (Geistigbehinderten-)Pädagogik zu nennen. Lotz (1987) sieht diesen als gegeben an, wenn die psychoanalytische Methode des Agierens mit Übertragung und Gegenübertragung und der Auflösung von Konflikten auf die pädagogische Praxis übertragen wird. Aus pädagogischer Sicht problematisch erscheint in diesem Zusammenhang, dass hierbei der pädagogische Blick in die Zukunft, also eine Zielkategorie zu Gunsten des reinen psychoanalytischen Verstehens fehlt, so wie es Trescher (1990, 183) forderte, der dafür eintrat, »dass die Absicht zu erziehen durch den Wunsch zu verstehen abzulösen sei«. Im Bereich der pädagogischen Arbeit mit Menschen mit geistiger Behinderung fand sich m. E. kein Beitrag, der eine solche

Ansicht teilt. Gelegentlich werden Voraussetzungen und Prozesse des Verstehens sehr ausführlich behandelt, jedoch immer in einen pädagogischen Zusammenhang gestellt (vgl. u. a. Wininger 2006; Niedecken 2001; Gerspach 1994; Bloemers 1993).

4. Ausblick

Die Lotz'sche Aufteilung im Hinblick auf den Zusammenhang zwischen Psychoanalyse und Geistigbehindertenpädagogik ist eine geeignete Grundlage dafür, diese Beziehung zu erhellen. So wird deutlich, dass ein unmittelbarer Zusammenhang pädagogisch nicht vertreten werden kann, da immer auch die Frage nach der Teleologie einer psychoanalytisch orientierten Geistigbehindertenpädagogik gestellt werden muss. So fasst auch Ahrbeck (2000, 163) die Herangehensweise Schnoors (2000) zusammen: Die Psychoanalyse bleibt »eine Hilfswissenschaft der Pädagogik: Sie kann den Weg zu einem pädagogischen Ziel erleichtern, pädagogische Vorgaben aber nicht ersetzen«.

Dies hat jedoch zur Folge, dass Psychoanalyse im Bereich der Geistigbehindertenpädagogik nicht für sich bestehen kann. So erscheint es notwendig, sich weiterhin um den bislang zu wenig geführten Dialog zwischen Psychoanalyse und dem Mainstream in der Geistigbehindertenpädagogik zu bemühen. Die psychoanalytische Forschung in diesem Bereich kann ihr Potential nur in geringem Maße entfalten, wenn sie nicht nach außen getragen und so vorgestellt wird, dass sie auch von Fachleuten diskutiert werden kann, die mit psychoanalytischer Theorie und deren Begrifflichkeiten bislang nur wenig vertraut sind. Im Rahmen meiner Recherchen habe ich den Eindruck gewonnen, dass Psychoanalyse und somit auch eine psychoanalytische Geistigbehindertenpädagogik bisweilen noch immer als eine Art »Geheimzirkel« wahrgenommen wird, in den Einblick zu bekommen nur wenigen vorbehalten bleibt. Indem man die Anschlussfähigkeit dieser Sichtweise kommuniziert und somit eine Einladung zum Dialog ausspricht, kann m. E. die Grundlage für einen fruchtbaren Austausch geschaffen werden, der so letztlich auch mittelbar Menschen mit geistiger Behinderung zu Gute kommen könnte.

Ein entscheidender Beitrag der Psychoanalyse für die Geistigbehindertenpädagogik besteht nicht zuletzt darin, Lehrstücke dafür vorzustellen, wie eine psychoanalytische Reflexion auf Basis von Kasuistiken und theoretischen Beiträgen den pädagogischen Handlungsspielraum erweitern kann. Hierbei sind die Rahmenbedingungen des Arbeitslebens in einer Werkstatt für behinderte Menschen oder auf dem freien Arbeitsmarkt sowie die der Schule bislang kaum berücksichtigt worden. Weiterhin entstehen auch im Ausland durchaus beachtenswerte Beiträge, die bislang kaum in die deutschsprachige Diskussion miteinbezogen wurden, wie z.B. die Arbeiten über das falsche Selbst bei Menschen mit geistiger Behinderung von Montobbio (1992), psychoanalytische Reflexionen über deren Geschwister (vgl. Scelles 1999) oder auch weitere (Fall-)Berichte aus dem Bereich der Psychotherapie (vgl. Bonaccorsi 1980; Fattori, Benincasa 1996; Ruth 2001). Aus diesen könnte sich eine Bereicherung der

Forschung über die Psychodynamik im Kontext von geistiger Behinderung ergeben, die jedoch nur dann möglich erscheint, wenn der Kontakt zu einschlägig arbeitenden Psychoanalytikern aus anderssprachigen Ländern hergestellt wird. Dass dies sehr bereichernd sein kann, zeigen die internationalen Tagungen um Johan de Groef in Belgien, Frankreich und England.

Literatur

Ackermann, K.-E. (2000): »Das Geistigbehindernde in mir« – Aspekte der Psychoanalyse in der Geistigbehindertenpädagogik. In: Die neue Sonderschule 45 (Heft 3), 191-202

Adler, A. (1904): Der Arzt als Erzieher. In: Adler, A., Furtmüller, C. (Hrsg.): Heilen und Bilden. Bergmann: München 1922. 2., neubearb. u. erw. Aufl., 1-8

Adler, A. (1928): Kurze Bemerkungen über Vernunft, Intelligenz und Schwachsinn. In: Ders.: Psychotherapie und Erziehung. Bd. 1. Fischer Taschenbuch: Frankfurt/M. 1982, 224-231

Adler, A. (1932): Persönlichkeit als geschlossene Einheit. In: Internationale Zeitschrift für Individualpsychologie 10 (Heft 2), 81-88

Ahrbeck, B. (2000): Psychoanalytische Pädagogik heute. In: Die neue Sonderschule 45 (Heft 3), 162-164

Assouly-Piquet, C. (1999): Father and Son. In: Heinemann, E., De Groef, J. (Eds.): Psychoanalysis and Mental Handicap. Free Association Books: London, New York, 65-76

Bacal, H. (1994): Melanie Klein. In: Bacal, H., Newman, K. (Hrsg.): Objektbeziehungstheorien – Brücken zur Selbstpsychologie. frommann-holzboog: Stuttgart-Bad Cannstatt, 76-108

Becker, M. (2000): Begegnung im Niemandsland. Musiktherapie mit schwerstmehrfachbehinderten Menschen. Beltz: Weinheim

Bernhofer, R. (1998): Spielräume der Wahrnehmung. Die Eltern-Kind-Interaktion als Schlüssel zum Verständnis und zur Behandlung von Wahrnehmungsstörungen. In: Zeitschrift für Individualpsychologie 23 (Heft 1), 13-22

Berry, P. (1997): Psychotherapie in einer therapeutischen Gemeinde. In: Heinemann, E., De Groef, J. (Hrsg.): Psychoanalyse und geistige Behinderung. Fallstudien aus Belgien, Deutschland, England, Frankreich und den USA. Grünewald: Mainz, 117-128

Bion, W. (1962): Lernen durch Erfahrung. Suhrkamp: Frankfurt/M. 1992

Birnbaum, F. (1927): Über Begabung. In: Internationale Zeitschrift für Individualpsychologie 5 (Heft 5), 362-378

Birnbaum, F. (1928): Begabung und Erziehung. In: Adler, A.: Heilen und Bilden. Fischer: Frankfurt/M. 1973, Lizenzausgabe nach der 3., neubearb. Aufl. von 1928, 274-296

Bittner, G. (1979): Psychotherapeutische Maßnahmen. In: Bach, H. (Hrsg.): Handbuch der Sonderpädagogik. Bd. 5: Pädagogik der Geistigbehinderten. Marhold: Berlin, 158-162

Bittner, G. (1998): Metaphern des Unbewussten. Kohlhammer: Stuttgart

Bloemers, W. (1993): Autonomiebschränkungen und Ich-Störungen. Tiefenpsychologische Aspekte (sonder)pädagogischen Verstehens und Handelns. In: Zeitschrift für Heilpädagogik 44 (Heft 11), 729-740

Bonaccorsi, M. (1980): La psicoterapia analitica del bambino organico. Emme: Milano

Bornstein, B. (1930): Ein Fall von geheilter Dummheit. In: Zeitschrift für Psychoanalytische Pädagogik 4 (Heft 11/12), 455-461

Buhmann, Ch. (2000): »Der Vater hat's verboten« – Überlegungen zur Triangulierung in Familien mit behinderten Kindern. In: Ahrbeck, B., Körner, J. (Hrsg.): Der vergessene Dritte: Ödipale Konflikte in Erziehung und Therapie. Luchterhand: Neuwied, Berlin, 96-105

Capozzi, F. (2000): Psychodynamic counselling with parents of children with developmental disabilities. In: Psychodynamic Counselling 6 (Heft 4), 489-503

Ciobanu-Oberegelsbacher, S. (1995): Geistige Behinderung und unbewußte Abwehr. Annäherungen des Londoner Tavistock-Centers an die psychoanalytische Arbeit mit Geistig- und Mehrfachbehinderten. In: Datler, W., Finger-Trescher, U., Büttner, Ch. (Hrsg.): Jahrbuch für Psychoanalytische Pädagogik 7. Grünewald: Mainz, 49-62

Datler, W. (1984): Vom Tiefenpsychologiedefizit in der Arbeit mit geistig Behinderten. Illustriert am Fall des »imbezillen« Martin. In: Datler, W., Handler, P., Heitger, M. (Hrsg.): Interdisziplinäre Aspekte der Sonder- und Heilpädagogik. Reinhardt: München, Basel, 47-56

Datler, W. (2003): Erleben, Beschreiben und Verstehen. Vom Nachdenken über Gefühle im Dienst der Entfaltung von pädagogischer Professionalität. In: Dörr, M., Göppel, R. (Hrsg.): Bildung der Gefühle. Innovation? Illusion? Intrusion? Psychosozial-Verlag: Gießen, 241-264

Datler, W. (2004): Die Abhängigkeit des behinderten Säuglings von stimulierender Feinfühligkeit. Einige Anmerkungen über Frühförderung, Beziehungserleben und »sekundäre Behinderung«. In: Ahrbeck, B., Rauh, B. (Hrsg.): Behinderung zwischen Autonomie und Angewiesensein. Kohlhammer: Stuttgart, 45-69

Datler, W. (2006): Geistig behinderte Menschen an-sprechen. In: Gruntz-Stoll, J. (Hrsg.): Verwahrlost, beziehungsgestört, verhaltensoriginell. Zum Sprachwandel in der Heil- und Sonderpädagogik. Haupt: Bern, 69-91

Datler, W., Harms, A., Messerer, K., Straka, B., Stütz, I. (2004): Der Universitätslehrgang für Interdisziplinäre Mobile Frühförderung der Universität Wien. In: heilpädagogik 47 (Heft 4), 15-30

Datler, W., Isopp, B. (2004): Stimulierende Feinfühligkeit in der Frühförderung. In: heilpädagogik 47 (Heft 4), 15-25

Datler, W., Lehner, B. (2006): Die Tätigkeit der heilpädagogischen Sachverständigen nach dem Heimaufenthaltsgesetz. Ein pädagogisches Bemühen um Verstehen. In: Behinderte in Familie, Schule und Gesellschaft (Heft 6), 56-71

Datler, W., Messerer, K. (2006): Beratung im Kontext von Frühförderung und Familienbegleitung. In: Schnoor, H. (Hrsg.): Psychosoziale Beratung in der Sozial- und Rehabilitationspädagogik. Kohlhammer: Stuttgart, 130-141

Datler, W., Studener-Kuras, R., Lehner, B. (2006): Die Aufgaben von heilpädagogischen Sachverständigen. Gerichtliche Verfahren nach dem Heimaufenthaltsgesetz. In: FamZ - Interdisziplinäre Zeitschrift für Familienrecht 1 (Heft 2), 117-124

De Groef, J. (1997): Geistige Behinderung: ein dunkler Kontinent. In: Heinemann, E., de Groef, J. (Hrsg.): Psychoanalyse und geistige Behinderung. Fallstudien aus Belgien, Deutschland, England, Frankreich und den USA. Grünewald: Mainz, 15-26

Demuynck, J. (1997): Debiliät: Fragen nach der Struktur. In: Heinemann, E., De Groef, J. (Hrsg.): Psychoanalyse und geistige Behinderung. Fallstudien aus Belgien, Deutschland, England, Frankreich und den USA. Grünewald: Mainz, 82-91

Elbert, J. (1982): Geistige Behinderung – Formierungsprozesse und Akte der Gegenwehr. In: Buchelt, I., Kaszantowicz, U. (Hrsg.): Wege aus der Isolation. Konzepte und Analysen der Integration Behinderter in Dänemark, Norwegen, Italien und Frankreich. Schindele: Heidelberg, 54-103

Elbert, J. (1997): Fördern bedeutet auch: Einen Weg zum Dialog finden. In: Hessisches Landesinstitut für Pädagogik (Hrsg.): Fördern. Unterricht für behinderte und nichtbehinderte Schülerinnen und Schüler. o.V.: Wiesbaden, 4-14

Fattori, L., Benincasa G. (1996): Psicoterapia psicoanalitica e deficit cognitivo. Cortina: Milano

Federn, P. (1930): Psychoanalytische Auffassung der »intellektuellen Hemmung«. In: Zeitschrift für Psychoanalytische Pädagogik 4 (Heft 11/12), 393-408

Fiala-Preinsberger, S., Tamir, Y. (2001): Ich hätte dich gern anders gehabt. Arbeit mit Eltern und ihrem entwicklungsbeeinträchtigten Kind. In: Pedrina, F. (Hrsg.): Beziehung und Entwicklung in der frühen Kindheit. Psychoanalytische Interventionen in interdisziplinären Kontexten. edition diskord: Tübingen, 53-80

Freud, A. (1951): Die Wechselwirkungen in der Entwicklung von Ich und Es. Einleitung der Diskussion. In: Freud, A.: Die Schriften der Anna Freud. Bd. 4. Kindler: München 1980, 1229-1242

Freud, S. (1895): Studien zur Hysterie. In: Freud, S.: Gesammelte Werke (GW). Bd. 1. Fischer Taschenbuch: Frankfurt/M. 1999, 75-312

Freud, S. (1896): Zur Ätiologie der Hysterie. In: Freud, S.: Gesammelte Werke (GW). Bd. 1. Fischer Taschenbuch: Frankfurt/M., 1999, 423-459

Freud, S. (1904): Die Freudsche psychoanalytische Methode. In: Freud, S.: Gesammelte Werke (GW). Bd. 5. Fischer Taschenbuch: Frankfurt/M., 1-10

Fröhlich, V. (1994): Psychoanalyse und Behindertenpädagogik. Königshausen und Neumann: Würzburg

Gadamer, H.-G. (1976): Hermeneutik als praktische Philosophie. In Gadamer, H.-G.: Vernunft im Zeitalter der Wissenschaft. Suhrkamp: Frankfurt/M., 78-109

Gaedt, Ch. (Hrsg.) (1987): Psychotherapie bei geistig Behinderten. Beiträge der psychoanalytischen Entwicklungspsychologie. Evangelische Stiftung: Neuerkerode

Gaedt, Ch., Jäkel, D., Kischkel, W. (1989): Psychotherapie bei geistig Behinderten. In: Geistige Behinderung 28 (Heft 1), 4-14

Gaedt, Ch. (1990a): Selbstentwertung – Depressive Inszenierungen bei Menschen mit geistiger Behinderung. Evangelische Stiftung: Neuerkerode

Gaedt, Ch. (1990b): Normalisierung. Anmaßung – Anpassung – Verweigerung. Evangelische Stiftung: Neuerkerode

Gaedt, Ch. (1995a): Autonomie und soziale Strukturen. Evangelische Stiftung: Neuerkerode

Gaedt, Ch. (1995b): Therapie – Medizin – Pädagogik. Evangelische Stiftung: Neuerkerode

Gerlicher, K. (1991): Zur Psychodynamik in Familien mit einem behinderten Kind. In: Praxis der Kinderpsychologie und Kinderpsychiatrie 40 (Heft 7), 265-272

Gerspach, M. (1994): Zur Methodik des szenischen Verstehens Behinderter. In: Behindertenpädagogik 33 (Heft 4), 338-358

Grim, O.-R. (1999): Sexuality and Handicap from the Perspective of Psychoanalytical Anthropology. In: Heinemann, E., De Groef, J. (Eds.): Psychoanalysis and Mental Handicap. Free Association Books: London, New York, 138-147

Gstach, J. (1996): Die innere Welt der Eltern und die Lebenswelt des Säuglings. Über heilpädagogische Frühförderung im Grenzbereich zwischen Psychotherapie und Beratung: Ein Blick in den angelsächsischen Raum. In: Frühförderung interdisziplinär 15 (Heft 3), 116-123

Hackenberg, W. (1996): Psychische Störungen bei Menschen mit geistiger Behinderung. Zugänge zum Verstehen und Ansätze zur Behandlung. In: Zeitschrift für Heilpädagogik 47 (Heft 1), 10-17

Hackenberg, W. (2001): »Missbrauchte Behinderte können sich nicht wehren«. Zur psychotherapeutischen Arbeit mit einer geistig behinderten Frau nach sexuellem Missbrauch. In: Geistige Behinderung 40 (Heft 1), 3-13

Heinemann, E. (1997): Psychoanalytische Therapie und Autismus. In: Heinemann, E., de Groef, J. (Hrsg.): Psychoanalyse und geistige Behinderung. Fallstudien aus Belgien, Deutschland, England, Frankreich und den USA. Grünewald: Mainz, 27-44

Heinemann, E., De Groef, J. (1997) (Hrsg.): Psychoanalyse und geistige Behinderung. Fallstudien aus Belgien, Deutschland, England, Frankreich und den USA. Grünewald: Mainz

Heinemann, E., De Groef, J. (1999) (Eds.): Psychoanalysis and Mental Handicap. Free Association Books: London, New York

Hellman, I. (1954): Some Observations on Mothers of Children with Intellectual Inhibitions. In: The Psychoanalytic Study of the Child 9, 259-273

Hofmann, Ch. (1993): Gruppenanalytisch orientierte Arbeit mit geistig behinderten Männern und Frauen. In: Trescher, H.-G., Büttner, Ch., Datler, W. (Hrsg.): Jahrbuch für Psychoanalytische Pädagogik 5. Grünewald: Mainz, 146-176

Hofmann, Ch., Kunisch, M., Stadler, B. (1996): »Ich spiel jetzt in Zukunft den Depp«. Geistige Behinderung und Selbstbild. In: Geistige Behinderung 35 (Heft 1), 26-41

Hollins, S. (2001): Psychotherapeutic Methods. In: Dosen, A., Day, K. (Eds.): Treating Mental Illness and Behavior Disorders in Children and Adults with Mental Retardation. American Psychiatric Press: Washington, 27-44

Hollins, S., Sinason, V. (1993): Robert sagt alles. St. George's Mental Health Library: London

Jonas, M. (1990): Trauer und Autonomie bei Müttern schwerstbehinderter Kinder. Grünewald: Mainz

Katzenbach, D. (2004): Das Problem des Fremdverstehens. Psychoanalytische Reflexionen als Beitrag zur Professionalisierung geistigbehinderten-pädagogischen Handelns. In: Wüllenweber, E. (Hrsg.): Soziale Probleme von Menschen mit geistiger Behinderung. Fremdbestimmung, Benachteiligung, Ausgrenzung und soziale Abwertung. Kohlhammer: Stuttgart, 322-332

Kaufhold, R. (1998): Das zurückgebliebene Kind, die Psychoanalyse und die Institution – In Memoriam Maud Mannoni (Ceylon 1923 – Paris 1998). In: Behindertenpädagogik 37 (Heft 4), 423-429

Klein, M. (1928): Frühstadien des Ödipuskonfliktes. In: Klein, M.: Gesammelte Schriften. Bd. 1. Teil 1. frommann-holzboog: Stuttgart-Bad Cannstatt 1995, 287-305

Klein, M. (1931): Beitrag zur Theorie der intellektuellen Hemmungen. In: Klein, M.: Gesammelte Schriften. Bd. 1. Teil 1. frommann-holzboog: Stuttgart-Bad Cannstatt 1995, 375-394

Korff-Sausse, S. (1997): Ein psychoanalytischer Ansatz bei geistiger Behinderung. In: Heinemann, E., De Groef, J. (Hrsg.): Psychoanalyse und geistige Behinderung. Fallstudien aus Belgien, Deutschland, England, Frankreich und den USA. Grünewald: Mainz, 58-73

Körner, J. (1980): Über das Verhältnis von Psychoanalyse und Pädagogik. In: Psyche 34, 769-789

Künkel, F. (1926): Das dumme Kind. Verlag am andern Ufer: Dresden

Kupper-Heilmann, S. (1998): »Und wenn er dann loslässt?« Unterstützung von Individuations- und Ablösungsprozessen in der Mutter-Kind-Beziehung im Rahmen einer Frühförderung durch psychoanalytisch orientiertes heilpädagogisches Reiten. In: Frühförderung interdisziplinär 17 (Heft 3), 125-134

Landauer, K. (1929): Zur psychosexuellen Genese der Dummheit. In: Psyche 24, 1970 (Heft 6), 463-484

Landauer, K.[2] (1930): Zur Theorie der Dummheit. Referat über eine Studie von Karl Landauer. In: Zeitschrift für Psychoanalytische Pädagogik 4 (Heft 11/12), 416-420

---

[2] Karl Landauer ist nicht der Autor dieses Artikels. Es handelt sich um eine Zusammenfassung der Gedanken aus Landauers Aufsatz »Zur psychosexuellen Genese der Dummheit«, der 1929 in der »Zeitschrift für Sexualwissenschaft« veröffentlicht wurde. Da diese Zusammenfassung jedoch nur mit dem Kürzel »F. Sch.« unterschrieben ist und diese

Lauschmann, I., Pötzl, M., Niedecken, D. (2003): Unsere gemeinsame Geschichte: Vom Kennenlernen bis zur Projektarbeit. In: Lauschmann, I., Pötzl, M., Niedecken, D.: Psychoanalytische Reflexion in der pädagogischen Praxis. Innere und äußere Integration von Menschen mit Behinderung. Beltz: Weinheim, Basel, Berlin, 13-28

Lorenzer, A. (1970): Sprachzerstörung und Rekonstruktion. Suhrkamp: Frankfurt/M.

Lorenzer, A. (1981): Das Konzil der Buchhalter. Die Zerstörung der Sinnlichkeit. Europäische Verlagsanstalt: Frankfurt/M.

Lotz, W. (1987): Vom interagierenden zum handelnden Erzieher. Überlegungen zu einer Tiefenhermeneutik pädagogischer Interaktion. In: Reiser, H., Trescher, H.-G. (Hrsg.): Wer braucht Erziehung? Impulse der Psychoanalytischen Pädagogik. Grünewald: Mainz, 161-180

Löw-Beer, H., Morgenstern, M. (1936): Heilpädagogische Praxis. Methoden und Material. Sensen: Wien, Leipzig

Löw-Beer, H., Morgenstern, M. (1968): Heilpädagogische Praxis. Methoden und Material. Reinhardt: München:

Luxen, U., Senckel, B. (1999): Die entwicklungsfreundliche Beziehung. Transfer psychotherapeutischer Konzepte und Methoden in die heilpädagogische Arbeit mit lern- und geistig behinderten Kindern. In: Praxis der Kinderpsychologie und Kinderpsychiatrie 48 (Heft 1), 37-51

Maass, D. (1993): Psychoanalytische Pädagogik in der Frühförderung und Frühberatung mit behinderten Kindern und ihren Eltern. In: Muck, M., Trescher, H.-G. (Hrsg.): Grundlagen der Psychoanalytischen Pädagogik. Grünewald: Mainz, 305-320

Maass, D. (2000): Der kleine Vampir oder die Beraubung des Selbst. In: Werkstattgruppe familienorientierte Frühförderung (Hrsg.): Das behinderte Kind und seine Eltern. Psychoanalytische Perspektiven der Frühförderung. Asanger: Heidelberg, Kröning, 124-134

Mahler-Schoenberger, M. (1942): Pseudoimbecility: A Magic Cap of Invisibility. In: The Psychoanalytic Quarterly 11, 149-164

Mahns, B. (1985): Musik bei geistig Behinderten zwischen Beschäftigung und Therapie. In: Musiktherapeutische Umschau 6, 147-161

Mannoni, M. (1972): Das zurückgebliebene Kind und seine Mutter. Eine psychoanalytische Studie. Walter: Olten, Freiburg

Messerer, K. (1999): Ein psychoanalytisch-pädagogischer Blick in die Praxis der Mobilen Frühförderung: Ausschnitte aus der Geschichte von Natalie und ihrer Familie. In: Datler, W., Finger-Trescher, U., Büttner, Ch. (Hrsg.): Jahrbuch für Psychoanalytische Pädagogik 10. Psychosozial-Verlag: Gießen, 63-83

Messerer, K. (2001): Elternberatung in der Frühförderung. Das Konzept des »Under Fives' Counselling« in seiner Bedeutung für die Arbeit mit Eltern behinderter Kleinkinder. In: Zeitschrift für Individualpsychologie 26 (Heft 3), 258-273

---

keinem Autor zugeordnet werden kann, wird sie hier unter dem Namen Landauers aufgeführt.

Montobbio, E. (Hrsg.): Il Falso Sé nell'handicap mentale. Una ipotesi teorica alla luce del pensiero di Bion. Edizioni del Cerro: Tirrenia

Morelle, C. (1997): Selbstverletzung: Körper und geistige Behinderung. In: Heinemann, E., De Groef, J. (Hrsg.): Psychoanalyse und geistige Behinderung. Fallstudien aus Belgien, Deutschland, England, Frankreich und den USA. Grünewald: Mainz, 74-81

Morelle, C. (1999): Psychoanalysis and Mental Retardation: A Question of »Not-Wanting-To-Know«. In: Heinemann, E., De Groef, J. (Eds.): Psychoanalysis and Mental Handicap. Free Association Books: London, New York, 91-100

Müller-Hohagen, J. (1987): Psychotherapie mit behinderten Kindern. Kösel: München

Müller-Hohagen, J. (1994): Selbstbestimmung und Persönlichkeitsentwicklung. Eine Lebensqualität: Selbständigkeit des geistig behinderten Erwachsenen in der Spannung von persönlicher Fähigkeit und Verwirklichung. In: Geistige Behinderung 33 (Heft 3), 171-185

Niedecken, D. (1989): Namenlos. Geistig Behinderte verstehen. Ein Buch für Psychologen und Eltern. Piper: München, Zürich

Niedecken, D. (1997): Die Organisierung von geistiger Behinderung. In: Heinemann, E., De Groef, J. (Hrsg.): Psychoanalyse und geistige Behinderung. Fallstudien aus Belgien, Deutschland, England, Frankreich und den USA. Grünewald: Mainz, 101-116

Niedecken, D. (2001): Szenisches Verstehen und pädagogisches Handeln. In: Geistige Behinderung 40 (Heft 4), 313-324

Niedecken, D. (2003a): Namenlos. Geistig Behinderte verstehen. Beltz: Weinheim, Basel, Berlin, 4., überarb. und erw. Aufl.

Niedecken, D. (2003b): Das kindsmörderische Introjekt. In: Niedecken, D.: Namenlos. Geistig Behinderte verstehen. Beltz: Weinheim, Basel, Berlin, 4., überarb. und erw. Aufl., 227-242; 247

Niedecken, D., Lauschmann, I., Pötzl, M. (2003): Psychoanalytische Reflexion in der pädagogischen Praxis. Innere und äußere Integration von Menschen mit Behinderung. Beltz: Weinheim, Basel, Berlin

Niedergesäß, B. (1990): Verwirrungen um Ruth. Psychoanalytische Pädagogik im integrativen Kindergarten. In: Frühförderung interdisziplinär 9, 114-119

Niedergesäß, B. (2000): Von Krokodilen und Krankenwagenfahrern. Phantasien um ein behindertes Kind in einer Kindergruppe. In: Werkstattgruppe familienorientierte Frühförderung (Hrsg.): Das behinderte Kind und seine Eltern. Psychoanalytische Perspektiven der Frühförderung. Asanger: Heidelberg, Kröning

Oberegelsbacher, S. (1992): Rezension zu »Christian Gaedt (Hrsg.): Neuerkeröder Beiträge, verlegt bei Neuerkeröder Anstalten: Heft 2, Heft 3, Heft 6«. In: Trescher, H.-G., Büttner, Ch., Datler, W. (Hrsg.): Jahrbuch für Psychoanalytische Pädagogik 4. Grünewald: Mainz, 285-287

Pforr, U. (1993): Psychische Strukturbildung bei geistiger Behinderung und ihre Bedeutung für die Integration: »Betreutes Wohnen« mit geistig behinderten Menschen. In: Information zur Bildung und Fortbildung für Erzieher und Sozialarbeiter (Heft 4), 2-21

Pötzl, M., Niedecken, D. (2003): Die Herstellung des dyadischen Feldes und das pädagogische »Nebenbei«. In: Niedecken, D., Lauschmann, I., Pötzl, M. (Hrsg.): Psychoanalytische Reflexion in der pädagogischen Praxis. Innere und äußere Integration von Menschen mit Behinderung. Beltz: Weinheim, Basel, Berlin, 29-69

Preiß, H. (2006): Ein psychoanalytischer Blick auf geistige Behinderung. Impulse für Theorie und Praxis der Geistigbehindertenpädagogik. Edition von Freisleben: Rimpar

Rappaport, S. (1961): Behavior Disorder and Ego Development in a Brain-injured Child. In: The Psychoanalytic Study of the Child 16, 423-450

Reuther-Dommer, Ch., Dommer, E. (1994): Ich-Identität und subjektiver Sinn bei geistiger Behinderung. In: Geistige Behinderung 33 (Heft 4), 308-318

Reuther-Dommer, Ch., Dommer, E. (1997): »Ich will Dir erzählen...« Geistig behinderte Menschen zwischen Selbst- und Fremdbestimmung. Psychosozial-Verlag: Gießen

Ross, A. (1967): Das Sonderkind. Problemkinder in ihrer Umgebung. Hippokrates: Stuttgart 1977, 2. Aufl.

Rubner, A., Rubner, E. (1982): Das zurückgebliebene Kind und das analytische Psychodrama. Marhold: Berlin

Ruth, R. (1997): Eine Psychotherapie von Anfang bis zum Ende? In: Heinemann, E., de Groef, J. (Hrsg.): Psychoanalyse und geistige Behinderung. Fallstudien aus Belgien, Deutschland, England, Frankreich und den USA. Grünewald: Mainz, 45-57

Ruth, R. (2001): Psychoanalytic Therapies. In: Dosen, A., Day K. (Eds.): Treating Mental Illness and Behavior Disorders in Children and Adults with Mental Retardation. American Psychiatric Press: Washington

Rydberg, L. (1976): Strandparkskole – idebaggrund og rolle. In: Foraeldrekfedsen ved Strandparkskolen (Hrsg.): Undervisning af psykisk udvilklingshaemmede og psychotiske børn. København

Salzberger-Wittenberg, I. (2000): Kurztherapeutische Arbeit mit Eltern von Kleinkindern. In: Datler, W., Finger-Trescher, U., Büttner, Ch. (Hrsg.): Jahrbuch für Psychoanalytische Pädagogik 10. Psychosozial-Verlag: Gießen, 84-100

Sand, A., Ohmes, J., Gärtner-Peterhoff, D., Nierste, E. (1990): Therapeutischer Umgang mit Entwertungsprozessen. In: Gaedt, Ch. (Hrsg.): Selbstentwertung – depressive Inszenierungen bei Menschen mit geistiger Behinderung. Evangelische Stiftung: Neuerkerode, 65-81

Sandschulte, M. (1960): Tiefenpsychologie und Heilpädagogische Praxis. Verlag des Instituts für Heilpädagogik: Luzern

Scelles, R. (1999): The Brothers and Sisters of Handicapped People. Suffering which can be relieved. In: Heinemann, E., De Groef, J. (Eds.): Psychoanalysis and Mental Handicap. Free Association Books: London, New York, 118-137

Schaab, U. (1997): Psychoanalytische Pädagogik als Möglichkeit einer Dialogischen Heilpädagogik in der Arbeit mit geistig behinderten Menschen. In: Datler, W., Finger-Trescher, U., Büttner, Ch. (Hrsg.): Jahrbuch für Psychoanalytische Pädagogik 8. Psychosozial-Verlag: Gießen, 69-84

Schmiedeberg, M. (1930): Intellektuelle Hemmung und Aggression. In: Zeitschrift für Psychoanalytische Pädagogik 4 (Heft 11/12), 467-477

Schnoor, H. (1992a): Aspekte einer psychoanalytisch orientierten Pädagogik für Personen mit einer geistigen Behinderung. Geistige Behinderung als Ich-Schwäche. In: Trescher, H.-G., Büttner, Ch., Datler, W. (Hrsg.): Jahrbuch für Psychoanalytische Pädagogik 4. Grünewald: Mainz, 200-219

Schnoor, H. (1992b): Szenisches Verstehen als diagnostischer Ansatz zum Erfassen des Konflikterlebens bei einem Kind mit Down-Syndrom. Ein tiefenhermeneutischer Ansatz. In: Sonderpädagogik 22 (Heft 3), 132-142

Schnoor, H. (1997): Die sozialisierende Funktion früher Dialoge zwischen Mutter und Kind. In: Frühförderung interdisziplinär 16 (Heft 2), 66-74

Schnoor, H. (2000): Von der verzerrten Realitätswahrnehmung zur gestörten zwischenmenschlichen Interaktion. Psychoanalytische Erklärungsansätze zum Verständnis von Verhaltensstörungen. In: Die neue Sonderschule 45 (Heft 3), 178-190

Schnoor, H. (2006): Konflikterleben und Konfliktbewältigung bei Personen mit geistiger Behinderung. In: Behinderte in Familie, Schule und Gesellschaft (Heft 6), 22-31

Schönwiese, V. (1995): Das Bild von Behinderung als Phantasma und Möglichkeiten des »begleitenden Ich«. In: Behindertenpädagogik 34 (Heft 1), 25-33

Seelmann, K. (1931): Ein Fall von Schwachsinn und seine Behandlung in der Normalschule. In: Internationale Zeitschrift für Individualpsychologie 9 (Heft 3), 192-199

Senckel, B. (1997): Paul – geistig behindert und dazu psychisch gestört? In: Zeitschrift für Heilpädagogik 48 (Heft 8), 323-328

Senckel, B., Augusta, G. (1993): Der erwachsene Frank und seine Puppe. Die Erfüllung frühkindlicher Beziehungswünsche als Ansatz zur Entwicklungsförderung. In: Geistige Behinderung 32 (Heft 2), 134-147

Sinason, V. (1997): Erfahrungen aus der Arbeit in der Tavistock-Klinik. In: Heinemann, E., De Groef, J. (Hrsg.): Psychoanalyse und geistige Behinderung. Fallstudien aus Belgien, Deutschland, England, Frankreich und den USA. Grünewald: Mainz, 128-141

Sinason, V. (2000): Geistige Behinderung und die Grundlagen menschlichen Seins. Luchterhand: Neuwied, Kriftel, Berlin

Smith, E., McKinnon, R., Kessler, J. (1975): Psychotherapy with Mentally Retarded Children. In: The Psychoanalytic Study of the Child 31, 493-514

Steinhardt, K. (1997): Supervision als Ort der Reflexion des beruflichen Selbstverständnisses von Heilpädagogen. In: Datler, W., Finger-Trescher, U., Büttner, Ch. (Hrsg.): Jahrbuch für Psychoanalytische Pädagogik 8. Psychosozial-Verlag: Gießen, 85-104

Steinhardt, K. (1998): Überlegungen zur Entwicklung der Beziehung zwischen Eltern und ihrem behinderten Kind aus bindungstheoretischer Perspektive. In: Datler, W., Gerber, G., Kappus, H., Steinhardt, K., Strachota, A., Studener, R. (Hrsg.): Zur Analyse heilpädagogischer Beziehungsprozesse. Edition SZH/SPC: Luzern, 72-77

Steinhardt, K. (2006): Emotionalität und (behinderten-)pädagogische Professionalisierung. Über die Bedeutung des angemessenen Umgangs mit »archaischen« Gefühlen als Voraussetzung für professionelles Handeln in der Arbeit mit Menschen mit speziellen Bedürfnissen. In: Behinderte in Familie, Schule und Gesellschaft (Heft 6), 72-87

Studener, R. (1998): Über die Bedeutung von Trauerprozessen für die Eltern behinderter Kinder und damit verbundene Konsequenzen für heilpädagogisches Arbeiten. In: Datler, W., Gerber, G., Kappus, H., Steinhardt, K., Strachota, A., Studener, R. (Hrsg.): Zur Analyse heilpädagogischer Beziehungsprozesse. Edition SZH/SPC: Luzern, 156-159

Trescher, H.-G. (1990): Theorie und Praxis der Psychoanalytischen Pädagogik. Grünewald: Mainz

Turinsky, M. (2003): Das abscheuliche Genießen. Lacanianische Reflexionen über den Umgang mit Behinderung, Liebe und Sexualität. In: Behinderte in Familie, Schule und Gesellschaft 26 (Heft 2), 14-29

Werkstattgruppe familienorientierte Frühförderung (2000) (Hrsg.): Das behinderte Kind und seine Eltern. Psychoanalytische Perspektiven der Frühförderung. Asanger: Heidelberg, Kröning

Werther, F. (2005): Warum finden Menschen mit geistiger Behinderung so schwer einen ambulanten Psychotherapieplatz? Überlegungen zu den Ursachen und Gedanken zur Überwindung der Misere. In: Psychotherapeutenjournal 2/2005, 116-122

Westhoff, E. (2005): Geistige Behinderung (er-)leben. Eine Reise in fremde Welten. Books on Demand: Norderstedt

Wininger, M. (2006): Psychoanalytisch-pädagogische Anmerkungen zum adoleszenten Ablösungsprozess von jungen Erwachsenen mit geistiger Behinderung. In: Behinderte in Familie, Schule und Gesellschaft (Heft 6), 32-55

Rezensionen

Volker Schmid, Marietta Hutter, Gaby May, Thomas Pollak: Das »Feuerhägle«. Eine Kleinschule für Jugendliche am Rande der Beschulbarkeit. Dokumentation. Selbstverlag (feuerhaegle@web.de): Reutlingen, 2004, 222 Seiten

Jeder, der sich mit sonderpädagogischer Projekt- oder Fallarbeit befasst, weiß, wie schwer es ist, das konkrete Material zu sichten, zu ordnen, zu deuten. Die kolossalen Schwierigkeiten, den Effekten des Settings, der Prozessdimension und des systemischen Kontextes in diesem Praxisfeld auf die Spur zu kommen, haben dabei sicher viele Ursachen.

Es verwundert deshalb nicht, dass man die publizierten »Fälle«, in denen die Sonderpädagogik den Rahmen traditioneller Sonderbeschulung hinter sich gelassen hat, fast an einer Hand abzählen kann: Pestalozzis »Stans«, Siegfried Bernfelds »Kinderheim Baumgarten«, Don Milanis »Scula di Barbiana« und Maud Mannonis »education impossible« (zu deutsch: »Scheißerziehung«) sind sicher die bekanntesten Versuche dieser Art. Vom Geist der europäischen Aufklärung angestoßen, durch die psychoanalytische Methode zudem später oft inspiriert, versuchen diese Projekte, den Horizont einer institutionalisierten und durch systemische Imperative festgezurrten Praxis aufzubrechen oder zumindest zu lockern, oder auch einfach neue Wege zu erproben. Den meisten dieser Experimente war dann auch nur eine kurze Lebenszeit beschieden. Die sich ansammelnden Probleme zwischen einer wachsenden Konfliktbelastung im inneren und der mangelnden Unterstützung von außen brachten sie oft nach wenigen Monaten bereits zu Fall.

Das Buch »Das ›Feuerhägle‹« berichtet von solch einem Experiment. Es hat bereits fünf Jahre überlebt. Den historischen Erfahrungen mit Sonderpädagogik jenseits staatlicher Sonderpädagogik setzt die »Projektgruppe Feuerhägle« einen besonderen Mikrokosmos, ein sehr durchdachtes, ja scheinbar fast überstabilisiertes Setting entgegen: Drei Sonderpädagogen, drei wissenschaftliche Begleiter organisieren Sonderschule in zwei Unterrichtsräumen eines eigens gemieteten Reihenhauses für insgesamt fünf bis sechs Sonderschüler. Ein überschaubares Projekt also, unterschieden von den historischen Vorgängern zunächst durch den Versuch, ein Höchstmaß an psychischem Halt für die Gruppe der hochbelasteten Schüler herzustellen durch ein Setting, in welchem Rahmen und Situation methodisch reflektiert und entsprechend flexibilisiert werden können. Auch dynamisch-unbewusste Prozesse können dabei im pädagogischen Beziehungsfeld berücksichtigt werden.

Die »Dokumentation« zum Projekt »Feuerhägle« beeindruckt zunächst durch die nüchterne, unprätenziöse Darstellung und Sichtweise der Probleme. Theoretische Konzepte, biographisches Material, Auszüge aus kasuistischer Begleitforschung, Tagebuchnotizen, Versuche zur Deutung der in Erscheinung tretenden Phänomene – dies alles begegnet dem Leser zunächst in guter, lockerer Ordnung. Im ersten Augenblick also keine ganz leichte Kost, im zweiten Ansatz jedoch eine interessante und spannende Herausforderung, spätestens dann, wenn man zu ahnen und zu spüren beginnt, dass es jeweils nur ein bestimmter Rahmen sein kann, der in einer bestimmten Situation den Sinn der Ereignisse hervorbringt.

Welcher Rahmen ist dann welchem Ereignis angemessen? Und dann: Es geht augenscheinlich um praxeologische Forschung in einer Art »Laborversuch« und zugleich um Unterstützung von Menschen, um Biographien, um Geschichten, die das Leben selbst hervorgebracht hat. Wie viel Kontrolle ist dann der methodisch-kontrollierten Reflexion einer sonderpädagogischen Praxis noch angemessen? Die Geschichten von »Mirko« (56ff), »Theo« (114ff) und »Niko« (184ff) in diesem Setting sprengen doch eigentlich im Akt des Erzählens bereits jeden »Rahmen«.

Das Titelbild und der Titel des Buches demonstrieren bereits eine Liebe zum Detail, die dann das Buch durchzieht und zugleich in alle Ordnungen des Verstehens und in alle »reflexion engagee« immer auch ein Moment der Verfremdung hineinträgt: Die Titelgrafik entstammt einer Schülerarbeit der »Projektgruppe Feuerhägle« und symbolisiert »Irrwege«. Man denkt unweigerlich auch an ein Labyrinth oder an die Wege des Sisyphos, der sein Ziel nicht erreicht und doch den Sinn des Weges nicht negiert: Schließlich der Name, das »Feuerhägle«, Kompositum doch aus »Umhegung« und »Feuer« – ein Ort also, an dem fehlgeleitete Energien ihre zerstörerische Kraft verlieren können.

Volker Schmid, der die wissenschaftliche Leitung des Projektes innehat, zitiert fast als Leitmotiv zu diesen Bildern dann auch den Schlüsselsatz von Siegfried Bernfeld von der unauflösbaren »Antinomie zwischen dem berechtigten Willen des Kindes und dem berechtigten Willen des Lehrers« (189). – Es geht hier allerdings um Schüler, die sich eigentlich vorerst jeder Beschulung entzogen haben.

Das Buch selbst ist in drei große Kapitel eingeteilt, welche die Logik praxeologischer Forschung widerspiegeln: Die ersten beiden Beiträge von Gaby May und Thomas Pollak schildern die Praxis im »Feuerhägle« aus der Sicht der Praxis. Situation, Rahmen, Räume, Zeitrhythmen des Projektes werden sinnlich konkret vor Augen geführt, erläutert und in ihrer praxeologischen Bedeutung geklärt. Gaby May fokussiert in ihrem Beitrag abschließend das zentrale Problem in dem von Antinomien beherrschten Feld: die »Erstellung eines Gemeinschaftsvertrages« (45ff). – Thomas Pollak demonstriert dann auf sehr überzeugende Weise, dass die Arbeit mit belasteten Jugendlichen Methodenvielfalt praktisch erzwingt, sodass die Arbeit in einem »potentiellen Raum« neben »Übungen in japanischer Kampflust« ihren Sinn bekommen kann. Anregend und sehr spannend ist alles, was Pollak über die Nähe-Distanz-Regelung (73) sagt oder über die Schwierigkeiten im Umgang mit Noten und Zeugnissen (75). Der Bildungsprozess, um den es ihm offenbar geht, ist natürlich ein »Kompositum« und daher im Rahmen einer einzigen Methode nicht realisierbar. Was im Deutschunterricht als Thema »Seele« und als Übergangsidee im Sinne Winnicotts wirksam werden kann, kann im Bereich der »Gewaltprävention« durch »Aikido« möglicherweise sinnvoll sein. Thomas Pollak fasst daher seine Überlegungen zum Bildungsbegriff im »Feuerhägle« auch sehr vorsichtig zusammen: »Vielleicht überschätze ich unsere Bemühungen ... Im Rahmen dieser Beschreibung ist es nicht möglich, einen Bildungsbegriff differenziert zu erörtern, und dennoch besteht die Hoffnung, dass zwischen den Zeilen erfahrbar wird, wie Bildung, bei aller Würdigung des Produktes, für uns ein Prozess ist, der den ganzen Menschen in Anspruch nimmt – eben Geist, Seele und Leib. Dabei verschwimmen die Grenzen innerhalb dieses Geschehens zwischen der Entwicklung des Jugendlichen und des Erwachsenen. Bildung wird zu einem innerlichen Arbeitsprozess, der den ganzen Menschen einschließt und Jugendlichen und Erwachsenen fordert – so wird in unserer Schule auch Bildungsarbeit geleistet« (91).

Von den theoretisch orientierten Beiträgen im zweiten Teil des Buches enthalten insbesondere die Ausführungen von Marietta Hutter zur »Förderung geistiger und emotionaler Prozesse« und die von Volker Schmid zur »Instituetik« sehr wichtige und weiterführende Überlegungen. Marietta Hutter erläutert am Fall von »Theo«, welche Bedeutung das Mentalisierungskonzept von Fonagy in diesem Praxisbereich haben könnte. Die Spurensuche und die Indizienbeweise für Mentalisierungsprozesse sind sicher gelungen, weitere Praxisforschung wäre hier natürlich sehr wünschenswert, falls möglich. – Volker Schmid charakterisiert das zentrale Problem der »Kleinschule« als einen »pädagogischen Ort« im Sinne von Siegfried Bernfeld: »Rahmen und Umgang müssen institutionell so gestaltet sein, dass sie ›fest‹ genug sind, um die Kleinschule auch für sehr schwierige Jugendliche als ›Schule‹ erkennbar zu machen. Sie sollen aber so flexibel sein, dass sie den routinierten Ausweich- und Fluchtbewegungen der Jugendlichen mit differenzierten pädagogischen Arrangements begegnen können« (179). – Achim Perner liefert zu diesen Beiträgen dann noch einen weitreichenden Entwurf zur diagnostischen und theoretischen Verortung des dissozialen Handelns. – Das Buch schließt ab mit drei Beiträgen von Kooperationspartnern zur Projektgruppe Feuerhägle. Eine CD-Rom mit Filmen und Präsentationen aus dem Schulalltag ist dem Buch beigefügt.

Die Anstrengungen der praktizierenden Pädagogen und ihrer wissenschaftlichen Begleiter, welche die »Projektgruppe Feuerhägle« in diesen ersten fünf Jahren unternommen haben, sind sicher enorm und bewundernswert. Und es fällt natürlich nicht schwer, eine Projektarbeit, für die Selbstreflexion und Selbstkritik eigentlich essentiell sind, nun auch noch auf Probleme hinzuweisen, die noch zu lösen wären. Das »Fehlen einer schulpädagogischen Perspektive« (6) wird von den Autoren der Projektgruppe selbst angemahnt. Wünschenswert wäre natürlich darüber hinaus bei Fortsetzung des Projektes nicht nur eine »schulpädagogische Perspektive«, sondern sogar eine »schulpädagogische Konzeption«.

Dass das Buch nur als »Dokumentation« erschienen ist, also mehr für die mit der Praxis Vertrauten, dürfte kein Negativum sein, wenngleich auf leichtere Lesbarkeit mitunter größerer Wert gelegt werden könnte. Die Wechselbeziehung zwischen konkreten Details aus Fallerzählungen und dem bedeutsamen Material hätte mitunter noch geklärt werden sollen. Was sozusagen naturgemäß und bezogen auf das Klientel zu kurz kommen muss, ist dann der »innere Zusammenhang«, das Schreiben als »ganzheitlicher Konzeptualisierungsprozess«. Ich habe es allerdings auch so verstanden: Das Buch will sich keiner Leserschaft aufdrängen. Wer es als Anregung sucht, wird es finden, und sich die Zeit nehmen, um diesem einzigartigen Material und den Interpretationen in aller Offenheit zu begegnen.

Heiner Hirblinger

Frank Dammasch, Dieter Katzenbach (Hrsg.): Lernen und Lernstörungen bei Kindern und Jugendlichen. Zum besseren Verstehen von Schülern, Lehrern, Eltern und Schule. Brandes & Apsel: Frankfurt/M., 2005, 382 Seiten

Der Sammelband trägt 18 Beiträge zu Lernen und Lernstörungen zusammen, wobei nach Angabe der Herausgeber Dammasch und Katzenbach die (meisten) Beiträge das theoretische Bezugssystem einer intersubjektiv orientierten Psychoanalyse verbindet.
Drei grob orientierende thematische Schwerpunkte werden ausgewiesen: Neuropsychologie – Kognition – Pädagogik; Spiel – Sprache – Schrift; Schüler – Lehrer –Schule.
Im ersten, bezugswissenschaftlichen Teil referiert Gerald Hüther Befunde aus der neueren Hirnforschung, die Lernen als Interaktionsprozess von Beziehungserfahrungen und neuronalen Verknüpfungen beschreiben und gut kompatibel mit psychoanalytischen Vorstellungen von Bedingungsfaktoren des Lernens und von Lernstörungen sind. Michael Huber verweist auf moderne Gedächtnismodelle, die sich weg von Speichermetaphern hin zu Fragen der affektiven Organisatoren der Gedächtnisse bewegen und von ihm in Relation mit psychoanalytischen Konzeptionen des Unbewussten gesetzt werden. Gerhard Büttner widmet sich der Frage, in welcher Weise kognitive Fähigkeiten und Merkmale bei der guten oder weniger guten Bewältigung schulischer Aufgaben beteiligt sind. Er verweist darauf, dass von ihm als bedeutungsvoll erachtete emotionale Prozesse in seinen Überlegungen unberücksichtigt bleiben. Dieter Katzenbach befasst sich vorrangig mit den beziehungsdynamischen Grundlagen des Lernens (Affektspiegelung und Lernen).
Die meisten Beiträge des zweiten, eher illustrativen Teils (Spiel – Sprache – Schrift) verbindet die Auffassung von Lernstörungen als Ausdruck von umfänglich oder partiell misslingenden Abstimmungsprozessen und die »Argumentation« anhand von Fallsequenzen. Das beschriebene Spektrum reicht von tiefgreifenden Entwicklungsstörungen bis hin zu fast klassisch neurotischen Störungen, in denen die Kompromisshaftigkeit der Lernstörung erkennbar wird.
Claudia Burkhardt-Mussmann gibt einen Überblick über das Verständnis von Lernstörungen in den verschiedenen psychoanalytischen »Schulen« und erläutert an einem Beispiel Lernblockaden und Lernen im psychotherapeutischen Prozess. Elisabeth Müller-Brühn zeigt, was spielen zu können für das Lernen bedeutet. Daran knüpft Frank Dammaschs sensible Darstellung der Arbeit mit einem Mädchen an, das nur mit bestimmten Menschen spricht (selektiver Mutismus). Erika Mertens und auch Rose Alheim fokussieren den kommunikativen Aspekt einer umschriebenen Lernstörung: Verletzung der Sprachregeln als Ausdruck einer die Individuation hemmenden psychischen Verletzung, Lese-Rechtschreib-Störung als Symptom eines Konflikts zwischen Progressions- und Regressionstendenzen. Beide Autorinnen verdeutlichen, dass erst die Arbeit an den emotional-sozialen Problemen, an den inneren Konflikten die Voraussetzung für die Wirksamkeit einer rein kognitiv orientierten Förderung schafft. Die psychodynamische Analyse von Lese-Rechtschreib-Schwierigkeiten zählt zu den interessantesten Abschnitten des Bandes.
Im dritten Teil (Schüler – Lehrer – Schule) werden mehrheitlich neben und mit Falldarstellungen Settingfragen thematisiert. Jochen Raue beschreibt die zunehmende Fragmentierung von Erkenntnis- und Förderperspektiven und zeigt an drei Fallbeispielen die innere Verwobenheit von Verhaltensauffälligkeiten und Lernstörungen im engeren Sinne. Die

Beiträge von Hiltrud Rübner und Marieanne Simon beschäftigen sich mit der Bedeutung und möglichen Ergebnissen von Einzel- und Gruppensupervision. Theoretisch ambitionierter liest sich der Beitrag von Wolfgang Neidhardt, der die Kinderanalyse dem Unterricht im ganz anders gelagerten sozialen Ort Schule kontrastierend gegenüberstellt. Er verdeutlicht, wie eine sonderpädagogische Einzelförderung im sozial-emotionalen Bereich die theoretische Trennung Analyse-Unterricht nicht aufrechterhalten kann. Thomas v. Freyberg und Angelika Wolff berichten aus einem Forschungsprojekt über nicht beschulbare Jugendliche. Ein Ergebnis der äußerst ansprechenden exemplarischen Fallstudie wie auch des gesamten Projektes besteht darin, dass massivem schulischem Scheitern höchst ungünstige Kollisionen zwischen Institution und Jugendlichen zugrunde liegen.
Der Band versammelt anregende Beiträge, von denen die meisten den durchaus hilfreichen Blick aus der Kinderanalyse auf das schulische Lernen illustrieren. Allerdings kommt die Berücksichtigung der Eigenlogik des schulischen Lernens etwas zu kurz. Bei einigen Beiträgen hat man den Eindruck, dass sie über den Beleg der These »gelöste Konflikte – fröhliches Lernen« – oder prosaischer formuliert: »Psychoanalytische Therapie hilft gerade auch bei schulischen Schwierigkeiten.« – nicht hinausgelangen. Hingegen wirken andere Beiträge aus dem zweiten und dritten Teil, exemplarisch sind hier Dammasch, Raue und Neidhardt zu nennen, stärker theoretisch ambitioniert und stellen ausdrückliche Bezüge zu Bions Theorie der Alpha- und Betafunktionen/-elemente her, die eine spezifischere theoretische Klammer für die einzelnen Beiträge hätte abgeben können als die ausgewiesene Verknüpfung über eine intersubjektive Psychoanalyse.
Die Stärken des lesenswerten Sammelbandes liegen weniger in der metatheoretischen Orientierung und Ausarbeitung, sondern mehr im Aufzeigen von Verstehensmöglichkeiten und psychotherapeutischen Bewältigungshilfen psychosozial bedingter Schulschwierigkeiten anhand von Fallvignetten, -beispielen und ausgearbeiteten Fallanalysen.

Bernhard Rauh

Christian Büttner: Lernen im Spiegel des Fremden. Konzepte, Methoden und Erfahrungen zur Vermittlung interkultureller Kompetenz. IKO – Verlag für Interkulturelle Kommunikation: Frankfurt/M., London, 2005, 197 Seiten

Die Begegnung mit Menschen aus anderen Kulturen und damit verbundene Probleme der Integration werfen in pädagogischen Praxisfeldern zunehmend Fragen auf. Dennoch hat sich die psychoanalytische Pädagogik bislang nicht in dem Maße dieses Themenbereichs angenommen, wie es der Aktualität und der Bedeutsamkeit dieses Themas in der Praxis entsprechen würde. Der vorliegende Band, der die Erfahrungen aus verschiedenen Projekten zur Vermittlung von interkultureller Kompetenz im Rahmen psychologisch-pädagogischer Friedensforschung der Hessischen Stiftung Friedens- und Konfliktforschung widerspiegelt, stellt damit einen Beitrag zu einer längst fälligen Diskussion dieser Fragestellungen aus psychoanalytisch-pädagogischer Sicht dar.
Das Buch besteht aus einer Sammlung mehrerer Beiträge, deren Texte in sich geschlossen

sind und von denen daher auch jeder für sich lesbar ist. Zu Beginn erfolgt eine durchaus kritische Auseinandersetzung mit den Begriffen »interkulturelle Kompetenz« und »Integration«. Daran knüpfen sich Überlegungen über die Funktionen des Fremden für die Versicherung der eigenen Identität sowie die Psychodynamik von Menschen in Migration. Da interkulturelle Spannungen erst in Gruppen sichtbar werden, und da die Vermittlung von »interkultureller Kompetenz« vorwiegend in Mehr-Personen-Settings stattfindet, folgt ein Abschnitt über das Konzept »Gruppe« und die sich in Gruppen entwickelnden Prozesse – ein Bereich, der in der Aus- und Weiterbildung meist zu wenig berücksichtigt wird, wie der Autor kritisch anmerkt. Mit Fragen der Qualitätssicherung, der Evaluation solcher Lernprozesse in Gruppen und der Erwachsenenbildung im Allgemeinen sowie der Professionalität von TrainerInnen beschäftigt sich ein weiteres Kapitel.
Im zweiten Teil geht es um pädagogische Fragestellungen: Welche Entwicklungsaufgaben ergeben sich für Kinder aus anderen Kulturen? Wie gehen pädagogische Institutionen, die für diese Kinder häufig die ersten Erfahrungen mit der »neuen« Kultur darstellen, damit um? Wie lassen sich interkulturelle Beziehungen gestalten, sodass sie auch mit Irritationen belastbar sind, und welcher institutioneller Rahmenbedingungen bedarf es dafür? Welche grundlegenden Erfahrungen macht ein Kind schon in den ersten Lebensjahren mit Fremdheit, Identität und Differenz?
Büttner stellt dabei die These auf, dass interkulturelle Erziehung durch den pädagogischen Umgang mit Fremdheit und Andersartigkeit im Allgemeinen bestimmt ist – nicht nur in der Beziehung zu KlientInnen, sondern auch zwischen den KollegInnen in pädagogischen Teams. Zur Verständigung mit Fremden ist man vor allem in der Lage, wenn man eine »randständige Position« in der eigenen Kultur einnehmen kann, also eine Differenzerfahrung zu jenen, die sich in der Mitte der Kultur fühlen (94).
Als Antwort auf Probleme der Integration werden häufig rasche und kostengünstige Lösungen gesucht, wie zum Beispiel Trainings, die zu interkultureller Kompetenz verhelfen sollen, etwa durch das Aneignen von Informationen über fremde Kulturen oder durch das funktionale Anwenden eines bestimmten Rollenverhaltens – letzten Endes immer mit dem Ziel, einseitig die Assimilation des Fremden an die heimische Kultur zu unterstützen. Dabei besteht auch die Gefahr, dass Konflikte in der Interpretation »ethnisiert« werden, die eigentlich andere Ursachen haben. Im Gegensatz dazu hebt Büttner hervor, dass es bei interkultureller Kompetenz im Kern um die Fähigkeiten geht, sich in andere hineinversetzen zu können, Missverständnisse zu erkennen und kreative Potentiale in sich zu entdecken, diese zu überwinden (111). Es bedarf keiner besonderen Kompetenz, sondern Interesse am Kommunikationspartner und einer fragenden Haltung, in der man bereit ist, selber neu dazu zu lernen. Diese Haltung gilt aber unabhängig davon, ob man es mit Zugewanderten oder Einheimischen zu tun hat. Deswegen plädiert der Autor auch für die Verwendung des Begriffs »kommunikative Kompetenz« (ebd.), die ihre Wurzeln in den frühesten Interaktionserfahrungen des Säuglings hat und im Rahmen von Selbsterfahrung in der Aus- und Weiterbildung sozialpädagogischer Berufe weiter entwickelt werden sollte (ebenso wie die Reflexion eigener Identität und kultureller Bezogenheit).
Damit wird die Bedeutung affektiver Lernprozesse betont und die kognitive Ausrichtung der meisten interkulturellen Trainingskonzepte in Frage gestellt.
Im dritten und im vierten Teil werden Projekte geschildert, die interkulturelles Training

mit Angehörigen der Polizei zum Ziel haben (wie etwa die Konzeption eines Begegnungsseminars der Frankfurter Polizei mit Vertreterinnen verschiedener NGOs) bzw. sich mit kommunalen Dienstleistungen beschäftigen (wie dem Angebot einer Stadtteilvermittlung, wo BürgerInnen ausgebildet werden, um bei bestimmten interkulturellen Nachbarschafts- und Jugendkonflikten zwischen den Beteiligten zu vermitteln und so die Notwendigkeit rechtlicher und polizeilicher Interventionen zu verringern).

Besonders die ersten beiden Abschnitte liefern viele Anregungen für PädagogInnen, und zwar nicht nur in Bezug auf die Arbeit mit MigrantInnen: Indem Büttner den Blickwinkel von der Kompetenz, mit AusländerInnen umzugehen, hin zur Begegnung mit dem Fremden, dem Anderen im Allgemeinen erweitert, wirft er grundsätzliche pädagogische Fragen über die Art und Bedeutung zwischenmenschlicher Begegnungen auf und macht auch deutlich, wo die Psychoanalytische Pädagogik als »Pädagogik, der es um das einfühlende Verstehen von Beziehungsdynamiken geht« (80), hier ansetzen kann. Zum einen bringt der Autor psychoanalytisch-pädagogische Ideen wie Lebers Konzept des »fördernden Dialogs« (83f) ein, zum anderen liefern Erkenntnisse aus der tiefenpsychologischen Entwicklungspsychologie einen Beitrag zum Verständnis der Begegnung mit dem Fremden. Wenn Büttner Parallelen zwischen Migranten- und Scheidungskindern und ihren Gefühlen der Zerrissenheit zwischen zwei Welten zieht, oder wenn er die Bedeutung von frühen Objektbeziehungserfahrungen und Triangulierungsprozessen für den Weg aus der primären kulturellen Prägung durch die Symbiose zum Dritten, zur anderen Kultur des Vaters und damit schließlich in die Fremde nachzeichnet, liegt die Nähe zu gängigen aktuellen Themen der psychoanalytischen Pädagogik auf der Hand.

Psychoanalytisch orientierte Überlegungen zur Arbeit mit Gruppen oder zur Erwachsenenbildung sollten alle zum Nachdenken anregen, die (nicht nur) in (Kinder-)Gruppen oder mit Erwachsenen arbeiten, unabhängig davon, ob ein migrationsspezifischer Hintergrund vorhanden ist. So wird der Blick auf eine differenzierte Betrachtung von Erwachsenenbildung und ihrer Qualitätskriterien gelenkt, die in der Praxis leider häufig zu kurz kommt, etwa bezüglich der Frage, wie Lerninhalte, die Kommunikation und Beziehung betreffen und für schulisches Lernen in traditionellen Lehr- und Lernbeziehungen nicht geeignet sind (131), vermittelt werden können.

Die Beiträge über Schulungsangebote für die Polizei und Konfliktschlichtung durch Stadtteilvermittlung lassen Zusammenhänge zur Psychoanalytischen Pädagogik allerdings nur schwer erkennen, und obwohl eingangs vorbereitend darauf hingewiesen wird, wäre an manchen Stellen weniger Redundanz in den einzelnen Beiträgen wünschenswert. Die Beispiele aus der Praxis lassen beim Lesen den Wunsch entstehen, nicht nur über die Art interkultureller Konflikte bzw. die Ergebnisse nach deren Bearbeitung zu erfahren, sondern mehr über den Weg, wie es zu diesen Lösungen gekommen ist.

Die Überlegungen Büttners zur Begegnung mit dem Fremden sollten nicht nur eine Anregung für jene PädagogInnen sein, die bereits die Erfahrung gemacht haben, in der Arbeit mit KlientInnen aus anderen Kulturen an ihre professionellen Grenzen zu stoßen, sondern ganz besonders für jene, die sich mit diesen Fragestellungen noch nicht auseinander gesetzt haben.

Barbara Neudecker

Vera King, Karin Flaake (Hrsg.): Männliche Adoleszenz. Sozialisation und Bildungsprozesse zwischen Kindheit und Erwachsensein. Campus: Frankfurt/M., 2005, 366 Seiten

Das Thema »männliche Adoleszenz« scheint, wenn man versucht, diesbezügliche Buchpublikationen der letzten Jahre zu finden, bislang eher selten bearbeitet worden zu sein – es dürfte im deutschsprachigen Raum nicht wesentlich mehr als eine handvoll Bücher geben, die in den letzten Jahren zu diesem Thema erschienen sind (z.B. Rang, May 2001; Jösting 2005; Lammerding 2004). Umso erfreulicher und verdienstvoller ist es, dass Vera King und Karin Flaake im Jahre 2005 ein Buch herausgegeben haben, in dem sich mehrere Autoren und Autorinnen mit diesem Thema auseinandersetzen und dabei ein sehr breites Spektrum von Lebensbereichen männlicher Jugendlicher berühren.

King und Flaake betonen dabei in ihrem das Buch einleitenden Beitrag, dass damit auf eine bislang existierende Leerstelle in der sozialwissenschaftlichen Forschung reagiert werden solle, die mit der Frage umrissen werden kann, wie »sich in Sozialisations- und Bildungsprozessen der (männlichen; J.G.) Adoleszenz geschlechtsbezogene Orientierungs- und Verhaltensmuster vermitteln und ausgestalten« (10). Dabei solle »bei der Erforschung der sozialen und psychischen Konstruktionen von Männlichkeit immer eine doppelte Perspektive eingenommen werden« (11): Neben der Frage nach den milieu-, zeit- und kulturspezifischen Bedingungen des Entstehens und der Reproduktion von männlichen Lebensentwürfen müsse auch beachtet werden, wie sich die psychischen und sozialen Konstitutionsprozesse von Männlichkeit gewandelt haben.

Es sind dann sieben Lebens- und Erfahrungsbereiche von männlichen Jugendlichen, zu denen die verschiedenen, in diesem Buch versammelten Autoren und Autorinnen ihre Beiträge verfasst haben. Neben dem Bereich Schule geht es dabei um Migration, Familienbeziehungen, Sexualität, Körper und Geschlecht, Freundschaften sowie Risiko und Ritual.

Zwei Beiträge beschäftigen sich mit dem Lebensbereich »Schule«: Ann Phonix und Stephen Frosh gehen in ihrem Beitrag der Frage nach, »ob das theoretische Konzept der ›hegemonialen Männlichkeit‹ (Connell 1987; 1990; 1995) eine empirische Grundlage hat und wie sie sich, wenn dem so ist, auf die Konstruktion männlicher Identitäten auswirkt« (19). »Hegemoniale Männlichkeit« umfasst dabei Orientierungen wie Heterosexualität, Härte, Macht, Autorität und Konkurrenz. Jürgen Budde und Hannelore Faulstich-Wieland behandeln in ihrem Beitrag die Frage, »welche Möglichkeiten zur Konstruktion von Männlichkeit das Feld Schule den Schülern bietet« (37). Männlichkeit, so ihre These, ist dabei nicht biologisch determiniert, sondern wird im Sinne des »doing gender« interaktiv hergestellt. Dabei werde der männliche Habitus erst verständlich, wenn man im Anschluss an Connell nicht von einem, sondern von vier »Handlungsmustern« ausgehe: der hegemonialen, der komplizenhaften, der untergeordneten und der marginalisierten Männlichkeit.

Dem Bereich »Migration« wenden sich die Beiträge von King und Nohl zu: Vera King geht dabei den »Bedeutungen von Bildungserfolgen für Söhne aus Migrantenfamilien im Kontext familialer Generationenbeziehungen« (58) nach. Die Differenzen in der Bildungsbeteiligung lassen sich dabei – so die These – weniger auf die unterschiedlichen nationalkulturellen Orientierungen als auf die familiären Sozialisationsbedingungen zurückführen.

Dabei hänge die Familiendynamik in Migrantenfamilien insbesondere von der »Verarbeitung der Migration in der Familie« (60) ab, wobei sich dem Jugendlichen neben der Trennung und Umgestaltung auf Grund der Migration als zweite Herausforderung die der Veränderungen zwischen Kindheit und Erwachsensein stellt. Arnd-Michael Nohl untersucht in seinem Beitrag die schulische Bildung von Jugendlichem mit türkischem Migrationshintergrund. Bildung umfasst für ihn dabei dezidiert nicht nur schulische Bildung, sondern auch Prozesse, »in denen Menschen für ihr Leben Orientierungen finden« (77).
Der dritte Lebensbereich, dem in diesem Buch nachgegangen wird, ist jener der Familienbeziehungen, dem sich drei Beiträge widmen. Karin Flaake geht in ihrem Beitrag davon aus, dass die Adoleszenz eine Vielzahl von Abgrenzungs- und Trennungsprozessen mit sich bringt. Anhand von Interviews mit jungen Männern und ihren Eltern versucht sie, Themen und Problemkonstellationen vorzustellen, »die mit der Adoleszenz des Sohnes bedeutsam werden« (101). Dabei macht sie deutlich, dass die Qualität der Paarbeziehung der Eltern entlastend oder belastend wirken kann auf die mit der Adoleszenz des Sohnes anstehende Trennung und die damit einhergehenden Gefühle der Trauer und des Schmerzes. Annelinde Eggert-Schmid Noerr geht in ihrem Beitrag der Frage nach, »wie junge Männer, die Soziale Arbeit studieren, konventionelle Geschlechtsbilder reproduzieren oder verändern« (123). Der hochschulische Ausbildungsgang »Soziale Arbeit« zählt dabei zu jenen Fächern, deren Wahl üblicherweise geschlechtsspezifisch erfolgt und traditionell eher als Frauenberuf gilt. Die Frage ist also, wie Männer ihre Männlichkeit in einem Fach ausformen, in dem »eher weiblich konnotierte sorgende Beziehungsorientiertheit oder unmittelbare Fürsorge eine zentrale Kompetenz darstellen« (123). Renate Luca unternimmt in ihrem Beitrag eine Filmanalyse des Films »Billy Elliot – I will dance«, um dabei die in dem Film vorgestellte Geschlechterordnung und die in dem Film gezeigte Entwicklung von Billy Elliot zum Mann zu untersuchen.
Der vierte Lebensbereich, dem in diesem Buch zwei Beiträge gewidmet sind, ist jener der Sexualität: Jutta Stich stellt in ihrem Beitrag empirische »Befunde zur soziosexuellen Entwicklung von Jungen« (164) vor, wobei sie diese mit Erfahrungen von Mädchen in Beziehung setzt. Grundlage ihrer Darstellung sind narrativ-biographische Interviews, die mit jeweils 30 jungen Frauen und Männern geführt wurden. Cornelia Helfferich wendet sich in ihrem Beitrag mit einer soziologischen Perspektive dem Thema der »ersten sexuellen Begegnung« von jungen Männern zu, einer Begegnung, die sie als ›Initiationsbeziehung‹ bezeichnet. Dabei geht sie der Frage nach, »welche Formen von Initiationsbeziehungen sich beschreiben lassen, wie in spezifischen Formen dieser Beziehungen Probleme der Übergangs ›gelöst‹ werden und was dies für die Tradierung von Geschlechterbeziehungen bedeutet« (184).
Der fünfte Lebensbereich thematisiert Körper und Geschlecht bei jungen Männern: Reinhard Winter und Gunter Neubauer beschäftigen sich in ihrem Beitrag mit dem Zusammenhang von Körper, Männlichkeit und Sexualität. Trotz des weiterhin vorhandenen Wirksamseins von traditionellen Elementen des Mannseins würden männliche Jugendliche ihr Mannwerden heute stärker selbst gestalten. Dazu gehört neben den Gestaltungen des Körpers (in der körperlichen Betätigung, im Aussehen etc.) auch der Befund, dass traditionelle Bilder von Männlichkeit schwinden, ohne dass bereits klarere Konturen einer neueren Vorstellung von Männlichkeit existierten. Heinrich Desernos Beitrag geht von der These

aus, dass »auch die Sexualentwicklung des Mannes ... eine Komponente der inneren Genitalität« (227) enthält: die Prostata. Eine Abwehr dieser inneren Genitalität, die sich insbesondere in der Adoleszenz entwickle, könne dann ihren Ausdruck in Beschwerden finden, die meist als unspezifische Prostatitis diagnostiziert würden. Im Zentrum des Beitrags Rolf Pohls steht die »Bedeutung homosexueller Triebkräfte und ihrer spezifischen Abwehr für den männlichen Adoleszenzverlauf« (250). Diese Abwehr gehe oft mit einer Abwehr alles Weiblichen bzw. der eigenen als passiv-weiblich erachteten Anteile einher. Diese Abwehr könne schließlich bei männlichen Jugendlichen auch in Gewalt- und Kampfbereitschaft einmünden.

Das sechste Thema des Buches beschäftigt sich mit Freundschaften und Peers. Dabei gehen Inge Seiffge-Krenke und Jakob Moritz Seiffge in ihrem Beitrag der Frage nach, welche Bedeutung Freundschaftsbeziehungen für männliche Jugendliche haben. Dabei weisen sie zunächst darauf hin, dass Freundschaftsbeziehungen nicht nur quantitativ von der Kindheit zum Jugendalter zunehmen, sondern sich die Qualität dieser Beziehungen verändert – es entsteht nun ein »intime(r) reziproke(r) Austausch« (269). Dabei haben bei Jungen diese Beziehungen eher instrumentellen Charakter im Sinne von geteilten Aktivitäten, während sie bei Mädchen eher expressiv im Sinne von Gesprächen gestaltet seien. Achim Schröder beschäftigt sich in seinem Beitrag mit Gleichaltrigengruppen bei Jungen und arbeitet zunächst heraus, dass heutige gesellschaftliche Bedingungen in besonderer Weise zur Bedeutung der Gleichaltrigengruppe beitragen. Dabei suchten Jungen in der Gleichaltrigengruppe vor allem »Abenteuer und Action«, Mädchen dagegen »eher Nähe und Geborgenheit« (291), wobei Schröder auch zu erklären versucht, weshalb gerade Jugendliche gemeinschaftliche Bindungen suchen.

Beim letzten Themenfeld dieses Buches geht es dann um Risiko und Ritual. Für Michael Meuser ist dabei »Risikohandeln männlicher Adoleszenter als Teil der geschlechtlichen Sozialisation zu betrachten« (309). Jedoch würden nur externalisierende Formen des Risikohandelns von der Gruppe der Gleichaltrigen positiv konnotiert und internalisierendes Risikohandeln eher als problematisch angesehen. Dabei betont Meuser, dass Risikohandeln durchaus als Teil einer normalen männlichen Entwicklung anzusehen und nicht unbedingt – wie dies oft gemacht wird – selbst als problematisches Handeln anzusehen sei. Bernd Hontschik stellt die Frage, was Medizin in der Lebensphase der Adoleszenz zu bieten hat. Er zeigt zum einen, dass eine Untersuchung eine überdurchschnittliche Fehldiagnose und dementsprechend Fehlbehandlungsrate zur Apendektomie (Unterbauchoperation) bei adoleszenten Mädchen zu Tage förderte. Die Gründe dafür sieht er in der Psycho- und Gruppendynamik der bei der Diagnosestellung anwesenden Personen – meist der Mutter, der Tochter und eines noch unerfahrenen Chirurgen. Während bei adoleszenten Mädchen auffällig oft ein Eingriff in den Bauchraum vorgenommen werde, gebe es bei männlichen Jugendlichen auffallend oft Eingriffe am Bewegungsapparat, die im Zuge eines Unfalles geschädigt wurden. Dies lege die Vermutung nahe, »dass schwerste biographische Brüche bereits vor dem Unfall bestanden ..., an dem risikosuchenden Verhalten des Unfallgeschehens beteiligt waren und nach dem Unfall weitgehend weiter bestehen« (333). Hans Bosse schließlich geht in seinem Beitrag der Bedeutung moderner Rituale für die Entstehung männlicher Lebensentwürfe nach. Obwohl das Ritual heute weitestgehend seines religiösen Charakters entkleidet sei, hätten doch gerade Jugendliche säkularisierte

Formen von Ritualen entwickelt. Wo »individuierende Wege zur intergenerationellen Ablösung von Eltern und Kindern versperrt« (345) seien, dort entwickelten sich Rituale, die entweder »als Ersatz (für eine; J.G.) introspektive Bearbeitung der Adoleszenzkrise dienen« (346) oder »als Moratorium fungieren, durch das die Möglichkeit zu anderen, besseren Entwicklungen offengehalten wird« (346).

Die hier vorgestellten Studien bieten ein breites Spektrum von sowohl theoretischen als auch forschungspraktischen Ansätzen zur Erforschung der besonderen Lebenssituation männlicher Jugendlicher. Durchgehend werden dabei männliche Lebensentwürfe nicht als defizitär oder per se bedenklich und damit als etwas angesehen, dem sogleich mit pädagogischen oder anderen Maßnahmen begegnet werden muss; vielmehr werden sie als eigenständige Lösungen für mit der Adoleszenz einhergehenden Problemlagen erachtet, die für die Entwicklung von Männlichkeit funktional sind. Dies macht dieses Buch sehr lesenswert und wirkt anregend für weitere Studien, die sich mit dem Thema der männlichen Adoleszenz beschäftigen.

Literatur

Jösting, S. (2005): Jungenfreundschaften. Zur Konstruktion von Männlichkeit in der Adoleszenz. VS Verlag für Sozialwissenschaften: Wiesbaden

Lammerding, F. (2004): Geschlechtsidentitätsentwicklung von Jungen. Kollektive Männlichkeitsorientierungen in der Adoleszenz. wvb Wissenschaftlicher Verlag: Berlin

Rang, B., May, A. (Hrsg.) (2001): Das Geschlecht der Jugend. Dokumentation der Vorlesungsreihe »Adoleszenz: weiblich/männlich?« im Wintersemester 1999/2000. Universität Frankfurt, Institut für Schulpädagogik und Didaktik: Frankfurt/M.

Johannes Gstach

Helmut Reiser: Psychoanalytisch-systemische Pädagogik. Erziehung auf der Grundlage der Themenzentrierten Interaktion. Kohlhammer: Stuttgart, 2006, 152 Seiten

Helmut Reiser möchte sich mit seinem Buch in erster Linie an den professionellen Erzieher und an die professionelle Erzieherin (7) wenden, denn er entwirft hier eine Theorie der Funktion, Legitimation und Leistung professioneller Konzepte (121). Dabei enthält der Titel des Buches bereits den Hinweis auf die zentralen Referenztheorien, die Reiser als dienlich für die Entwicklung von professionellen Konzepten ansieht: Psychoanalyse (v.a. Selbstpsychologie), Systemtheorie und Themenzentrierte Interaktion (TZI). Freilich seien nicht alle Erkenntnisse dieser Referenztheorien für pädagogisches Handeln in gleicher Weise relevant, wobei Reiser das Kriterium der »pädagogischen Praxistauglichkeit« mit Bezug auf die Axiome der TZI legitimiert.

Einen großen Teil seines Buches verwendet Reiser dann dazu, die Rahmenbedingungen pädagogischen Handelns genauer zu umreißen. Dabei ergibt sich für Reiser, dass psychoanalytische wie systemtheoretische Ansätze dafür nicht ausreichen. Denn mithilfe psychoanalytischer Überlegungen könnten die Wahrheitsansprüche pädagogischen Handelns

theoretisch nicht gefasst werden, während bei systemisch-konstruktivistischen Ansätzen die Gefahr bestünde, dass diese Wahrheitsansprüche überhaupt zum Verschwinden gebracht würden. Aus diesem Grund greift Reiser in den letzten Kapiteln Habermas' Überlegungen zum Kommunikativen Handeln auf, um damit die Geltungsansprüche pädagogischen Handelns nach Wahrheit, Richtigkeit, Wahrhaftigkeit und Verständlichkeit (114) in seiner pädagogischen Professionstheorie angemessen zu berücksichtigen. – Mit diesem Buch möchte Reiser jedoch noch mehr erreichen: Er will ein »fundiertes theoretisches Konzept der menschlichen Entwicklung« (7) vorstellen, um auf dieser Basis einen von Dogmatismen und Poarisierungen freien und positiven Begriff von Erziehung zu entwickeln. Wie versucht Reiser, dieses anspruchsvolle Vorhaben einzulösen?
Reiser beginnt seine Überlegungen mit einer raschen Diskussion verschiedener psychoanalytischer bzw. psychoanalytisch-pädagogischer Ansätze, um zu dem Ergebnis zu kommen, dass eine triebtheoretische Fassung der Psychoanalyse keine hinreichende Basis für pädagogisches Handeln biete, sehr wohl jedoch die selbstpsychologische Theorie der Motivationssysteme nach Lichtenberg. Jedoch betont er, dass »die Umsetzung der Psychoanalyse nicht innerhalb einer psychoanalytischen Pädagogik, sondern innerhalb des pädagogischen Konzepts der Themenzentrierten Interaktion« (19) erfolgen könne.
Die zweite grundlegende Perspektive, die es nach Reiser im Rahmen einer pädagogischen Handlungstheorie zu berücksichtigen gilt, ist – wie gesagt – die systemische Perspektive. Während seiner Ansicht nach eine psychoanalytische Perspektive eher dort nutzbringend angewendet werden kann, wo es um einen dichten Kontakt mit Menschen gehe, bei dem sich Übertragungs- und Gegenübertragungsdynamiken entwickeln, biete der systemische Ansatz bessere Möglichkeiten bei Beratungsverläufen und Kurzzeitkontakten.
Im darauf folgenden Abschnitt konkretisiert Reiser drei Bedingungen, denen ein professionelles Konzept genügen muss:

- Ein professionelles Konzept muss so offen formuliert sein, dass verschiedene pädagogische Handlungsfelder damit beschrieben werden können (46);
- darüber hinaus muss es aber so formuliert sein, dass es noch als Steuerungssystem für pädagogisches Handeln fungieren kann (46);
- schließlich soll es die Möglichkeit bieten, Prozesse einzuleiten, in denen eine Passung zwischen individuellen biographischen Erfahrungen und berufsspezifischen Rollenanforderungen stattfinden kann (53).

Im Folgenden diskutiert Reiser dann seine These, dass professionelle Konzepte, in welche Überlegungen zu individuellen Entwicklungsprozessen des zu Erziehenden wie des Erziehers einfließen, einer konstruktivistischen Position bedürfen. In diesem Zusammenhang ergibt sich für ihn die Frage, wie unter einer konstruktivistischen Perspektive im pädagogischen Alltag von »sinnhaftem« Verhalten gesprochen werden kann. Dies führt ihn zur Diskussion der systemtheoretischen Fassung einer Theorie psychischer Systeme nach Niklas Luhmann, die jedoch nicht dafür ausreiche, ein angemessenes professionelles Konzept der Erziehung zu formulieren. Dazu bedürfe es weiterer Überlegungen, die Reiser in Habermas' Theorie des Kommunikativen Handelns findet. Mithilfe dieser Theorie sei es nämlich möglich, »interaktives Handeln wie auch gesellschaftliche Zustände normativ, das heißt in Relation zu einem immanenten Geltungsanspruch des kommunikativen Handelns, zu beurteilen« (113).

In einem abschließenden Kapitel behandelt Reiser dann die Grundelemente, Grundlagen und Grundformen des erzieherischen Handelns, die sich auf der Grundlage der TZI ergeben. Den Erziehungsbegriff, den er dabei im Laufe seines Buches entwickelt, bestimmt er schließlich so: Darunter verstehe er »die intentionale Einwirkung auf die korrelierende Entwicklung von Autonomie und Interdependenz durch Arrangements der Beziehungsgestaltung und des Weltbezugs« (123).

Der Durchgang durch diese verschiedenen, teilweise sogar miteinander in Widerspruch stehenden theoretischen Ansätze, die Reiser immer wieder daraufhin untersucht, welchen Beitrag sie für die Formulierung eines pädagogischen Konzeptes leisten können, macht deutlich, dass es dem Autor nicht um die Entwicklung einer stringenten wissenschaftlichen Konzeption geht. Vielmehr entscheide sich die »Verwendung eines Theorems … nach der konzepteigenen Logik und der Nützlichkeit für die Bewältigung der pädagogischen Paradoxien« (121). Letztlich entscheidet also das Kriterium der Nützlichkeit von theoretischen Ansätzen für die pädagogische Praxis bzw. für die Entwicklung eines pädagogischen Konzeptes darüber, ob ein theoretischer Ansatz als berücksichtigenswert erscheint. Dieser Anspruch, den Reiser damit formuliert, klingt zwar plausibel, ist jedoch seinerseits selbst nur schwer zu diskutieren, denn was der eine Praktiker oder die eine Praktikerin als nützlich erachtet, muss für jemanden anderen noch gar nicht nützlich sein.

Wendet man sich jedoch den theoretischen Überlegungen zu, die Reiser in seinem Buch entfaltet, so lassen sich sehr wohl Anknüpfungspunkte für Diskussionen finden. Ein Anknüpfungspunkt für eine kritische Diskussion könnte mit der Frage nach der Relevanz der Habermasschen Überlegungen für die Entwicklung eines theoretischen Rahmens für pädagogische Konzepte gegeben sein. Kivelä (1998, 605f) hat sich mit einer ähnlichen Frage beschäftigt und kommt zu dem Schluss, dass in Habermas' Diskurstheorie unterstellt sei, dass die handelnden Subjekte bereits in die lebensweltlichen Normen etc. integriert seien. Doch gerade in pädagogischen Situationen fehle dieser lebensweltliche Kontext noch, da die Heranwachsenden die sprachlichen Konventionen noch nicht beherrschten, die Rollenerwartungen noch nicht erfüllten etc., weshalb Heranwachsende durch die pädagogische Interaktion mit all diesen Kontexten erst vertraut gemacht werden müssten. Dieser Aspekt scheint bei Reiser nicht hinreichend gewürdigt zu sein, denn im Zusammenhang mit der Vorstellung der Habermasschen Überlegungen entsteht der Eindruck, als ob die an einer erzieherischen Interaktion beteiligten Person ununterschieden in den Kontext lebensweltlich kommunikativen Handelns eingelassen seien.

Auch die Darstellungen systemtheoretischer Überlegungen zur Theorie psychischer Systeme und der Stellenwert der TZI mag da oder dort diskussionswürdig sein, doch muss abschließend festgehalten werden: Reiser legt mit diesem Buch ein sehr bemerkenswertes Werk zu einem Bereich vor, der vielleicht bislang zu wenig Berücksichtigung gefunden hat – nämlich zur Frage, welche Rahmenbedingungen für die Formulierung eines professionellen Konzeptes gegeben sein sollten. Dass er dabei das, was er als »professionelles Konzept« beschreibt, im Winnicottschen Sinne als »intermediären Raum« zwischen »Theorie« und »Praxis« zu etablieren versucht, erscheint dabei besonders bedenkenswert. Denn mit seiner Fassung des »professionellen Konzeptes« bemüht sich Reiser in beeindruckender Weise um die Entwicklung von Brückenschlägen zwischen »Theorie« und »Praxis«, wobei genau dieser Brückenschlag, dieser allmähliche Übergang von komplexen theoretischen Überlegungen hin zu pädagogisch nutzbarem Wissen Gegenstand seiner Untersuchung ist.

Literatur

Kivelä, A. (1998): Gibt es noch eine Theorie pädagogischen Handelns? In: Zeitschrift für Pädagogik 44, 603-616

Johannes Gstach

Sylvia Zwettler-Otte: Die Melodie des Abschieds. Eine psychoanalytische Studie zur Trennungsangst. Kohlhammer: Stuttgart, 2006, 176 Seiten.

Im Titel »Melodie des Abschieds« und im Untertitel »Eine psychoanalytische Studie zur Trennungsangst« ist eine diesem Themenkomplex eigene Spannung inne, die sich auch beim Lesen immer wieder findet. »Melodie des Abschieds« nimmt in einer leichten Art eine Thematik auf, welche in der nachfolgenden Präzisierung »Eine psychoanalytische Studie zur Trennungsangst« bisweilen zu sehr schmerzlichen innerpsychischen Zuständen und Prozessen hinführt.

Die Autorin stellt sich der Herausforderung, diesen weiten und vielschichtigen Bereich von Bindung und Trennung vor dem Hintergrund psychoanalytischer Theorien in sieben Schwerpunkten (Psychoanalytische Grundlagen, Die Gefahr von Verlust und unser Wissen um Vergänglichkeit, Facetten der Trennung, Trennung und Alter, Trennung und ihre Schicksale, Trennungsangst im therapeutischen Prozess, Trennung und Kreativität – Erleben und Schaffen von Kunst) abzuhandeln. Sie geht davon aus, dass jeder von uns mit dem Erleben von Trennung, Abschied, Tod konfrontiert ist. »Unser aller Leben ist von unzähligen Trennungen markiert, großen und kleinen, vorübergehenden und endgültigen, traumatischen und leichten. Die Bewertung, wie eine Trennung erlebt wird, ist höchst subjektiv und muss keineswegs mit der Beurteilung der Umgebung übereinstimmen« (53). Wir verfügen jeweils über unterschiedliche Ressourcen und Möglichkeiten, dieser Realität zu begegnen, uns mit dieser Realität zu arrangieren, sie zu genießen oder sie auf unterschiedlichste Art und Weise abzulehnen und zu bekämpfen. Bezug nehmend auf Publikationen Freuds bis hin zu Diskussionsbeiträgen aus der gegenwärtigen psychoanalytischen Literatur (wie etwa Schriften von Bion; Green; Laplanche; Sandler, Sandler; Winnicott) und anhand anschaulich geschilderter Fallbeispiele eröffnet und vertieft Zwettler-Otte für interessierte Laien, ErziehungsberaterInnen, PädagoInnen, TherapeutInnen ein Verständnis für bewusste und unbewusste psychische Prozesse, welche sich in Trennungssituationen wahrnehmen lassen und den daraus folgenden beobachtbaren Verhaltensweisen. »Wie so vieles ist auch die Trauer kein seelischer Vorgang, den wir bewusst einleiten und steuern können. Die Verflechtung zwischen uns als Subjekt und dem andern als Objekt ist so eng, dass die Trennungsangst beides mit einschließt: die Furcht, den andern und sich selbst zu verlieren. Und so ist auch die Trennungsangst ein psychisches Phänomen, das – wenn sie stark angewachsen ist – oft nur durch ein neues Erlebnis von Bindung zu bewältigen ist« (159).

Im Buch werden sowohl unvermeidliche Trennungssituationen im alltäglichen Leben innerhalb einer »normalen« Entwicklung beschrieben, die ausreichend gut bewältigt werden und psychisches Wohlbefinden und Beziehungsstabilität mit sich bringen können, als auch unbewusste Abwehrformen, welche die Wahrnehmung von Trennungsschmerz vermeiden oder verhindern sollen. Menschen reagieren dann etwa mit Fluchtverhalten, Verleugnung, depressiven Verhaltensweisen, narzisstischem Rückzug und/oder schlittern in psychosomatische Symptomatiken. Mit therapeutischer Unterstützung kann es Betroffenen gelingen, sich auf einen Prozess des Trauerns einzulassen und sich schließlich die Fähigkeit zu erwerben, Trennungen gut zu ertragen und diese vielleicht sogar produktiv für sich nützen zu können. Die durch eine genügend gute Bewältigung des Erlebens von Bindung, Trennung, Trauer ermöglichten Beziehungsgestaltungen, die damit einhergehenden innerpsychischen Vorgänge, die dabei unbewussten benützten Abwehrformen werden von Fall zu Fall differenziert dargestellt. Die Vielgestaltigkeit dieser unentrinnbaren Lebensproblematik wird aufgezeigt, und man bekommt immer wieder die Möglichkeit, nachzuvollziehen, warum sich auf Grund der jeweiligen spezifischen bisherigen Lebenserfahrungen welche spezifischen innerpsychischen und äußerlichen Konflikte ergeben, warum es jemandem eher gelingen dürfte, auch sehr schwierige Trennungssituationen gut zu bewältigen; warum andere an ähnlichen Gegebenheiten offensichtlich zu scheitern drohen oder scheitern; und durch welche (therapeutischen) Unterstützungen sich das Misslingen der Bewältigung einer Trennungserfahrung nach und nach in ein Gelingen verändern kann.

LeserInnen geraten bei der Lektüre vielleicht auch in ein Nachdenken über den eigenen Lebensverlauf oder über Lebensverläufe von FreundInnen, Bekannten und BerufskollegInnen, wie in deren Beziehungen die unausweichliche Antinomie von bewussten und unbewussten Bindungswünschen und Trennungsängsten unterschiedlich bewusst und unbewusst erlebt und gelebt wird; welche Beziehungsaufnahmen und Beziehungsqualitäten dadurch ermöglicht, gehemmt und verhindert werden.

Hervorzuheben ist, dass es der Autorin in den einzelnen Kapiteln geschickt gelingt, psychoanalytische Grundbegriffe (Sicherheitsprinzip, Lust-Unlust-Prinzip, Objektverlust, Realitätsprinzip, etc.) zu erörtern, ohne dass der Lesefluss gestört wird und Langatmigkeit entsteht.

In seiner Konzeption bietet dieses Buch auch auf Grund der vielen eingearbeiteten Fachliteratur viel Wissenswertes sowohl für Laien als auch für KollegInnen aus dem Fach.

Margit Datler

Abstracts

Martina Hoanzl
Befremdliches, Erstaunliches und Rätselhaftes – schulische Lernprozesse bei »Problemkindern«
Lernen ist nicht gleichzusetzen mit »Merken«. Wirkliches Lernen geschieht immer dann, wenn wir etwas »dauerhaft verinnerlichen«. Und was von »Außen« nach »Innen« wandert, passiert persönliche Grenzen. Dabei kommt zwangsläufig das Eigene und Eigenwillige ins Spiel, das oftmals befremdlich bzw. rätselhaft wirkt. Doch wie passen solche »Begleiterscheinungen« in einen »störungsfreien Unterricht«? Der vorliegende Beitrag verdeutlicht, dass sogenannte »Lernschwierigkeiten« auf hochgradig eigenwilligen und befremdlichen Phänomenen beruhen können. Und darüber hinaus wird erkennbar, welche Chancen sich generell für Lernprozesse eröffnen, wenn das »Fremde« als pädagogische Herausforderung begriffen werden kann.

Burkhard Müller
Sexualkunde in der Jugendarbeit. Beitrag zu einer ethnopsychoanalytisch inspirierten Ethnographie
Der Beitrag zeigt anhand von ethnographischem Fallmaterial aus Forschungsprojekten im Feld der Kinder- und Jugendarbeit die Notwendigkeit, aber auch die Schwierigkeiten und prekären Bedingungen des Gelingens sexualpädagogischer Arbeit mit pubertierenden Jungen und Mädchen. Beispiele von »Abwehrstrategien gegen die Angst, die die eigenen Daten erregen« (Devereux), werden ebenso diskutiert wie praktische Ansätze zu einer kreativen Bewältigung.

Margret Dörr
»Jo ei, ich bin halt in Russland geboren, Kaukasus«. Biographische Deutungs-muster eines jugendlichen Spätaussiedlers und ihre Passung zu sozialpädago-gischen Handlungsmustern eines Jugendmigrationsdienstes
Jugendliche Migrantinnen und Migranten stehen in der Adoleszenz besonderen Anforderungen und Entwicklungsaufgaben gegenüber. In diesem Beitrag wird die Kurzbiographie eines aus Kaukasien stammenden und in Deutschland lebenden Jugendlichen dargestellt. Anhand dieses Fallbeispiels werden biographische Deutungsmuster herausgearbeitet und aufgezeigt, welche Anforderungen sich für den Adoleszenten vor dem Hintergrund der Migration ergeben. Zudem wird von einem Jugendmigrationsdienst berichtet, dessen Ziel es ist, eingewanderte Jugendliche und junge Erwachsene bei der Eingliederung zu unterstützen. Unter Bezugnahme auf ein Experteninterview mit einer Sozialpädagogin des Jugendmigrationsdienstes wird der Frage nachgegangen, welcher Stellenwert biographischen Deutungsmustern in der professionellen Arbeit eines solchen Migrationsdienstes zukommt.

Christian Büttner
Differenzen aushalten lernen. Grundsätzliches und Kasuistisches zur Entwicklung von interkultureller Sensibilität
In Anlehnung an M. Bennets Annäherung an eine differenzierte Beschreibung des vielschichtigen Spektrums zwischen »Integration« und »Desintegration« beschreibt der Autor sechs Stadien interkultureller Sensibilität und stellt verschiedene Aspekte psychosozialer Entwicklung dar, die darauf Einfluss nehmen, ob und in welcher Weise »dem Fremden« Angst oder Neugierde entgegengebracht wird. Unter Bezugnahme auf gruppenpsychoanalytische Ansätze beleuchtet der Autor in diesem Zusammenhang in zwei weiteren Schritten die enge Verschränkung zwischen der Entwicklung von Individuen und der Dynamik, die sich in formellen und informellen Gruppen in Hinblick auf die Begegnung und Auseinandersetzung mit Fremdheit und Differenz ausmachen lässt. Vor diesem Hintergrund stellt er dar, in welcher Weise in Gruppensettings an der Entwicklung von interkultureller Sensibilität gearbeitet werden kann, welche Rahmenbedingungen es in diesem Kontext zu beachten gilt und welche emotionalen Belastungen diese Art von Arbeit nach sich zieht. Dabei nimmt der Autor durchgängig auf Fallmaterialien Bezug.

Elisabeth Rohr
Ethnopsychoanalytische Erfahrungen in Guatemala: Über das Lehren und Lernen von interkultureller Kommunikation und die Bedeutung der Ethno-psychoanalyse für die Pädagogik
Die Gesellschaft für Technische Zusammenarbeit (GTZ) ist seit vielen Jahren in Guatemala tätig und unterstützt und begleitet die Bevölkerung nach dem Bürgerkrieg in ihrem Friedens- und Versöhnungsprozess. In diesem Beitrag wird von einem Workshop für GTZ-MitarbeiterInnen berichtet, dessen Ziel es war, die interkulturelle Kommunikation zu verbessern und interkulturelle Kompetenz zu vertiefen. Im Beitrag wird unter Bezugnahme auf drei Fallbeispiele gezeigt, in welcher Weise im Rahmen dieses Workshops verschiedene Manifestationen von »kultureller Übertragung«, die zu Wahrnehmungsverzerrungen und damit verbundenen Kommunikationsproblemen führen, identifiziert, thematisiert und bearbeitet wurden. Die Autorin verdeutlicht, wie bedeutsam es in diesem Zusammenhang ist, den Irrungen und Wirrungen von Wahrnehmungsverzerrungen und kulturellen Übertragungsneigungen – unter Berücksichtigung aktualisierter Gegenübertragungsreaktionen – zu folgen, bis sich diese in Gestalt von Irritationen Ausdruck verschaffen und einer verstehenden Reflektion erschließen.

Silke Seemann, Heidi Möller
Die Psychohistorie von Lloyd deMause als Schlüssel zur Organisationskultur
Der Organisationskulturansatz gilt als zentraler Schlüssel zum Verständnis der Dynamik von Organisationen. In der Organisationskultur spiegeln sich unbewusste Bedeutungszusammenhänge wider. Kulturanalysen in Organisationen gewinnen dadurch zunehmend an Bedeutung. Kultur wird durch das Erzählen von Geschichten »transportiert«. Was liegt näher, als auch in der Analyse von Kultur mit Geschichten zu arbeiten? Die Kombination der Erhebung von Daten über arbeitsbiografische Erzählungen mit einem ebenfalls »erzählenden Analyseverfahren«, wie es die psychoanalytische ›Fantasy-Word-Method‹ Lloyd

deMauses vorgibt, zeigt neue Wege der Annäherung an Organisationen und ihr Wissenspotenzial. In diesem Artikel werden Hintergründe und Durchführung eines solchen Forschungsprozesses geschildert.

Catherine Schmidt-Löw-Beer
Verschiedene Welten, verschiedene Wahrnehmungen: Das »unpersönliche Selbst«, der Überlebensmodus der Verleugnung und die Annäherung an die psychischen Strukturen von Jugendlichen in Ost und West
Der vorliegende Beitrag handelt von einem Forschungsprojekt, in dem die Frage untersucht wurde, wie sich die Persönlichkeit und die Identität von Menschen, die im Kommunismus gelebt haben, von der Persönlichkeit und Identität jener Menschen unterscheiden, die in einer Demokratie aufgewachsen sind. Ein international zusammengesetztes Team von psychoanalytisch versierten Wissenschaftlern und Wissenschaftlerinnen untersuchte in diesem Zusammenhang Interviewmaterialien, die im Rahmen des Projekts in Gesprächen mit Jugendlichen aus Ost und West generiert wurden. Die Autorin stellt das Projektdesign dar; gibt Einblick in die emotionalen Reaktionen des Forscherteams auf die Interviewmaterialien, die als Gegenübertragungsreaktionen zu begreifen waren, deren Reflexion zu einem vertieften Verständnis der Interviews sowie zur Diskussion weitreichender methodologischer Fragen führte, und stellt das Konzept des »unpersönlichen Selbst« vor, das im Rahmen des Projekts entwickelt wurde und dazu diente, differenzierte Aussagen über die Jugendlichen in Ost und West zu machen. Ausschnitte aus drei Interviews werden in diesem Zusammenhang vorgestellt und kommentiert.

Irmgard Eisenbach-Stangl, Wolfgang Stangl
Das äußere und innere Ausland. Manifeste und latente Botschaften in rechtsradikalen Texten
Die vorliegende Arbeit beschäftigt sich mit dem »inneren und äußeren Fremden« am Beispiel der »Bajuwarischen Befreiungsarmee (BBA)«, die zwischen 1993 und 1996 Briefe und Bomben versandt und die österreichische Bevölkerung sowie die österreichische Regierung lange intensiv beschäftigt hat. Die zwölf Briefe, die von der BBA verfasst und vorwiegend an Männer verschickt wurden, die der Öffentlichkeit angehören, wurden mit der Methode der psychoanalytischen Textinterpretation untersucht. Die Analyse zeigt, dass zentrale psycho-soziale Konflikte in ethnischen und sexuellen Konzepten gefasst wurden, wie das etwa auch bei rechtsradikalen Jugendlichen in der BRD beobachtet wurde. Abschließend werden die Unterschiede der BBA zu den Skinheads herausgearbeitet und gesellschaftliche Entwicklungen angesprochen, welche die Entstehung der beobachteten psycho-sozialen Konflikte begünstigen.

Holger Preiß
Psychoanalyse und geistige Behinderung – Entwicklungen und pädagogische Impulse
In diesem Beitrag wird ein Überblick über vorhandene Literatur zum Themenbereich »Psychoanalyse und geistige Behinderung« mit besonderem Fokus auf pädagogischen Arbeiten gegeben. Beginnend bei historischen Beiträgen, die sich mit der Entstehung und

gegebenenfalls therapeutischen Behandlung von »Schwachsinn«, »intellektuellen Hemmungen« und »Pseudo-Debilität« beschäftigen, wird in der Folge die Entwicklung hin zu pädagogischen Fragestellungen beschrieben. Die besonderen Verwicklungen im Bereich der Diagnosestellung und Möglichkeiten der frühen Arbeit mit Kind und Eltern werden genauso skizziert wie psychotherapeutische sowie pädagogische Fallvignetten und theoretische Entwicklungen. In einem abschließenden Ausblick wird eingefordert, den Dialog mit dem Mainstream der Geistigbehindertenpädagogik zu suchen sowie den psychoanalytischen Diskurs über Menschen mit geistiger Behinderung, ihre Therapie und Erziehung auch über die Grenzen des deutschen Sprachraums hinaus auszuweiten.

Die Autorinnen und Autoren des Bandes

Christian Büttner, Dr. phil., Dipl.-Psych.; Studium der Psychologie, Promotion in Erziehungswissenschaften, Gruppenanalytische Weiterbildung; ehem. Leiter des Arbeitsbereichs »Friedenspädagogik/Konfliktpsychologie« an der Hess. Stiftung Friedens- und Konfliktforschung (Frankfurt); Honorarprofessor an der Evangelischen Fachhochschule Darmstadt; Arbeitsschwerpunkte: Aggressionsforschung, Medien, Erwachsenenbildung; wesentliche Veröffentlichungen: Lernen im Spiegel des Fremden (iko-Verlag), Forschen – Lehren – Lernen (Campus-Verlag), Gruppenarbeit (Grünewald-Verlag).

Margret Dörr, Prof. Dr. phil., Professorin an der Katholischen Hochschule für Soziale Arbeit in Saarbrücken. Im Sommersemester 2005 Vertretung der Professur für Sozialpädagogik an der Ruprecht-Karls-Universität Heidelberg. Vorsitzende der Kommission Psychoanalytische Pädagogik der Deutschen Gesellschaft für Erziehungswissenschaft (DGfE). Arbeitsschwerpunkte: ›Klinische Sozialarbeit‹, Biographie- und Sozialisationstheorie, Psychoanalytische Sozialpädagogik, Psychopathologie und abweichendes Verhalten.

Irmgard Eisenbach-Stangl, Dr. phil, Univ.Prof., Soziologin und Psychotherapeutin (Gruppenpsychoanalyse), ist Senior Social Scientist am Europäischen Zentrum für Wohlfahrtspolitik und Sozialforschung in Wien. Sie lehrt am Institut für Soziologie der Universität Wien mit dem Schwerpunkt Soziologie der Devianz und der sozialen Kontrolle.

Martina Hoanzl, Mag. phil., Dr. phil., Akad. Rätin im Schwerpunkt »Pädagogik der Erziehungshilfe« des Instituts für sonderpädagogische Fachrichtungen der Pädagogischen Hochschule Ludwigsburg/Außenstelle Reutlingen; Psychoanalytikerin und analytische Kinder- und Jugendlichenpsychotherapeutin (DGIP). Arbeitsschwerpunkte: Geschwisterforschung, Allgemeine Pädagogik und Schulpädagogik.

Heidi Möller, Prof. Dr., Dipl.-Psych., Psychoanalytikerin, Organisationsberaterin, Supervisorin, Lehrtherapeutin für Tiefenpsychologie und Gestalttherapie, Lehrsupervisorin, Leiterin des Instituts für Kommunikation im Berufsleben und Psychotherapie, Dekanin der Fakultät für Bildungswissenschaften, Universität Innsbruck.

Burkhard Müller, Dr. theol. habil., Univ.Prof. (em.), tätig am Institut für Sozialpädagogik der Universität Hildesheim. Zu seinen Arbeitsschwerpunkten zählt die Methodologie sozialpädagogischer Intervention und Fragen der Relevanz psychoanalytischer Reflexion jenseits therapeutischer Arbeitsfelder.

Holger Preiß, Dipl.-Psych., studierte Diplompädagogik und Lehramt an Sonderschulen (Geistig- und Lernbehindertenpädagogik) an der Universität Würzburg. Er ist derzeit als Projektreferent für die Internetplattform »INTAKT – Information und Kontakt für Eltern von Kindern mit Behinderung« (www.intakt.info), sowie als wissenschaftlicher Mitarbeiter am Fachbereich Geistigbehindertenpädagogik der Universität Würzburg tätig.

Elisabeth Rohr, Prof. Dr., Dipl.- Soz., Gruppenanalytikerin, Feldforschungsstudien in Ecuador, Leiterin der Forschungsprojekte »Resilienz und Bildungserfolg junger akademischer Migrantinnen der 2. Generation in Hessen«, »Farbe bekennen – Farbe erkennen: Zur Selbst- und Fremdwahrnehmung von Hautfarben junger Frauen«, »Die Schattenseiten der Moderne: Eine Untersuchung weiblicher Selbstschädigungsphänomene«.

Catherine Schmidt-Löw-Beer, Dr. phil., Dr. med., Ass.Prof., Fachärztin für Psychiatrie und Neurologie, Psychoanalytikerin und Gruppenpsychoanalytikerin, Lehranalytikerin (WPV/IPA), Lehrtherapeutin in der Sektion Gruppenanalyse des ÖAGG, Mitglied des Lehrkörpers des Psychoanalytical Institute of Eastern Europe (PIEE), Mitglied der Infant Observation Study Group Vienna. Arbeitsschwerpunkte: Psychoanalytische Arbeit mit Borderline-Patienten, der Einfluss gesellschaftlicher Strukturen und Prozesse auf die Psyche in unterschiedlichen Kulturen.

Silke Seemann, Mag., Forschungsassistentin und Lehrbeauftragte am Institut für Organisation und Lernen, Fakultät für Betriebswirtschaftslehre, Universität Innsbruck.

Wolfgang Stangl, Dr. phil., Univ.Doz., Soziologe und Psychotherapeut (Gruppenpsychoanalyse), Leiter des Institutes für Rechts- und Kriminalsoziologie in Wien. Er lehrt am Institut für Soziologie der Universität Wien mit dem Schwerpunkt Soziologie der Devianz und der Sozialen Kontrolle.

Die Mitglieder der Redaktion

Bernd Ahrbeck, Prof. Dr. phil. habil., Leiter der Abteilung Verhaltensgestörtenpädagogik am Institut für Rehabilitationswissenschaften der Humboldt-Universität zu Berlin, Mitherausgeber der Fachzeitschrift »Sonderpädagogische Förderung«, Psychoanalytiker (DGP, DGPT). Aktuelle Arbeitsschwerpunkte: Analyse von Beziehungsstrukturen und pädagogischen Wirkmechanismen bei verhaltensgestörten Kindern und Jugendlichen, Analyse des Wandels von Erziehungskonzepten, Hyperaktivität.

Wilfried Datler, Dr. phil., Ao Univ.-Prof., leitet die Forschungseinheit Psychoanalytische Pädagogik und die Arbeitsgruppe für Sonder- und Heilpädagogik am Institut für Bildungswissenschaft der Universität Wien. Er ist Lehranalytiker im Österreichischen Verein für Individualpsychologie, stv. Vorsitzender der Arbeitsgemeinschaft für Psychoanalytische Pädagogik (APP) Wien und im Vorstand der Kommission Psychoanalytische Pädagogik der Deutschen Gesellschaft für Erziehungswissenschaft. Er arbeitet zu Fragen im Grenz- und Überschneidungsbereich von Psychoanalyse, Pädagogik und Psychotherapie.

Annelinde Eggert-Schmid Noerr, Dr. phil., Dipl.-Päd., Kinder- und Jugendlichenpsychotherapeutin in freier Praxis; Professorin an der Katholischen Fachhochschule Mainz; Lehrbeauftragte der Universität Frankfurt/M.; Arbeitsschwerpunkte und Veröffentlichungen: Geschlechtsspezifische Sozialisation, Randgruppenproblematik. Vorstandsmitglied des Frankfurter Arbeitskreises für Psychoanalytische Pädagogik.

Urte Finger-Trescher, Priv.-Doz., Dr. phil., Dipl.-Päd., Gruppenanalytikerin; Kinder- und Jugendlichenpsychotherapeutin; Psychotherapist European Registered; Leiterin der Beratungsstelle für Eltern, Kinder und Jugendliche der Stadt Offenbach; Privatdozentin an der Universität Kassel; Lehre an der Universität Wien, Humboldt-Universität zu Berlin, Universität Marburg. Arbeitsschwerpunkte: Psychotraumatologie im Kindes- und Jugendalter, Psychosoziale Beratung und Jugendhilfe, Gruppenanalyse.

Rolf Göppel, Dr. phil. habil., Professor für Allgemeine Pädagogik an der Pädagogischen Hochschule Heidelberg. Stellvertretender Vorsitzender der Kommission »Psychoanalytische Pädagogik« in der Deutschen Gesellschaft für Erziehungswissenschaft, Gastprofessor am Institut für Bildungswissenschaft der Universität Wien im Sommersemester 2007. Zu seinen Arbeitsschwerpunkten zählen: Psychoanalytische Pädagogik, Kinder- und Jugendforschung, Risiko- und Resilienzforschung.

Johannes Gstach, Mag., Dr. phil., Assistenzprofessor in der Forschungseinheit Psychoanalytische Pädagogik des Instituts für Bildungswissenschaft der Universität Wien; Absolvent der Ausbildung zum psychoanalytisch-pädagogischen Erziehungsberater der Arbeitsgemeinschaft für Psychoanalytische Pädagogik Wien. Arbeitet zur Geschichte der Psychoanalytischen Pädagogik, zur Erziehungsberatung sowie zur Situation von Arbeitslosigkeit bedrohten Jugendlichen.

Heinz Krebs, Dr. phil., Dipl. Päd., Supervisor (DGSv), Kinder- und Jugendlichenpsychotherapeut, Psychoanalytischer Pädagoge (FAPP), Mitarbeiter einer Beratungsstelle für Eltern, Kinder und Jugendliche und Tätigkeit in freier Praxis mit den Schwerpunkten

Beratung, Kinder- und Jugendlichenpsychotherapie, Supervision und Fortbildung; zweiter Vorsitzender des Frankfurter Arbeitskreises für Psychoanalytische Pädagogik e.V.; Lehrbeauftragter an der J.W. Goethe-Universität, Frankfurt/M.; Veröffentlichungen zu den genannten Fachgebieten.

Burkhard Müller, Prof. Dr. theol., Professor (em.) für Sozialpädagogik an der Universität Hildesheim; ehemaliges geschäftsführendes Mitglied im Vorstand der Kommission »Psychoanalytische Pädagogik« der Deutschen Gesellschaft für Erziehungswissenschaft. Arbeitsschwerpunkte: Theorie, Methoden und Professionsgeschichte sozialer Arbeit, Jugendarbeit, Gruppendynamik, Supervision, Psychoanalytische Pädagogik.

Kornelia Steinhardt, Mag., Dr. phil., Universitätsassistentin in der Arbeitsgruppe für Sonder- und Heilpädagogik, Forschungseinheit Psychoanalytische Pädagogik am Institut für Bildungswissenschaft der Universität Wien, Supervisorin (ÖVS) und Gruppenanalytikerin (ÖAGG), Psychoanalytikerin i.A. (WPV). Arbeitet über frühe Entwicklungsprobleme und Entwicklungsstörungen, Supervision und Beratung.

Luise Winterhager-Schmid, Prof. Dr. phil., Studium der Germanistik, Geschichte, Politikwissenschaft, Pädagogik, Lehramt am Gymnasium; Professorin für Erziehungswissenschaft an der Pädagogischen Hochschule Ludwigsburg; ehemaliges geschäftsführendes Mitglied im Vorstand der Kommission »Psychoanalytische Pädagogik« der Deutschen Gesellschaft für Erziehungswissenschaft. Arbeitsschwerpunkte: Allgemeine Pädagogik, Jugendtheorie, Mädchen- und Frauenbildung, Psychoanalytische Pädagogik, Historische Pädagogik.

Lieferbare Bände des Jahrbuchs für Psychoanalytische Pädagogik Psychosozial-Verlag – Gießen

Band 8 (1997)

Themenschwerpunkt: Arbeit in heilpädagogischen Settings. *Elfriede Kraft und Achim Perner:* Vom Objekt der Betreuung zum Subjekt des Wunsches. Über psychoanalytische Sozialarbeit mit einer achtzehnjährigen Frau. - *Susanne Kupper-Heilmann und Christoph Kleemann:* Heilpädagogische Arbeit mit Pferden. - *Bernadette Neuhaus*: Das Psychodramaspiel mit Kindern an einer Schule für Erziehungshilfe. - *Ulrike Schaab*: Psychoanalytische Pädagogik als Möglichkeit einer dialogischen Heilpädagogik in der Arbeit mit geistig behinderten Menschen. - *Kornelia Steinhardt:* Supervision als Ort der Reflexion des beruflichen Selbstverständnisses von Heilpädagogen.
Psychoanalytische Reflexionen über Ethnie, Kultur und Identitätsentwicklung: Eine Diskussion. *Hans Füchtner:* Für »Ethnische Identität« – gegen Freud. Kritische Anmerkun- gen zu Erdheims Thesen über Familie, Kultur und Ethnizität. - *Mario Erdheim:* Erwiderung auf Hans Füchtners Kritik. - *Hans Füchtner:* Nachbemerkung.
Literaturumschau: *Bernhard Natschläger:* Erziehungsberatung als Gegenstand psychoanalytisch-pädagogischer Veröffentlichungen. Ein Literaturbericht. - *Bernhard Natschläger:* Über weitere jüngere Veröffentlichungen zu speziellen Praxisfeldern und Fragestellungen Psychoanalytischer Pädagogik. - **Rezensionen.**

Band 9 (1998)

Themenschwerpunkt: Jugendhilfe und Psychoanalytische Pädagogik. *Burkard Müller, Urte Finger-Trescher und Heinz Krebs:* Jugendhilfe und Psychoanalytische Pädagogik. Zur Einführung in den Themenschwerpunkt. - *Heinz Krebs und Burkhard Müller:* Der psychoanalytisch-pädagogische Begriff des Settings und seine Rahmenbedingungen im Kontext der Jugendhilfe. - *Hans-Werner Eggemann-Dann:* Was zählt, kann man (er)zählen. Die Bedeutung der institutionellen Erziehungsberatung für die Kinder- und Jugendhilfe. - *Renate Dohmen-Burk:* An der Schwelle zum Berufsleben: Aus der Arbeit einer Beratungsstelle für Jugendliche und junge Erwachsene ohne Ausbildung. - *Beate Szypkowski:* Vor Ort und hautnah – Sozialpädagogische Familienhilfe. - *Burkard Müller:* Authentizität als sozialpädagogische Aufgabe – erläutert am Beispiel Schuldnerberatung. -
Beiträge aus nicht-deutschsprachigen Ländern: *Francis Imbert:* »Bolid-Kinder« und die Arbeit des Pädagogen. - *Mireille Cifali:* Das pädagogische Verhältnis: Zwischen Verstrickung und Distanzierung. - *Leendert Frans Groenendijk:* Psychoanalytisch orientierte Sexualaufklärung vor dem Zweiten Weltkrieg.
Literaturumschau: *Regina Studener, Wilfried Datler:* Lese- und Rechtschreibschwierigkeiten als eine spezifische Form von Lernschwierigkeiten – ein Thema Psychoanalytischer Pädagogik? *Bernhard Natschläger:* Über weitere aktuelle Publikationen zu verschiedenen Fragestellungen Psychoanalytischer Pädagogik. - **Rezensionen.**

Band 10 (1999)

Themenschwerpunkt: Die frühe Kindheit. Psychoanalytisch-pädagogische Überlegungen zu den Entwicklungsprozessen der ersten Lebensjahre. *Wilfried Datler, Christian Büttner, Urte Finger-Trescher:* Psychoanalyse, Pädagogik und die ersten Lebensjahre. Zur Einführung in den Themenschwerpunkt. - *Rolf Göppel:* Die Bedeutung der frühen Erfahrungen oder: Wie entscheidend ist die frühe Kindheit für das spätere Leben. - *Gerd E. Schäfer:* Bildung beginnt mit der Geburt. - *Martin Dornes:* Spiegelung – Identität – Anerkennung: Überlegungen zu kommunikativen und strukturbildenden Prozessen der frühkindlichen Entwicklung. - *Karin Messerer:* Ein psychoanalytisch-pädagogischer Blick in die Praxis der Mobilen Frühförderung: Ausschnitte aus der Geschichte von Natalie und ihrer Familie. - *Isca Salzberger-Wittenberg:* Kurztherapeutische Arbeit mit Eltern von Kleinkindern. - *Gertraud Diem-Wille:* »Niemand hat mir jemals etwas gesagt ...« Die Falldarstellung einer Eltern-Kleinkind-Therapie aus der Tavistock Clinic. - *Ludwig Janus:* Zur Thematisierung vorgeburtlicher und geburtlicher Erfahrungen in pädagogischen Zusammenhängen – Ideen und Vorstellungen.

Psychoanalytische Aspekte von Lernen und Lernbehinderung: *Dieter Katzenbach:* Kognition, Angstregulation und die Entwicklung der Abwehrmechanismen. Ein Beitrag zum Verständnis behinderter Lernfähigkeit.

Literaturumschau: *Ulrike Kinast-Scheiner:* Geschwisterbeziehungen: Ein Bericht über tiefenpsychologische und psychoanalytisch-pädagogische Veröffentlichungen. - *Ulrike Kinast-Scheiner:* Über aktuelle Publikationen zu verschiedenen Fragestellungen Psychoanalytischer Pädagogik. - **Rezensionen.**

Band 11 (2000)

Themenschwerpunkt: Gestalten der Familie – Beziehungen im Wandel. *Christian Büttner, Heinz Krebs, Luise Winterhager-Schmid:* Einführung in den Themenschwerpunkt. - *Andreas Lange, Kurt Lüscher:* Vom Leitbild zu den Leistungen. Eine soziologische Zwischenbilanz des aktuellen Wandels von der Familie. - *Michael B. Buchholz:* Wie kann Familienberatung und Familientherapie auf die sich ändernden Familienprobleme antworten? - *Urte Finger-Trescher:* Psychosoziale Beratung von Familien im institutionellen Kontext. Aktuelle Fragen und konzeptionelle Überlegungen. - *Udo Rauchfleisch:* Familien mit gleichgeschlechtlichen Paaren. Probleme und Chancen. - *Frank Dammasch:* Das Kind, seine alleinerziehende Mutter und der virtuelle Vater. - *Fakhri Khalik:* Leben in zwei Heimatländern. Erfahrungen aus der psychotherapeutischen Arbeit mit Mitgliedern aus Migrantenfamilien. - *Carsten Rummel:* Die Freiheit, das Chaos der Liebe und die Notwendigkeit einer neuen Generationenethik.

Literaturumschau: *Ulrike Kinast-Scheiner:* Psychoanalytische Beiträge zum Prozeß des Alterns. - *Katharina Ereky, Judit Richtarz:* Über aktuelle Publikationen zu verschiedenen Fragestellungen Psychoanalytischer Pädagogik. – **Rezensionen.**

Band 12 (2001)

Themenschwerpunkt: Das selbständige Kind. *Annelinde Eggert-Schmid Noerr:* Das modernisierte Kind. Einleitung in den Themenschwerpunkt. - *Luise Winterhager-Schmid:* Die Beschleunigung der Kindheit. - *Rolf Göppel:* Frühe Selbständigkeit für Kinder – Zugeständnis oder Zumutung. - *Wilfried Datler, Katharina Ereky, Karin Strobel:* Alleine unter Fremden. Zur Bedeutung des Trennungserlebens von Kleinkindern in Kinderkrippen. - *Martina Hoanzl:* Vom Land, in dem es keine Eltern gibt: Geschwisterliche Themen und deren mögliche Bedeutung im Prozess des Heranwachsens. - *Burkhard Müller:* Wie der »aktive Schüler« entsteht. Oder: »For learning for love to the love of learning«. Ein Vergleich von Ansätzen Fritz Redls, Rudolf Eksteins und Ulrich Oevermanns. - *Gerd E. Schäfer:* Selbst-Bildung als Verkörperung präreflexiver Erkenntnistheorie.
Literaturumschau: *Katharina Ereky:* Präödipale Triangulierung: Zur psychoanalytischen Diskussion um die Frage nach des Entstehens der frühen familiären Dreiecksbeziehungen. - *Natascha Almeder und Barbara Desch:* Über aktuelle Publikationen zu verschiedenen Fragestellungen Psychoanalytischer Pädagogik. - **Rezensionen.**

Band 13 (2002)

Themenschwerpunkt: **Professionalisierung in sozialen und pädagogischen Feldern. Impulse der Psychoanalytischen Pädagogik.** *Burkhard Müller, Heinz Krebs, Urte Finger-Trescher:* Professionalisierung in sozialen und pädagogischen Feldern. Impulse der Psychoanalytischen Pädagogik. - *Burkhard Müller:* Beziehungsarbeit und Organisation. Erinnerung an eine Theorie der Professionalisierung sozialer Arbeit. - *Heinz Krebs:* Emotionales Lernen in der Schule – Aspekte der Professionalisierung von Lehrerinnen und Lehrern. - *Helmuth Figdor:* Psychoanalytisch-pädagogische Erziehungsberatung. Theoretische Grundlagen. - *Heiner Hirblinger:* Ein »Organ für das Unbewußte« auch für Lehrer? Der Beitrag der psychoanalytischen Pädagogik zur Frage der Professionalisierung in der Lehrerbildung. - *Franz-Josef Krumenacker:* Professionalisierung im pädagogisch-therapeutischen Milieu. - *Annelinde Eggert-Schmid Noerr:* Über Humor und Witz in der Pädagogik.
Literaturumschau: *Wilfried Datler, Margit Datler, Irmtraud Sengschmied, Michael Wininger:* Psychoanalytisch-pädagogische Konzepte der Aus- und Weiterbildung. Eine Literaturübersicht. - *Natascha Almeder, Barbara Desch:* Über aktuelle Publikationen zu verschiedenen Fragestellungen Psychoanalytischer Pädagogik. - **Rezensionen.**

Band 14 (2004)

Themenschwerpunkt: **Sie sind wie Novellen zu lesen ... Zur Bedeutung von Falldarstellungen in der Psychoanalytischen Pädagogik.** *Wilfried Datler:* Wie Novellen zu lesen ...: Historisches und Methodologisches zur Bedeutung von Falldarstellungen in der Psychoanalytischen Pädagogik. - *Günther Bittner:* Was kann man »aus Geschichten lernen«? - *Vera King:* Generationen- und Geschlechterbeziehungen in Freuds Fall ›Dora‹. Ein Lehrstück für die Arbeit mit Adoleszenten. - *Brigitte Boothe:* Die Fallgeschichte als

Traumnovelle: Eine weibliche Erzählung vom Erziehen. - *Inge Schubert:* Die *Offene Klassenrunde* – ein gruppenanalytisches Setting in der Schule. - *Urte Finger-Trescher, Wilfried Datler:* Gruppenanalyse in der Schule? Einige Anmerkungen zum Beitrag von Inge Schubert. - *Jürgen Körner, Burkhard Müller:* Chancen der Virtualisierung – Entwurf einer Typologie psychoanalytisch-pädagogischer Arbeit.
Literaturumschau: *Katharina Gartner:* Warum der kleine Ernst eine Holzspule schleudert. Oder: Die psychoanalytische Theorie der Bearbeitung von Erlebnisinhalten im Spiel. - *Andrea Tober, Michael Wininger:* Jüngere Publikationen zu speziellen Praxisbereichen und Fragestellungen der Psychoanalytischen Pädagogik. - **Rezensionen.**

Band 15 (2006)

Themenschwerpunkt: Kinder zwischen drei und sechs. Bildungsprozesse und Psychoanalytische Pädagogik im Vorschulalter. *Kornelia Steinhardt*: Kinder zwischen drei und sechs – eine »neue« Herausforderung für die Psychoanalytische Pädagogik? - *Rolf Göppel*: »Kinder denken anders als Erwachsene …« Die Frage nach dem »magischen Weltbild des Kindes« angesichts der These von der »Kindheit als Konstrukt« und angesichts der neuen Bildungsansprüche an den Kindergarten. - *Gertrude Bogyi*: Magisches Denken und die Verarbeitung von traumatischen Ereignissen. - *Gerd E. Schäfer*: Die Bildungsdiskussion in der Pädagogik der frühen Kindheit. - *Martin R. Textor*: Die Vergesellschaftung der Kleinkindheit: Kindertageseinrichtungen im Spannungsfeld kontroverser Erwartungen. - *Helmuth Figdor*: Psychoanalytische Pädagogik und Kindergarten: Die Arbeit mit der ganzen Gruppe. - *Iram Siraj-Blatchford, Kathy Sylva, Brenda Taggart, Edward Melhuish, Pam Sammsons & Karen Elliot*: Was kennzeichnet qualitativ gute Vorschulbildung? Ergebnisse von Einzelfallstudien in britischen Vorschuleinrichtungen. - *Cath Arnold*: Die pädagogische Haltung von Betreuungspersonen und Eltern im Umgang mit Vorschulkindern. - *Colette Tait*: Emotionales Wohlbefinden und Resilienz des Kindes: die Bedeutung von »Chuffedness«. - *Daniela Kobelt Neuhaus*: Kindertageseinrichtungen der Zukunft: Aufgaben und Chancen. Ein Essay aus der Perspektive von Fort- und Weiterbildung. - *Hans Füchtner*: Ich-AG Dreikäsehoch. Über das Versagen der Psychoanalytischen Pädagogik in Zeiten der Globalisierung.
Literaturumschau: *Kathrin Fleischmann, Elisabeth Vock*: Aktuelle Publikationen zu speziellen Praxisbereichen und Fragestellungen der Psychoanalytischen Pädagogik. – **Rezensionen.**

2006 · 199 Seiten · Broschur
ISBN 978-3-89806-511-5

2007 · 268 Seiten · Broschur
ISBN 978-3-89806-559-7

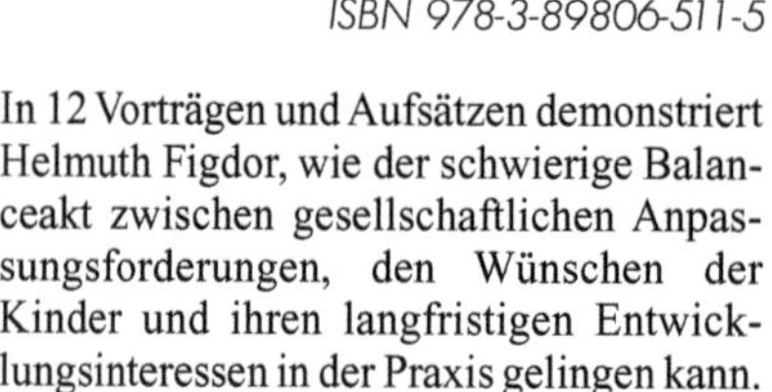

In 12 Vorträgen und Aufsätzen demonstriert Helmuth Figdor, wie der schwierige Balanceakt zwischen gesellschaftlichen Anpassungsforderungen, den Wünschen der Kinder und ihren langfristigen Entwicklungsinteressen in der Praxis gelingen kann.

Obwohl das Buch von der pädagogischen Praxis handelt, bildet es zugleich einen wichtigen theoretischen Beitrag zur Psychoanalytischen Pädagogik: demonstriert Figdor doch, wie sich Kulturkritik, psychoanalytisches Verstehen und pädagogische Orientierung in wirksamer Praxis verwirklichen lassen.

Die Themen lesen sich wie ein A–Z pädagogischer Alltagsprobleme: Aggression, Beratung, Gewalt, Kindergarten, Krankheit, Missbrauch, Schule, Sexualität, Trennung bzw. Scheidung und Verhaltensstörung.

Ebenso wie in Band I versteht es Helmuth Figdor, differenziertes theoretisches Nachdenken mit den Herausforderungen des pädagogischen Alltags zu verbinden.

Seine Themen: Konflikte und Grenzen; die ersten drei Lebensjahre; die Bedeutung der Väter; Trennung und Scheidung; Phantasie, Märchen, Kinderliteratur; Die Rolle von Musik und Musizieren für die Entwicklung; Schule und Schulpädagogik.

»Vor allem geht es mir darum, dass meine Leser, wenn ich von Kindern erzähle und von der besonderen Art und Weise, wie sie die Welt erleben, nicht nur etwas Neues dazulernen, sondern mit dieser Welt der Kinder vertrauter werden, sich also in die Kinder besser einfühlen können.«

Helmuth Figdor

2007 · 229 Seiten · Broschur
ISBN 978-3-89806-590-0

Salman Akhtar untersucht die Auswirkungen, die eine Immigration auf die Identität eines Individuums haben kann. Gleichzeitig gibt er Psychoanalytikern und Therapeuten wertvolle Hilfestellungen für den Umgang mit eingewanderten Patienten und forciert eine größere Anerkennung dieses Teilbereichs der Psychoanalyse.

2005 · 421 Seiten · Broschur
ISBN 978-3-89806-291-6

Volkan analysiert das Verhalten von Großgruppen und ihren Führern in Krisenzeiten, z.B. in Israel, Ägypten, Jugoslawien, Kosovo, Kuwait, Ost- und West-Berlin und der ehemaligen Sowjetunion. Er entwickelt daraus neue, auf tiefenpsychologischen Erkenntnissen basierende Konfliktlösungsstrategien. Ergänzend untersucht er die Phänomene »Religion« und »Fundamentalismus«.

Die vielleicht bedeutendste Erweiterung der psychoanalytischen Gruppenpsychologie seit Freuds Pionierleistung auf diesem Gebiet.

2006 · 239 Seiten · Broschur
ISBN 978-3-89806-391-3

Drei- bis sechsjährige Kinder erleben die Welt auf besondere Weise: noch stark bezogen auf primäre Bezugspersonen und verhaftet in magischen Vorstellungen, machen sie vielfältige soziale Erfahrungen in Vorschuleinrichtungen. Die Beziehungen innerhalb der Familie wie auch zu Gleichaltrigen und PädagogInnen in Kindertagesstätten gestalten maßgeblich das Aufwachsen und somit die psychische Entwicklung der Vorschulkinder. In diesem Band wird aus psychoanalytisch-pädagogischer Perspektive der Frage nachgegangen, wie Kinder die vielfältigen sozialen und institutionellen Realitäten erleben und verarbeiten. Zentral wird diskutiert, wie Vorschuleinrichtungen – als erste Bildungsinstitutionen – den kindlichen Bedürfnissen und gesellschaftlichen Anforderungen gerecht werden können.

2006 · 228 Seiten · Broschur
ISBN 978-3-89806-407-1

Aus unterschiedlichen Perspektiven – der sozialwissenschaftlichen, neurobiologischen, psychoanalytischen und pädagogischen – geht dieser Sammelband der Frage nach, wie Lernen zustande kommt und durch welche Umstände es behindert oder gefördert wird. Der besondere Beitrag der Psychoanalytischen Pädagogik hierzu liegt darin, die für das Lernen wichtigen psychodynamischen Antriebs- und Gefühlskomponenten zur Geltung zu bringen und für die pädagogische Beziehung im Einzelfall handhabbar zu machen.

www.ingramcontent.com/pod-product-compliance
Ingram Content Group UK Ltd.
Pitfield, Milton Keynes, MK11 3LW, UK
UKHW040024200726
13854UKWH00001B/350

9 783898 065627